日本の精神科入院の歴史構造
社会防衛・治療・社会福祉

後藤基行──［著］

東京大学出版会

Historical Structure of Psychiatric Hospitalization in Japan:
Social Defense, Treatment, and Social Welfare
Motoyuki GOTO
University of Tokyo Press, 2019
ISBN 978-4-13-056401-4

日本の精神科入院の歴史構造
社会防衛・治療・社会福祉——目　次

序　章 ……………………………………………………………………………… 1

1　はじめに　1
2　大規模精神病床入院の成立　4
3　精神病床入院の3類型　6
4　公安主義と営利主義──「医療の社会化」論の影響　9
5　一次資料──行政文書、診療録、疫学調査個票　17

第1章　私宅監置と公的監置──戦前の社会防衛型 …………………… 21

1　精神病者監護法における私宅監置　21
2　川崎市における公的監置の運用実態　25
3　公的監置の統計的観察　42
4　精神病院法による公費収容　45
5　精神病者監護法と精神衛生法の措置入院　49

第2章　短期入院の私費患者──戦前の治療型 ………………………… 53

1　戦前における私費・社会保険入院　53
2　私費患者と公費患者の統計的観察　54
3　私費患者と公費患者の在院期間　56
4　結核・癩療養所と精神病院　60

第3章　貧困患者の公費収容──戦前の社会福祉型 …………………… 65

1　救護法による収容救護　65
2　川崎市における収容救護の統計的観察　68
3　収容救護の実施状況　70
4　川崎市における貧困患者の収容事例　73

第4章　戦前における公費での病床供給システム……………87

1　公費監置・入院の支出額の増加　　87
2　公立精神病院設置のコストと道府県財政　　91
3　私立病院への公費入院　　93

第5章　戦後における精神病床入院の3類型の展開…………97

1　入院形態と医療費財源　　99
2　入院形態別・医療費支払別の入院数　　101
3　医療費財源別の在院期間　　108
4　東京都における医療費支払別の入院　　110
5　国立武蔵療養所診療録にみる精神科特殊治療　　118

第6章　生活保護法による医療扶助入院……………………133
　　　　──戦後の社会福祉型

1　経済措置の導入と医療扶助入院　　133
2　患者世帯の貧困　　147
3　医療扶助入院の制度的優位性　　152
4　神奈川県における行政文書の特性　　155
5　同意入院と家族の意向　　164

終　章 ……………………………………………………171

文　献　183
あとがき　197
索　引　203

図表一覧

序　章
図1　人口10万人当たり精神病床数（2011年）　2
図2　日本の精神病床数推移（1928〜2015年）　5
図3　精神病床入院の3類型の機能　8

第1章
表1　精神病者監護法による監置（年度内延人数合計）　43
表2　精神病者監護法による監置（年末現在）　44
表3　精神病者監護法から精神病院法への移管（東京・大阪）　47

第2章
表4　公立病院および全私立病院の自費公費別統計推移　56
表5　公費・私費別収容患者数推移（1928〜40年）　58
表6　王子脳病院入院患者の支払区分別在院日数　59
表7　精神病院、結核病院、癩療養所比較（1930、40年）　61
表8　私立病院中自費入院患者のみ受入病院数の推移（1930、40年）　62

第3章
表9　1935年末全国在院精神病者支払別状況　71
表10　救護法実施状況（1933〜39年）　72

第4章
表11　精神病者監護法による監置費用（公費監置に関わる支出）　88
表12　精神病院法ならびに精神病者監護法による公費支出額推移　88
表13　公私立精神病院別　病床数・入院患者延数　90
表14　公立精神病院総工費と病院運営費　93
表15　1930、35年度府県財政状況と関連項目　94

第5章
表16　3類型別の医療費財源、入院形態、自己負担の有無　98
表17　精神衛生法下における入院形態別の医療費財源　100
図4　1953年中精神病床入院（入院形態別、人）　101
図5　1966〜75年精神病床入院（入院形態別）　102
図6　医療費財源別の精神病床入院数の推移（人口1万人当たり、1935〜80年）　103
図7　医療費支払区分別入院患者の割合（1961〜80年の累計比）　105

表18　医療費支払区分別入院患者（1961～80年）　106
図8　病院の種類別・生活保護（医療扶助）での入院患者百分率　106
表19　病院の種類・治療費の支払方法別にみた入院患者百分率　107
表20　退院患者数累積百分率　治療費支払方法在院期間別（精神病）　110
図9　退院患者数累積百分率　治療費支払方法在院期間別（精神病）（1960、70、80年）　111
図10　医療費支払区分別　在院期間と在院患者数・割合（1960、70、80年）　113
図11　通院医療費公費負担承認件数（1966～80年）　116
図12　通院医療費公費負担承認件数　医療費支払区分別割合（1966～80年）　116
表21　国立武蔵療養所　医療費支払別入所患者数・割合（1950、55年）　121
表22　国立武蔵療養所への入院者中の統合失調症患者の医療費支払別集計（1950～55年1回目入院）　122
表23　1950年代中期における精神科特殊治療の特徴　123
表24　国立武蔵療養所　統合失調症患者の医療費支払別特殊治療実施状況　124
表25　1956年在院精神障害者実態調査における統合失調症患者の治療内容　129
図13　1956年在院精神障害者実態調査における統合失調症患者の治療内容　129
図14　国立武蔵療養所　統合失調症患者の特殊治療実施状況　129

第6章
表26　医療費支払別精神病床入院者数（1950、51年末現在）　134
図15　医療費支払別精神病床入院者数（1950、51年末現在）　134
図16　医療費財源別の精神病床入院数の推移（人口1万人当たり、1950～80年）　141
図17　「精神病」での医療扶助入院人員数・構成比（1960～2012年）　142
表27　長野県における医療費支払区分別の入・退・在院精神障害者数、患者移管　144
表28　診断別、世帯人員1人当たり月額実支出階級別の精神障害者数（1954年精神衛生実態調査）　148
図18　1人当たり月額支出階級別　精神障害有病率構成比（1963年精神衛生実態調査）　149
表29　精神障害者家族の年収（1985年、全家連調査）　151
表30　医療扶助受給開始世帯数（入院・疾病分類・単身世帯別）（9月分、1972～80年）　153
表31　要件別世帯分離件数（1986～94年）　154
表32　医療費支払区分別在院患者数（1956年全国調査、1959年神奈川県調査）　157
図19　精神衛生法第23条による医療および保護の申請書見本（1959年、神奈川県立公文書館所蔵）　161
図20　医療及保護の申請に対する回答見本（1959年、神奈川県立公文書館所蔵）　163
表33　医療扶助の申請・適用が明記されている精神障害者世帯（17例）の詳細　166

終章
図21　医療費財源別の精神病床入院数の推移（人口1万人当たり、1935～2009年）　173

序　章

1　はじめに

　OECD（経済協力開発機構）が提供するデータによると、2011 年における日本の精神病床数は人口 10 万人当たり 269 床で、OECD 諸国の平均 68 床（図 1）に比して突出して多く、実数（34 万 5000 床）と共に世界最多となっている[1]。同じように、現在、精神病床への在院期間についても日本が他国を大きく引き離して最長となっている[2]。

　OECD の報告書には、状況は徐々に改善しつつあるとしながらも、「精神病床数の多さおよび平均入院期間の長さによって、日本の精神医療制度は良くない理由で注目を浴びている」[3] と記されている。

　こうした状況に対し、日本政府も精神病床数削減を同政策領域での最優先課題の 1 つとしてきた。例えば、2004 年には厚生労働省は「精神保健医療福祉の改革ビジョン」[4] を掲げ、10 年間で 35 万床から 28 万床への 7 万床の減床を 1 つの目標とした[5]。しかし、その 10 年後である 2014 年 6 月末における日本の精神病床数は約 33 万床[6] と 2 万ほどの減床にとどまり、この間に行われた各

---

1) OECD［2014：112］。病床数は厚生労働省社会・援護局障害保健福祉部精神・障害保健課、国立精神・神経医療研究センター精神保健研究所［2011］より。
2) OECD［2015：172］。在院期間は、各国が集計する病床単位が統一されていないケースが少なくないためあくまで参考値である。ただし、日本の精神科入院の在院日数が世界最長であるのはほぼ間違いない。
3) OECD［2015：164］。
4) 正確には、厚生労働大臣を本部長とする精神保健福祉対策本部による報告書（https://www.mhlw.go.jp/topics/2004/09/dl/tp0902-1a.pdf）に示された目標・内容である。
5) 「受入条件が整えば退院可能な者（約 7 万人）」について、「10 年後の解消を図る」とし、結果として「約 7 万床相当の病床数の減少」が促されるとしている。
6) なお、入院患者数は、2004 年 6 月時点で約 32 万 6000 人、2014 年時点で約 29 万人であった（厚生労働省社会・援護局障害保健福祉部精神・障害保健課、国立精神・神経医療研究センター精神保健研究所［2004、2014］）。

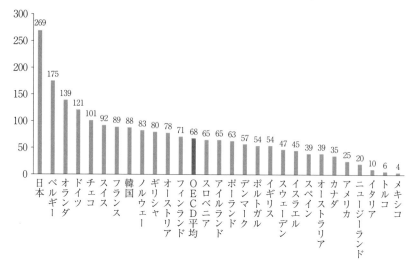

図1 人口10万人当たり精神病床数（2011年）

日本の精神病床の数値には、他のOECD諸国では精神病床に含まれない「長期入院病床」が含まれている。OECD［2014：112］より作成。

種の地域精神医療への転換を目指した改革を成功と結論づけるのは困難である。

　法制史的には、現代でいう地域精神医療の観点が法文に反映されたのは1965年の精神衛生法の改正にまで遡る。この時に通院医療費公費負担制度、保健所による在宅精神障害者への訪問指導等の強化、都道府県精神衛生センターの設置が規定された。この1965年を始点と考えるならば、その後の半世紀間にわたって行われてきた精神障害者の地域生活推進を目指した数々の制度改革は、各方面で個別の着実な進歩をみた一方で、政策全体としては失敗に帰着したと評価せざるを得ない。

　現在なお続く世界の標準的割合から乖離した精神病床数と、それを削減するための政策遂行の困難さというまさにこの点において、そもそもいかなる経緯の中で日本には巨大な精神病床ストックが構築されてきたのか、という本書が主題とする歴史的な検証の必要性が生じる。この歴史に立ち返らない限り、日本の精神医療供給構造の性格を決定づけた長期的なダイナミズムは、明確な輪郭をもって明らかにされえないであろう。だが、こうした歴史学的、医療社会学的な考察は先行研究で深められているとはいい難く、政策立案過程でも過去

の政策や増床プロセスが真剣に省察され議論の土台になることはほとんどないといってよい。

　本書は、20世紀初頭から後半期にかけて、日本の精神病床数が、いかにして現在のような30万規模の精神病床・精神科入院[7]を形成するに至ったのかという論点に関し、新しい史的パースペクティブを提示することを目的とする。この目的は、第一義的には、20世紀日本の精神医療史という限定された研究領域に対する具体的かつ包括的な貢献を成すことを目指すためであるが、上記のようにそれは決して「歴史」に局限されるものではない。歴史をベースにしつつも、本研究のアクチュアリティ・同時代性は、現代日本の精神医療が抱える病床削減・地域移行というミッションの困難さの根本がどこに胚胎してきたのかということについて、長期的な視点と考察の立脚点を提供しうる点にあると考える。

　この研究を遂行する上で本書では次のような課題を設定している。第一に、近代日本における精神医療史を、筆者が提起する精神病床入院の3類型という理論的解釈枠組みから再構成する。後述するが、この3類型とは、精神病床入院が歴史的に包含してきた社会防衛、治療、社会福祉という機能を、それぞれ精神医療に関する特別法、各種社会保険（私費含む）、公的扶助（生活保護法）という医療費支払区分に操作的に対応させた分析枠組みである。

　第二に、精神病床入院の3類型に従って近代日本における精神医療供給の展開の意味を考察し、時代ごとに精神病床・精神科入院がどの機能によって主に牽引されてきたかを考察する。これにより、精神病床の推移を3類型のバランスの変化の歴史として把握できる視点が獲得されると考えられる。

　これらの課題について、主たる対象時期とするのは1900年代から1980年頃とし、長期の時間軸で日本の精神病床入院の推移や実像、これに関連する制度の分析を行う。1900年代から始めるのは、この時代に近代的な意味での精神医療制度が登場し強制力を伴った公費収容が開始されるからであり、また3種の異なる性格をもった財政的経路と病床機能の成立も20世紀前半期に制度的な

　7）本書において、「精神病床入院」と「精神科入院」はほぼ同義として用いられている。ただし、「精神病床入院」は「精神病床」が戦前から使用されていたため当時の事例に対して採用するのに適しているが、どちらかといえば行政用語であり、一般にはあまり使用されない。一方、「精神科入院」「精神科」という単語が比較的に現代的でありどちらかと言うと患者目線からの表現といえる。

起源をもつといえるからである。1980年頃までとするのは、同年前後に現代と人口当たりで大きく変わらない精神病床供給の体制が完成するためである。

　以上のような課題と時間軸での総合的な検証を通じて、本書は、多くの先行研究が主張してきたような精神医療の公安主義や民間精神科病院の営利主義を強調する視点の限界を乗り越え、戦後日本の精神医療供給構造が、社会福祉（≒救貧・防貧・扶助）型の病床機能に主導されて構築されたのだという新しい歴史像の提示を目指す。

2　大規模精神病床入院の成立

　前述のように本書は、20世紀日本における精神病床数・入院患者数の推移に関する分析を行うものである。ここでは、精神病床数の長期的な推移を簡単に確認したい。

　まず、明治期に近代的な精神医療的施設の萌芽がみられるようになるわけだが、19世紀末までの患者収容施設や病院はごく限られていた。東京でも養育院から分化した東京府癲狂院などがわずかに存在した程度で、1900年前後に至っても全国に約2000床[8]ほどがあったにすぎなかった。

　その後、20世紀に入って徐々に増加していくものの、それでも欧米先進諸国と比較すると極めて低い数字にとどまっていた。例えば、1930年の日本の精神病床数は1万1000（人口10万人当たり約20）床であったが[9]、同じ頃のイギリスには約12万（同約300）床、アメリカには約35万（同約300）床、ドイツにも約16万（同約265）床の精神病床[10]が存在していた。

　1930年代に日本の精神病床は堅調な増加をみせ、20世紀前半期における日本の精神病床数のピークは、太平洋戦争勃発の年でもある1941年で約2万4000床であった。その後、戦争による急落を経る[11]が、1952年には2万5000床

---

[8] 岡田［2002：180］。

[9] 1928年以降に内務省がある程度信頼できる統計（同年より『衛生局年報』が個別精神病院の病床数とその総数を掲載するようになる。ただし、大学病院付設の精神病床は除外されている）を報告するようになる以前については、正確な精神病床数のデータを入手することはできない。

[10] 高野［1934：87-88］。

[11] 九州大学附属図書館医学図書館に所蔵されている資料（厚生省公衆保健局［1947：310-313］）によると、1942年から1946年にかけての病院・病床数統計は都道府県の欠

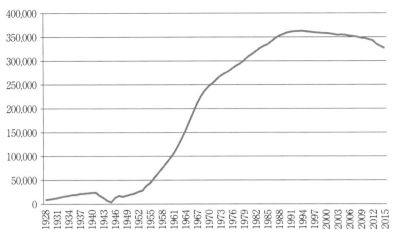

図2　日本の精神病床数推移（1928〜2015年）

日本統計協会編［2006：244-245］、厚生労働省社会・援護局障害保健福祉部精神・障害保健課、国立精神・神経医療研究センター精神保健研究所［各年度］より作成。

となって戦前の最大値を超えた。

　そして、1950年代半ば頃より増床ペースは急激に上がり始め、1955年に約4万4000床だったのが、1961年には早くも10万床の大台に乗り、67年には20万床、79年には30万床を突破した[12]。その後、1994年の36万2000床を最大値とし、1995年から減少傾向となったがごくゆるやかなペースであり、2000年になっても35万8000床となっていた。2010年代に入って減床ペースが徐々に加速してきているとはいえ、2015年現在で32万床超となっている[13]（図2）。

　　落が多く、実際よりも相当に少なく集計されていることが分かる。特に、1945年は総病床数が3995床となっているが、これは14府県の集計しかなされておらず、東京、神奈川、愛知などの病床数が多かった都県も除外されている。なお、岡田［2002：181］は、どの都道府県が欠落しているか不明としているが、上記資料から判明する。
12）日本統計協会編［2006：244-245］。
13）厚生労働省社会・援護局障害保健福祉部精神・障害保健課、国立精神・神経医療研究センター精神保健研究所［各年度］。

3　精神病床入院の3類型

病床の機能

上記において、日本の精神病床数の推移について概観したが、本書が考察していくように、精神病床・精神科入院と一口にいっても、内実において相当に異なる機能や実態をもって複層的に展開してきたと考えられる。例えば、精神病床には現在なお10年以上の入院期間がある患者が6万人近く[14]、20年以上も約2万6000人、50年以上も約1800人いる（『毎日新聞』2018年8月20日）。こうした超長期入院患者の多さは、精神病床が治療だけをその主たる機能としているのであれば生じえない事態である。

では、精神病床に含まれてきた治療以外の機能とは一体何であるか。R・エドワルズは、精神病院の機能を社会防衛、治療とリハビリ、収容ケア（custodial care）として3種に分類している[15]。岡上和雄らは、治安モデル、医療モデル、福祉モデルという3つのモデルから、精神障害者の社会的な位置づけとそれへの処遇のありかたを捉えるのが適切だろうと指摘している[16]。また、猪飼周平は、精神病床について「社会防衛・治療・生活という3つの性格が折り合わせられてきた」[17]と述べている。その他、戦前期に活躍した精神科医である長山泰政は「精神病院の主要目的は精神病者を収容して、保護治療を加ふるにある」と述べ、「社会から隔離し、監置するのみ」を唯一の目的と考えるのは時代遅れであるとしている[18]。

本書では、こうした先行研究を踏まえ、精神病床入院の3種の機能について「社会防衛型」、「治療型」、「社会福祉型」という3タイプとして整理する。本書ではこの3タイプについて次のように定義している。

---

14) 厚生労働省社会・援護局障害保健福祉部精神・障害保健課、国立精神・神経医療研究センター精神保健研究所［2015］。
15) Edwalds［1964］。
16) 岡上他［1988：14］。
17) 猪飼［2010：247］。
18) 長山［1934：44］。この長山の記述からは、20世紀前半期の日本では、精神病床は「治療」をなす場所とは一般的に考えられていなかったことが窺われるだろう。

社会防衛型

　「社会防衛型」の入院とは、自傷他害傾向のある患者に対する公安的（公衆衛生的）な機能から行われる入院であり、入院費は原則的に公費負担であるものを指す。このタイプの入院は、「外部社会に影響を及ぼさぬよう特定の人びとを管理する」[19] ことを主目的に、行政機関の主導によって実行される。犯罪を犯した触法患者に対する収容・入院処遇もこの社会防衛型として整理できる。

治療型

　「治療型」の入院とは、患者の治療を主な機能とするものであり、通例在院期間も比較的短期間となる。入院費には一定以上の自己負担があるのが原則となる。このタイプの入院は、患者の病状回復を第一義に行われ、一般病床の機能との類似性が最も高い。

社会福祉型

　「社会福祉型」の入院とは、公費（軽費）入院となることで患者および世帯に対する社会福祉（≒救貧・防貧・扶助）的機能を主にもつもので、病院内で患者が長期間生活することがその前提となる。このタイプの入院では、病気以外にも様々な理由で地域や自宅での生活が困難な患者に対し、病院管理下において最低限度の生活を提供することに主眼が置かれる。そのため、患者自身が経済的困窮から救済される面があると同時に、家族もケア負担から無償（軽費）で解放されるが、長期入院となる患者のQOL（生活の質）は低く押しとどめられる。

医療費支払区分と病床機能

　上記において、精神病床入院における3種の機能の定義について述べた。では、これらの機能は、20世紀日本の精神科入院においてどのような推移、バランスの変遷を経てきたのだろうか。この問いに答えるために、これらの機能を病床数として可視化することを試みる。この時に、医療費支払区分という項目

19）猪飼［2010：59］。

図 3　精神病床入院の 3 類型の機能

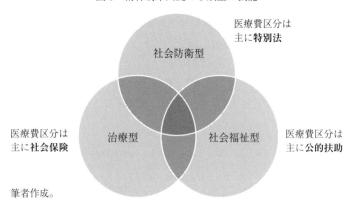

筆者作成。

が有用なインデックスになる、というのが本書の主張である。

　まず、精神科入院の費用がどのような支払方法によって賄われるかというのは、数値化可能なものであり、公費のみで賄われる無償のものも含め、すべての入院において何らかの支払区分が該当する。ただし、精神病床への入院に関わる医療費支払は 20 世紀を通じて法制度の改正や新設によって様々な変遷が生じるのだが、これらも特別法、私費・社会保険、公的扶助という 3 つの経路からの財源として大きく整理できる。原則としてすべての精神病床入院は、これら 3 つのいずれかの支払財源から負担される[20]。

　これに対して、上述した 3 種の精神病床入院の機能の同定には、一定の操作を必要とする。具体的には、本書では、支払区分が特別法の場合は「社会防衛型」機能、私費・社会保険は「治療型」、公的扶助は「社会福祉型」という連結が仮想的に設定されている。そして、図 3 に示したような医療費支払区分と 3 種の機能に従った精神病床入院のメカニズムについて、本書は「精神病床入院の 3 類型」と呼称する。

　3 類型として示した理念図が現実と適合しているか、齟齬を起こしていないかどうかは、本文において主要な実証課題となっているためここには詳述しない。図 3 の含意として重要になっているのが、支払区分と機能は完全に一致す

---

[20] ただし、支払区分が組み合わされることも少なくない。例えば、公的扶助が主たる支払財源であっても一部自己負担があるケースや、特別法でも社会保険での支払いがあるなどである。

るわけではなく、支払区分はあくまで中核的な機能を指し示すということである。

すなわち、図3の重複部分に表現されているように、支払区分によって指示される機能は、必ずしも3種のいずれか1つだけしかもたないというものではなく、その他の機能を併存させうることが前提となっている。この重複部分は、時代や制度改変、個別事例ごとに拡大したり縮小したりするのが特徴である。

例えば、支払区分が特別法（措置入院）で中核的な機能を社会防衛型と整理するものであっても、そこには治療や福祉的機能が重なることもある。一方で、支払区分が公的扶助（生活保護）であれば、その中核は患者および世帯に対する社会福祉（≒救貧・防貧・扶助）的機能であって、社会防衛的機能や治療的機能はそれよりも小さい、というのが3類型の考え方である。

4　公安主義と営利主義——「医療の社会化」論の影響

精神障害者の地域生活の必要が声高に求められ、政府も病床削減を強く推進するという現状がある一方で、そもそもなぜ日本にはこれほど巨大な規模の精神病床があるのかという点について、先行研究はどのようにこの歴史的な背景を説明してきたのであろうか。

従来の先行研究では、私宅監置（座敷牢）や措置入院に象徴されるような日本の精神医療が根底に抱える公安主義と、精神病床が民間病院によって多く所有されていることに伴う営利主義が、現在のような大規模入院を招いたという考え方が長らく主流となってきた。

これは1960年代から岡田靖雄や吉岡真二らがリードしてきた歴史解釈[21]である。岡田らは、医療は営利的な開業医・病院によって提供されるべきではないとする、同時代に隆盛していた「医療の社会化」論[22]に強い影響を受けていた。

「医療の社会化」とは簡潔にいえば、日本は医師が自由に開業できる開業医制度を基礎としており、開業医たちは資本主義体制下において営利主義的に行

---

21)　岡田［1964］、吉岡［1964］、岡田他［1965］、岡田［2002］。
22)　「開業医制度」および「医療の社会化」に関する言説の整理については、猪飼［2010：第4章］参照。

動するため患者本位でなく、これを公的供給システムによって代替していかなければならないという主張である。こうした規範的主張に基づく1960年代の「医療の社会化」論は、当時は佐口卓[23]や、川上武[24]といった論者たちが展開しており、その後長く近現代日本の医療史の正統として存在し続けているのである。

このような「医療の社会化」論に基づく歴史観が、民間病院が病床の9割を所有する精神医療に対しても色濃く投影された[25]。吉岡は次のように述べている。

> 私宅監置は精神科医療の日本的原型として固定、精神病院も監禁主義をとらざるをえず……国は公立精神病院の設置・精神障害者の医療対策の推進という公的責任を一貫して果さなかった。[26]

私宅監置とは、家庭の一室に格子を設けて患者を閉じ込めるいわゆる座敷牢のことであるが、その設置、患者の日常全般の面倒、費用その他も原則的にすべて家族が全面的に負担しなければならなかった。そのため、吉岡や岡田らは、私宅監置について、公が責任をとらずに家族（民間）に押しつける形で、患者を低劣な環境で拘禁する象徴的な処遇と解してきたのである。

こうした「医療の社会化」論をベースにもつ歴史的解釈が、その後、半世紀以上にわたって強固に継承され再生産されてきた。例えば精神科医の岡上和雄は1988年に次のように書いている。

> 公的な責務が大きいと考えられているにも関わらず、精神医療を主に担っているのは、全国に一千施設近くあるといわれる民間の精神病院なのである。たとえば、日本の精神病床は八五％が私的所有の病床と言われており、

---

23) 佐口［1964］。
24) 川上［1965］。
25) 岡田は川上について「研究会にいつも出席されて適切・痛烈な助言を与えてくださった」と自著の謝辞に述べている（岡田［1964：あとがき］）。また、後年になって刊行された単著においても岡田は、「川上武『現代日本医療史』（勁草書房 1965年）を範として……そこに精神科医療史をのせ、さらに文化史の飾りをつけよう、とねらった」と書いている（岡田［2002：はじめに］）。
26) 吉岡［1964：33］。

民間病院へ大きく依存しているのである。そのため病院経営者は、低い単価で収入を維持するための努力を強いられることになる。……病院にとって、入院患者は病院の固定財産なのである。[27]

　岡上は、臨床や研究・教育、精神障害者家族会など各方面に活躍し、厚生省の審議会委員を歴任するなど中央政府にも影響力をもっていた人物である。この岡上にも「医療の社会化」論の影響をみてとることができる。ただし一般医療とは異なり、ここに社会防衛や治安といったキーワードが付加され、営利主義という視点と組み合わされていることに注目すべきである。こうした解釈は、例えば岡村正幸においても典型的に表現されている。岡村は、精神医療の社会防衛的側面と民間依存という評価を、以下のように正統的に継承している。

　〔精神病者監護法・精神病院法体制は〕病院中心主義システムを強い社会防衛的統制下におきつつ、本来政策的に作りだされなければならない中核的医療資源としての精神病院とその利用を、民間の努力と家族の扶養力と責任に依存するという……わが国の大きな行政施策特徴の始まりでもある。[28]

　岡村の文章に示されているものも、本来は公共的であるべき医療資源が民間に依存しているという「医療の社会化」論の系譜に連なる認識であり、それが社会防衛とセットになってきたというロジックである。そして、同様の言説は、日本の精神医療の歴史に関わる研究に頻繁に登場するといえよう[29]。
　もっとも、本書はこのような指摘を全面的に否定するものではない。日本の精神医療に「社会防衛」や「営利主義」的要素が含まれていたことは事実である。問題なのは、こうした歴史観が、日本の精神医療の歴史に包含されてきた、それ以外の重要な側面を捨象してしまったということである。
　とりわけ先行研究の歴史記述は、20世紀を通じて観察される精神病床への公

---

27) 岡上他［1988：7］。
28) 岡村［1999：63］。
29) 広田［1981］、山下［1985］、岡上他編［1988］、Salzberg［1991］、Cohen［1995］、Nakatani［2000］、滝沢［2014］、古屋［2015］など。

費入院患者、戦後に関していえば特に生活保護での医療扶助入院患者の割合の大きさを軽視、あるいは無視する傾向が顕著なことである。

つまり、「医療の社会化」論に影響された精神医療史解釈に基づく場合、病床の供給者に着目しているため、入院患者の属性である生活保護法等による公費投入は、基本的に私立病院の「固定資産」であるという認識に一括されてしまうことになる。「医療の社会化」論の認識パラダイムでは、公費入院患者がどれほど多数になろうとも、病床が民間病院に9割所有されているという一点をもって、日本の精神医療は「反公共的」という位置を与えられざるを得なかったわけである。だからこそ、公立病院を作らず私立病院が多くなったとする文脈から、「精神医療史八〇年間に一貫して公的責任をはたさなかった国の怠慢」[30] が先行研究では批判されるのである。

しかしながら、実は国や自治体は20世紀を通じて一般医療に比して際立って高い割合で精神病床への公費入院患者を創出してきた。確かに民間セクターが大部分を所有する精神病床であったが、そこでは公費入院患者が多数を占めていたのであり、その意味では日本における多数の民間精神病床は公的かつ政策的に誘導されて形成されてきた一面を強くもっていた。

具体的な数字でいうならば、戦前であれば1928年から1941年の間では年末時点での精神病院入院患者総数の平均の56.0%が公費患者であった[31]。戦後においても、各年の全精神病床入院数に対し原則公費負担となる措置入院[32] と医療扶助[33] を合わせた入院の割合は、1960年が全入院9.5万人に対し約63%、1970年が全入院25万人に対し約69%、1980年が全入院31万人に対し約53%であった[34]。

---

30) 仙波・矢野［1977：6］。
31) 内務省衛生局『衛生局年報』（各年度）。「精神病院」の項目中、「年末現在」の「患者数」から、公費患者／(自費患者＋公費患者) として算出。1942年から1945年にかけては戦争の影響で統計に欠落があるため除外した。
32) 全精神病床入院数と措置入院数の参照は以下。厚生省公衆衛生局［1965：104］、厚生省公衆衛生局精神衛生課編［1972：23］、厚生省公衆衛生局精神衛生課監修［1981：170］。
33) 厚生省大臣官房統計調査部編『社会福祉行政業務報告』[各年度]。
34) 桑原［1997：10］。桑原治雄も統計上で医療扶助や措置入院による公費入院の多さを示しているが、そのことについて特別な考察を行っていない。桑原の精神衛生法に対する理解は、「この法律は、精神病院を公安の立場からの隔離収容施設と位置づけることにより……精神医療に治安的色彩を与える上で絶大な役割を果たした」という、やはり公安主義に立ったものである (桑原［1997：4］)。

にもかかわらず、日本における精神病床の歴史的展開に与えた大量の公費患者の存在は、精神医療史のみならず、社会事業史・社会福祉史といった領域からもほとんど研究の対象とされてこなかったのである。

　精神医療史に関わる代表的研究の1つである岡田靖雄の『日本精神科医療史』35)では、生活保護と精神医療との関係に対する言及は、次のようなものにとどまっている。まず、1949年の統計の紹介時36)、次に1950年代における国による生活保護費抑制の動き37)、1960年から1976年にかけての統計の推移の紹介38)、そして朝日訴訟39)および精神病院への生活保護での入院患者の日用品費の一般病院と比較した際の低さ40)である。このうち、1960年から1976年までの統計の紹介では、医療扶助人員が措置入院患者を1963年と1964年以外で上回り、その後医療扶助が措置の数を引き離して多くなっていくことが図として示されている。にもかかわらず、措置患者と合算して「公費負担患者は、精神病院のいわば固定資産として、病院が増床をはかっていくうえでの大きなささえ」41)になったとして、営利主義的精神医療の性格に帰着させて記述は終わっている。

　このように、岡田の著書の中では、精神病床数に対する生活保護の影響はむしろ小さくみえるような描かれ方か、正面から考察を行わない形となっている。岡田は、生活保護法による医療扶助が戦後の精神病床入院患者の医療費支払において大きな部分を占めていた事実は理解しているものの、そこに重要性を見出していない。つまり、民間病院の多さを根拠に、それを営利主義と直結させ、そこから精神医療における国の公的責任の少なさを批判する論理構造になっているのである。このような生活保護での精神病床入院への注目の低さは、他の先行研究でも同様である42)。

---

35) 岡田 [2002]。
36) 岡田 [2002：199]。
37) 岡田 [2002：204]。
38) 岡田 [2002：206-207]。
39) 朝日訴訟とは、1957年から1967年にかけて日本国憲法第25条、生活保護法に規定する「健康で文化的な最低限度の生活を営む権利」をめぐって、保護の基準が争われた行政訴訟事件である。
40) 岡田 [2002：213-214]。
41) 岡田 [2002：206-207]。
42) 加藤他 [1990]、精神保健福祉行政のあゆみ編集委員会編 [2000]、広田 [2004] などは、本のタイトルを含め福祉と精神医療との関わりを比較的多く取り上げているが、生

海外の文献で日本の精神医療史と病床の展開に直接言及している研究としては、Salzberg[43]、Cohen[44]などが挙げられるが、これらも基本的には国内研究の「公安主義」「営利主義」という分析視角をそのまま踏襲している。
　そうした中、吉川(きっかわ)武彦の研究は、精神医療に関係する統計を丹念に追い、その一部において医療扶助入院患者が精神病床に占める割合の多さを示し、「精神障害と生活保護とは切っても切れない関係になった」[45]ことを的確に指摘している。ただし、吉川の研究は、精神医療に関わる統計の数値を詳細かつ総合的に紹介することに頁を割いており、戦後の精神医療史を総括するような目的では描かれていない。
　また、中山宏太郎も生活保護法による精神病床入院患者の多さと保険入院の増加、措置入院の増減について言及している[46]。20世紀後半に対象時期は限定されているが、精神病床入院の推移を財源に分けて考察するという点で、本書の趣旨と共通項をもつ重要な先行研究である[47]。
　この中山の研究に示された医療費支払財源別の分析をより発展させる形で、安藤道人(みちひと)・後藤基行[48]は精神病床入院に3つのタイプが存在している制度的理由を戦前期にまで遡って検証している。また、戦後における病床急増が、各種社会保険、生活保護法、精神医療のそれぞれの制度領域における重要な改革のタイミングに応じていることを明らかにした。この考察は、戦後の精神病床の急増に関し、精神衛生法などの精神医療に直接関わる特別法の分析だけでは、その原因を明らかにできないことを示したと考えられる。
　後藤・安藤の研究[49]では、精神衛生法下における新規入院の件数では、家族に主導された同意入院（現行医療保護入院の前身）が措置入院よりも際立って多数だったことを上記の吉川の研究に基づき確認している。その上で、神奈川県立公文書館に所蔵されている行政文書を分析し、同意入院に対し医療費支

　　活保護法と精神病床増の関係については考察がなされていない。
43) Salzberg [1991]。
44) Cohen [1995]。
45) 吉川 [1980：103]。
46) 中山 [1980]。
47) ただし、中山は生活保護での入院患者よりも措置入院患者の増加に着目し、社会防衛的な精神医療の性格を強調する姿勢が顕著である。
48) 安藤・後藤 [2014]。
49) 後藤・安藤 [2015]。

払財源として医療扶助が適用されることが多かったことを指摘し、同意入院と医療扶助のセットによる精神科入院増の重要性を論じている[50]。

イギリスで医学史の学位を取得した鈴木晃仁は、国内ではほとんど方法論的に採用されたことがなかった精神科カルテ（症例誌）を緻密に分析した研究を行い、戦前期の一私立精神病院の公費と私費患者の間には院内での治療や処遇に大きな断絶があることを実証的に描いた[51]。約言すれば、公費患者の場合はその在院期間の長さや投薬パターンからみて医療が軽視され収容に重きがあり、私費の場合は在院期間の短さや当時の先端医療の利用の多さなどから治療的なダイナミズムが発見されたといえる。鈴木による研究の成果は、本書の分析枠組みの妥当性を補強する意味ももっている。それは、精神病床は図2のような外形的な数の推移によってだけではその内実の意味を測れないということを示しているからである。

また、本書と近い主張を展開している重要な先行研究の1つとして、富田三樹生[52]がある。富田は、江戸期および明治期の養育院における精神病者処遇が救貧と治安対策に基づくことを論じ、それが戦後日本の精神医療との連続性をもっていると述べる。「すなわち、精神病院は……現代における救貧的治安（収容）施設なのである」。富田によれば救貧的治安政策とは、社会と時代の貧困の矛盾をその特有の統合秩序によって処理するもので、戦後の精神科病院は高度経済成長下の日本社会の構造的諸矛盾を解決する処理工場として機能したのだという。富田の研究は、戦後の病床増が救貧的（社会福祉的）な機能によって引き起こされたという主張において本書と近似している[53]。

岩尾俊一郎・生村吾郎[54]の論文も、救貧施設としての精神科病院の機能を強調する点で、富田の研究と同じ系譜に位置づけられる。岩尾らは、明治期から昭和前期（1940年）頃までの統計類を利用しつつ、精神病院は、私宅監置患者の収容が完了し始めると、「社会防衛上の治安施設でも医療上の治療施設

---

50) 安藤・後藤［2014］や後藤・安藤［2015］は、本書の序章や第6章に関係する初出論文である。
51) 鈴木［2014］。
52) 富田［1992］。
53) 富田の著作には随所に鋭い洞察がちりばめられている一方で、精神病床数と、農業類型や石油の地域別需給量、あるいは被差別部落人口割合との関係性が短い頁数の中で横断的に論じられるなど、解釈を支える実証が不足している面が否めない。
54) 岩尾・生村［1995］。

でもなく、救貧施設として拡大されていった」と述べる。その上で、戦後から現在までに続く長期在院の問題は、戦前に開始された「貧困精神病者の精神病院への収容」が貫徹された結果とする[55]。

上記以外に、猪飼周平は、国外も含む 20 世紀における医療供給パターンについて理論的に整理し、日本については民間病床の多さの理由を、医師が病床を所有する「所有原理」によって導かれたものとして歴史的に考察している[56]。猪飼の理論は、なぜ日本の精神病床は民間によって大部分が占められているのかという疑問について説明能力の高いものであり、また医療が公的セクターによって提供されないこと自体は、医療の質にとっては決定的な意味をもたないということを説得的に描いている。ただし猪飼の研究では、精神医療は主要な分析テーマではないため、ごくわずかな頁数しか割かれていない。

ここまでは、主に精神医療史に関係した先行研究を紹介してきたが、社会福祉研究の分野でも、精神科入院に占める公費入院（生活保護法・救護法）の関連性については同じく不十分な言及しか行われてこなかった。救護法に関しては、寺脇隆夫による重厚な研究蓄積[57]があるが、精神病床入院との関係については統計分析的な論考で患者取り扱い数が登場するのみで主題的には取り扱われていない。また、戦後の生活保護法については多数の先行研究があり、例えば厚生省による「正史」でもある『生活保護三十年史』[58]や、副田義也[59]、岩永理恵[60]などの秀逸な著作が全体的な流れをよく説明している。しかし、いずれも精神病床入院と生活保護法との関わりは、主に量的な面から付随的に言及されるにとどまり、主要な考察対象とはなっていない。

同様に、社会保険諸法およびそれらの漸進的な改革と精神病床入院の増加の関係性についても、深い考察が加えられたことはないといってよい。吉原健二と和田勝の『日本医療保険制度史』[61]は近年の重要な著作であるが、趣旨から

---

55) 岩尾らの研究の最大の欠点となっているのは、具体的な検証なしに 1940 年頃までの精神病床増が、行動制限を要する私宅監置患者の収容によってもたらされたとしていること、そしてそれ以降の増床をほぼ無条件で「救貧」的とみなしていることであると考えられる。
56) 猪飼［2010］。
57) 寺脇［2007］。
58) 厚生省社会局保護課［1981］。
59) 副田［1995］。
60) 岩永［2011］。

しても精神医療との関わりは全体の中のごく一部の動きとしてしか着目されていない。

　以上、本書の主題である精神病床・精神科入院の歴史的推移に関連する先行研究では、日本の精神医療の公安主義と民間病院の営利主義を重要なものとして指摘するのが一般的であり、生活保護などによる公費入院患者の存在を重視した研究はほとんど存在しなかった。精神医療史に関わる先行研究の中核には、1960年代以降における「医療の社会化」論に影響を受けた研究があり、そこでは民間病床ではなく本来は公的病床が増加しなければならないという規範的主張が展開されてきた。そして、現在に至るまでこうした歴史理解が、「正統」史として継承されているのである。

　また、社会福祉や医療保障に関わる研究においても、精神医療の分野は正面から対象とされたことがほとんどなく、精神科入院の規模を説明するための考察が十分に深められてこなかった。

　これに対して、吉川や中山のように生活保護法が精神病床増にもっていた重大性を正確に認識した研究や、富田や岩尾らのような病床増のダイナミズムに救貧的な機能があったことを論じる研究は、全体的には傍流であり、かつ分析対象が狭く限定されていたり、あるいは実証性に課題が残るなどの問題があった。

　本書の立ち位置は、「医療の社会化」論の系譜に位置づけられる研究とは距離を置きつつ、生活保護法という財政的支柱による病床増を重視することである。その上で、本書の独自性は、富田や岩尾といった先行研究が実証性において不十分にしか論じなかった、戦前期における社会防衛型の病床の実像や、社会福祉（≒救貧・防貧）的機能による戦後の大規模な病床拡大を、精神病床入院の3類型という理論的分析枠組みに従って、多様な一次資料を利用しつつ跡づけることである。

5　一次資料——行政文書、診療録、疫学調査個票

　本研究の基礎資料となるのは、精神科入院に関わる各種の一次資料であり、

61）吉原・和田［2008］。

行政文書、診療録、疫学調査個票、そして公的統計などが重要なものとなっている。

　まず、2011年3月に筆者による文献調査の結果、神奈川県の川崎市公文書館に多数所蔵が確認された、大正末期から昭和初期の精神病者関連の行政文書がある（以下、川崎市文書）[62]。川崎市文書は、戦前期の精神医療に関わる特別法たる精神病者監護法によって公費で精神病院に収容された患者についての文書（一部は精神病院法の適用も）、ならびに一般救貧法と呼びうる救護法によって同じく病院に収容救護された患者についての文書の2種類に大別される。戦前期の精神病床入院の実態については、基本的に川崎市文書を基軸とした分析を行う。また、その全体像に対する検討は、当時の最も信頼できる医療統計資料である内務省衛生局の『衛生局年報』[63]を中心に利用する。

　これまでの精神病者監護法に関する先行研究では、同法によって法文化された私宅監置（座敷牢）の検証が、橋本明による実証研究[64]を中心に進められてきた一方で、同第6条に定められた行政が主導する患者収容については研究の蓄積が浅かった。そのため、同条による精神病者の収容事例を多数含んでいる川崎市文書は、この空白領域を埋める貴重なものである。川崎市文書中、精神病者監護法第6条に関わる資料は、「社会防衛型」の入院の原型として位置づけられるものとなるだろう。

　同様に、先述のように、救護法によって精神病者が精神病院に公費で収容救護されていたことはほとんど着目されたことがなかったが、川崎市文書は救護法での患者の収容についても記録を残している。救護法による収容救護は、戦後の生活保護法の医療扶助入院に継承されており、1950年代から1970年代の精神病床入院の大拡張をもたらした要因につながっていった。こうした点は、精神医療に関わる制度として、救護法に対するこれまでの先行研究の評価の修正を迫るものだと考えられる。また、救護法の運用に関わる川崎市文書は、「社会福祉型」の精神病床入院の原型として解釈可能であることを跡づけるものとなる。

---

62) 川崎市では、太平洋戦争における川崎大空襲を含め、時間の経過による資料消失のリスクに耐えた行政資料が多数保管されている。保健衛生に関わる資料も多く、結核・梅毒等、今後の医学史研究の進展が望まれる。
63) 1938年以降は厚生省『衛生年報』。
64) 橋本［2011］。

なお、3類型のもう1つの型である「治療型」の精神病床入院の原型を実証するような一次資料は、現在のところ鈴木晃仁が時限的に所管する王子脳病院の診療録群[65]以外には利用できるものはなく、同領域の資料調査は今後の課題である。そのため、戦前の「治療型」精神病床入院については、鈴木の先行研究の他に、内務省『衛生局年報』や戦後の厚生省発刊の各種統計を中心とした統計資料が分析の核となる。

　次に、1950年代以降のものとして、国立精神・神経医療研究センター(NCNP)[66]が保管している、NCNP病院の前身である国立武蔵療養所の診療録、ならびにNCNP精神保健研究所の前身である国立精神衛生研究所が深く関与した厚生省による疫学調査（1956年の在院精神障害者実態調査）の個票がある。これらの資料の外形についてはそれぞれ分析を行う章において詳述するが、1950年代の精神科病院で行われていた治療実践や、全国規模の調査データから医療費支払区分別の在院期間についての分析を可能にしてくれるものである。NCNPの保管するアーカイブズは、それぞれ精神病床入院の3類型メカニズムを論証する上でも重要である。

　次いで、神奈川県立公文書館に所蔵されている文書群である（以下、神奈川県文書）。その内容は、生活保護法による医療扶助入院に関わる行政文書で、県が作成したものと、保健所や社会福祉事務所が作成した公文書が中心となっている。これらは生活保護法による精神病床入院（「社会福祉型」）についての行政上の運用を明らかにするものであり、世帯や生活環境についての情報も比較的多く含まれ、当時の貧困層の患者について多くのことを教えてくれる資料群である。この神奈川県文書は、本書が重視する「社会福祉型」入院について、より詳細な検証を可能にするものである。

　最後に、重要な付記として研究倫理に関してであるが、これらの一次資料のうち、特に川崎市文書と国立武蔵療養所の診療録には精神障害者についての匿名化されていない個人情報が多く含まれている。川崎市文書については、川崎市長による資料閲覧承認後、文章化する際には資料に含まれる個人情報を伏字にするなどの処理をし、当該箇所の利用は原則的に川崎市公文書館の担当係官による事前の了承を得た。また、国立武蔵療養所診療録（ならびに精神疫学調

---

65) 鈴木［2014］。
66) 筆者は2013年4月から2018年11月まで流動研究員・外来研究員として在籍。

査個票）については、NCNPにおける倫理審査委員会の承認を得て研究を実施した。神奈川県文書については、公文書館側の対応として個人情報はすべてマスキングされたコピーが利用者に渡される形式となっている。よって、すでに個人情報に関わる部分については、神奈川県立公文書館が問題ない形で処理したと判断でき、学術利用上の問題はないものとして扱った。

　また、一次資料には、現在においては差別的とみなされる言辞も多く含まれているが、本書では当時の文脈に忠実であることを重視し、特に引用文においては原文の表現をそのまま利用したケースがあることに留意されたい。それ以外で特別に原文のニュアンスを損ねないと判断したケースでは、適宜「分裂病」を「統合失調症」、「精神病院」を「精神科病院」などと呼称を改めた。

　その他、引用文における旧字体は、新字に書き直した。

第1章　私宅監置と公的監置
―― 戦前の社会防衛型

1　精神病者監護法における私宅監置

　近代日本の精神医療史を語る文脈において国内最初の関連法である精神病者監護法（1900～50 年）については、先行研究の間に相当程度の共通的な見解が存在するといってよい。つまり、精神病者監護法は私宅監置（座敷牢）を合法化した悪法であり、患者の監置という社会防衛義務を家族の責任として課した一方で、行政は精神障害者保護に公的責任を果たさなかったという評価である。

　精神病者監護法に対するこうした否定的な評価を決定づけたのは、精神医療史に少しでも関心があれば知らない者はいないであろう呉秀三（くれしゅうぞう）、樫田五郎らによる「精神病者私宅監置ノ実況及ビ其統計的観察」（1918 年発表）[67]である[68]。同論文は当時の日本の私宅監置の状況を実地で調査した稀有な報告書となっているが、そこで私宅監置は「監禁アリテ治療ナキ」[69]、「頗ル惨憺タル（スコブ）（サンタン）モノニシテ……監置室ハ速ニ之ヲ廃止スベシ」などと繰り返し批判されたのである。それに代わって「公私立精神病院ノ設立ヲ普及シ、精神病者監護法ノ改正ヲ謀ルハ焦眉ノ急務ナリ」[70]とあるように、呉らは精神病院の普及と、医療に関する規定をもたなかった監護法の改正を強く主張したのであった。

　ただ、こうした呉らによる批判の後であっても、戦前期における精神病者監護法に対する評価は、戦後のようには固定的ではなく、一部には良い側面もあるという論者もいた。例えば、青木延春は 1937 年の論文中で同法について「不

---

67) 呉と樫田による「精神病者私宅監置ノ実況及ビ其統計的観察」は『東京医学会雑誌』（1918）の第 32 巻の各号（10 号、11 号、12 号、13 号）に掲載された（橋本［2005：注6］より）。また、同年に内務省より別刷（呉・樫田［1918］）が刊行されており、これは現在国立国会図書館デジタルコレクションからウェブ上で全文閲覧可能となっている。
68) 私宅監置に対する評価の変遷については、橋本［2011：第 4 章］を参照。
69) 呉・樫田［1918：139］。
70) 呉・樫田［1918：142］。

法監禁ヲ予防シ、無資力者ノ公費監置ノ途ヲ開キ、之ヲ衛生上及ビ保安上ノ見地カラ取締ル等仲々ニ効果ノアル法律デアルガ、医療ニ関スル何等ノ規定ナキハ度々指摘サレルトコロデアル」[71]としている。青木は、不法監禁の防止と貧困層の公費監置、そして衛生と保安という社会防衛的な内容についてはむしろ肯定的に把握しており、その上で医療の規定がないことを批判しているわけである。青木の文章中、本書の観点からすると、「無資力者ノ公費監置ノ途ヲ開キ」という評価をしている点は注目に値する。私宅監置に比べて、精神病者監護法による公費監置の精神医療史上における重要性を明確に指摘する認識は、戦後の研究にはほとんどみられないものだからである。

そして、戦前期には批判だけでなく評価もされた精神病者監護法に対する言説状況は、戦後徐々に否定的評価一色に固定されていった。戦後の早い段階における同法に対する批判的な言説は、例えば厚生官僚であった樋上貞男の文章の中にも確認できる。そこでは「座敷牢の制度を精神障害者について合法化したものに過ぎず、精神病者監護法は、精神障害の医療対策がなかった」[72]と書かれている。

そして、序章に紹介した吉岡真二らの1960年代の研究が、呉らによる私宅監置に対する批判を最も先鋭的に継承し、1970年代以降の時代に引き継がれていった。例えば、山下剛利は「精神病者監護法は精神障害者を家族の負担において私宅に監置せしめ、社会防衛を達成しようとしたものである」[73]と記述している。青山陽子は、監護法の目的は、「自助努力を義務として規定し、家族を精神病者を管理する主体として形成することにあった」とし、私宅監置を中心とした同法による「精神病者処遇は行政などの国家機関や精神病医などの医療機関の強制的な介入による管理と言うより、家族の主体性を利用した巧みな管理システム」だとしている[74]。風間朋子は、同法における「公的機関（警察）は、家族によってなされる監護の現場へ積極的に介入することもなく、ただ、監置に関する事務手続きが正しく行われているか、その後の監置に逸脱がないか等、あくまでも虐待の防止など消極的な範囲内で、監護義務者を監督す

---

71) 青木［1937：98］。
72) 樋上［1955：4］。ただし、樋上の著書の中には、「医療の社会化」論とみなせる主張は展開されていない。
73) 山下［1985：8］。
74) 青山［2000：130］。

る」[75] 程度の役割しかもたなかったと述べている。宇都宮みのりも、精神病者監護法における「監護」の内実が「権力による監護義務者の管理という消極的介入」[76] にとどまったと把握している。

　加えて、現在の精神保健福祉士養成用のテキストでも精神病者監護法は、「私宅監置、親族の責務を規定したことが中心」[77]、「私宅監置が届出制となった」[78] などと説明され、精神医学の事典でも「私宅監置を公認したもの」[79] といったように、やはり私宅監置や家族の監護義務について簡潔に記述されて、総括されるというのが一般的である。

　以上にみてきたように、精神病者監護法は、私宅監置と患者家族の監護・保護義務がほとんどセットで語られるまでに広く定式化された。こうした解説は、精神医療史の中での定説と表現されてしかるべきであろう。そして、それにとどまらず、国家により合法化された「私宅監置は日本の精神科医療の原型」[80] として、患者の看護や医療に公的機関が責任をもたず、家族や民間にその責任を押しつけるという意味で、精神医療史における「医療の社会化」論の重要な批判対象として位置づけられてきたのである。

　しかしながら、このような現在の精神保健福祉の分野において長らく定着している精神病者監護法に対する評価は、実はそれほど綿密な検証に基づいて導かれたものとはいい難い。本章で一次資料を利用して論じるように、これまでの先行研究は、精神病者監護法が戦前・戦後の精神医療に与えた歴史的影響の評価について、いくつかの点において大きな問題を抱えている。

　第一にそれは、青木による戦前期の文献に紹介されていたように、精神病者監護法が第6条において行政機関主導による患者の公費監置を規定し、日本において初めて精神障害者に対する病院等への収容を全国レベルで運用していたことである。第二に、同法第6条の運用規定である明治33年勅令第282号が、市区町村長責任による患者監置を、民間病院に公費を支払って委託可能とする「委託監置」の運用を一般化させたことである。

---

75) 風間［2011：11］。
76) 宇都宮［2010：64］。
77) 精神保健福祉士養成セミナー編集委員会［2005：71］。
78) 岡上他［2006：23］。
79) 松下［2011：597］。
80) 吉岡［1982：41］。

つまり、前者は行政主導での患者収容という意味で戦後の精神衛生法における措置入院の前史を成しており、後者は精神病院法の代用病院制度と戦後の指定病院制度に継承されて民間病院の公立病院に対する量的圧倒をもたらす1つの要因となったと考えられることである。共に、戦後の精神医療の趨勢に極めて重要な影響をもったと考えられるが、後藤の研究[81]の他には精神病者監護法についてこうした指摘が明示的になされてこなかった。

　先行研究における精神病者監護法解釈のこのような欠陥が生じた大きな理由の1つとしては、呉秀三に先導された私宅監置批判の文脈が強固に継承されたことがまず考えられる。「わが国の精神医学、医療の創始者」[82]と度々称されてきた呉による私宅監置および精神病者監護法批判は、今なお変わらない呉の威光そのものがその正当性を担保しているように思われる[83]。もう1つには、そもそも精神病者監護法の運用をはじめ、戦前期日本においてどのように精神病者が具体的に取り扱われたのか、ということを明らかにしてくれる一次史料が決定的に不足していることが挙げられる。

　こうした史料的制約の中、橋本明の研究[84]は、大分県が関与した1940年における私宅監置を中心とした精神病者処遇の実例（31件中23件が私宅監置、8件が病院監置でうち5件が公費）を検証している。橋本は、精神病者監護法第6条による公費監置適用だったと考えられる5例中3例についても分析している。同研究は、第6条の運用プロセスや患者の様子について詳細な情報を与えてくれる一方で、同条が精神病者監護法の全体像からみてどのような評価がなされるべきであるか、といった論の進め方をしていない。

　以上、精神病者監護法に関する研究状況を概観したが、やはり私宅監置に関係する考察が中心となっている。このような先行研究の傾向に鑑み、以下では精神病者監護法第6条に規定された公費監置（公的監置）の制度と実態を、川崎市文書中の行政文書より考察する。

---

81) 後藤［2012a、2012b］など。
82) 広田［1981：134］。
83) 例えば、2018年3月3日に、公益財団法人日本精神衛生会は、「呉秀三「精神病者私宅監置ノ実況」刊行100周年記念　メンタルヘルスの集い」を開催した。また、呉の業績にスポットを当てたドキュメンタリー映画『夜明け前——呉秀三と無名の精神障害者の100年』が作成されるなど、2018年は呉を顕彰するイベントが多くあった。呉については、批判的に言及する研究はほとんど存在しないといってよい。
84) 橋本［2006、2011：第3章］。

その上で、その公費監置が、医療費支払としては精神衛生法の措置入院に継承される「特別法」タイプ、入院の機能としては3類型でいうところの「社会防衛型」の原型を生成し、戦前期の精神病床の公的供給システムの一端を担っていたことを明らかにする。それと共に、監護法の公費監置が戦後の精神衛生法の措置入院との連続性をもつことを論証することで、近代日本における精神障害者に対する公的収容の法体系は、精神病者監護法第6条およびその運用規定によって初めて全国的に構築され、運用されてきたことを論じる。

2　川崎市における公的監置の運用実態

(1) 法律上の規定──精神病者監護法第6条（および第8条）

これまで述べてきたように、精神病者監護法には、家族に患者監護を義務づけ、私宅監置を統制するという機能だけでなく、市区町村長が直接の監置責任者となって監置を執行し、かつその費用を公費で支弁する公費監置の規定も存在した。なお、本書において使用する「公的監置」とは、市区町村長が責任者となって患者の監置を実行することを指し、「公費監置」とは公的監置の費用が公費によって賄われることをいう。両者はほとんどの場合同一の意味であるが、厳密には「公的監置」の費用が稀に患者家族によって負担されることもあったため、用語として区別した。なお、「公費監置」という言葉は先の青木の論文[85]中にも使用されているように戦前期に実用例があるが、「公的監置」は確認されていない。

では、そもそもこの公的監置・公費監置とはどのようなものであったのか[86]。まず、精神病者監護法は全23条から成り、第1条は家族を中心とする患者に対する監護義務の規定、ならびにその義務を履行すべき順位について、第2条は監護義務者以外は精神病者を監置できないことを定めるなど、第5条までは基本的に私宅監置を想定したものである。

そして、第6条（および第8条）に公的監置に関する事項が規定されている。第6条の全文は以下のようである。

---

85) 青木[1937]。
86) 本章の内容および表に関わる初出論文として、後藤[2012a、2012b]。

精神病者ヲ監置スルノ必要アルモ監護義務者ナキ場合又ハ監護義務者其ノ義務ヲ履行スルコト能ハサル事由アルトキハ精神病者ノ住所地、住所地ナキトキ又ハ不明ナルトキハ其ノ所在地市区町村長ハ勅令ノ定ムル所ニ従ヒ之ヲ監護スヘシ

　これは、監置すべき患者に家族など監護義務者がいない場合、またはいても義務を履行できない時は、関係する市区町村長が代わりに監護せよ、というものである。
　また第8条は、行政庁が患者監置の必要性もしくは監置の不適当を認めた時は、第1条の順位にかかわらず監護義務者を指定し、監置を命じることができるが、「急迫ノ事情」の際は行政庁が代わりに仮に監置できる、というものである。
　さらに費用の支弁方法は精神病者監護法第10条で、市区町村長が監護する場合は行旅病人及行旅死亡人取扱法（明治32年成立）を準用するとある。同法では、救護費用が当該者より弁償されない場合は公共団体が負担する（第5条）とあり、この公共団体は救護・取扱を行った地の道府県となっている（明治32年勅令第277号）。
　こうして、精神病者監護法第6条（および第8条）での市区町村長による監護費用は、当該患者（および扶養義務者）から支弁されなかった場合は、一旦市区町村が繰替支出し、後に道府県からの弁償という形になったのである。なお、公費による監置先はほとんどが病院への監置で、他に公立救護所、公立監置室等への監置があったがこれらはごく少数にとどまった[87]。
　そして、この第6条の具体的な運用に関する法規として、明治33年勅令第282号（「精神病者監護法第六条及第八条第三項ニ依レル監護ニ関スル件」）が定められている。この勅令は公的監置の運用上極めて重要な法規であるが、これまでの先行研究では言及されることが少なかった[88]ため、その重要性に鑑

---

[87] 公立監置室などへの監置については、後掲の表1、表2中の「その他の場所に監置」―「市町村長の監置」の項目にほぼ該当すると考えられる。同項目は、公費での病院監置と比べて大体5分の1から15分の1程度であり、例えば1937年では病院監置4862人に対し、「その他の場所」は300人となっていた。

[88] 富田［1992：210-211］には、同勅令についての記述がある。富田は同第4条について、公権力の委託があれば監置がどこでも合法化されることを問題視している一方で、本書

みここに全文を紹介したい。

　　　精神病者監護法第六条及第八条第三項ニ依レル監護ニ関スル件（明治三十三年六月三十日勅令第二八二号）
　　第一条　精神病者監護法第六条ニ依リ市区村長ニ於テ精神病者ヲ監置スヘキ場合ニ於テハ地方長官ノ認可ヲ受クヘシ
　　　前項地方長官ノ認可ヲ受クル暇ナキトキハ市区町村長ハ警察官署ノ同意ヲ経テ三十日内精神病者ヲ監置スルコトヲ得但シ急迫ノ事情アルトキハ警察官署ノ同意ヲ経サルモ七日内仮ニ之ヲ監置スルコトヲ得此場合ニ於テハ警察官署ニ通知スヘシ
　　第二条　精神病者監護法第六条及第八条第三項ニ該当スル精神病者アルトキハ地方長官ハ警察官署ヲシテ之ヲ市区町村長ニ引渡サシムヘシ但シ急迫ノ事情アルトキハ警察官署ハ仮ニ之ヲ市区町村長ニ引渡シ直ニ地方長官ノ指揮ヲ請フヘシ
　　第三条　市区町村長ニ於テ監置シタル精神病者治癒シ死亡シ又ハ行方不明ト為リタルトキハ第一条第一項及第二条ニ依リテ監置シタル者ニ付テハ地方長官ニ報告シ第一条第二項ニ依リテ監置シタル者及第二条但書ニ依リテ仮ニ監置シタル者ニ付テハ警察官署ニ通知スヘシ
　　　市区町村長ニ於テ監置シタル精神病者ノ監置ヲ廃止シ又ハ監置ノ方法若ハ場所ヲ変更セムトスルトキハ第一条第一項ニ依リテ監置シタル者ニ付テハ地方長官ニ報告シ第一条第二項ニ依リテ監置シタル者ニ付テハ警察官署ニ通知シ第二条ニ依リテ監置シタル者ニ付テハ地方長官ノ認可ヲ受ケ其ノ但書ニ依リテ仮ニ監置シタル者ニ付テハ警察官署ノ同意ヲ経ヘシ但シ監置ノ方法又ハ場所ノ変更ヲ要スル急迫ノ事情アルトキハ仮ニ之ヲ変更シ直ニ認可ヲ受ケ又ハ同意ヲ経ヘシ
　　第四条　市区町村長ハ其ノ監護スル精神病者ノ監置ヲ適当ナル公私ノ施設又ハ私人ニ委託スルコトヲ得
　　第五条　東京府ニ在リテハ地方長官ノ職務ハ警視総監之ヲ行フ

　　が着目する同第1条、第2条については言及していない。

勅令の第1条の内容は、①市区町村長は監護法第6条適用で病者監置するときは知事の認可をとれ、②また、その暇がないときは市区町村長は警察官署の同意を経て30日以内は監置できる、③但し急迫の時は警察官署の同意がなくても7日以内は監置できる、この場合は警察官署に通知せよ、というものである。

　第2条の内容は、④第6条第8条該当者について知事は警察官署を通じて市区町村長に引き渡せ、⑤但し、急迫の時は警察官署は之を仮に市区町村長に引き渡し、直接知事の指示を待て、となっている。

　この勅令第1条、第2条は、知事・市区町村長・警察の3者だけで患者の強制的な監置を可能にする内容である。つまり、日本で最初の行政機関による精神障害者の収容に類する全国法規といえ、本来ならば精神医療史上、もっと注目されてしかるべきものである。特に、第2条但書は、第1条のように市区町村長が監置実施をリードするのではなく、警察から市区町村長へ患者を直接引き渡すことで監置を開始することを想定した、警察が収容に直接コミットする手続きとなっていることに留意すべきである。

　明治33年勅令第282号第3条では、監置内容に変更があった場合に警察官署に通知すべき事項が挙げられ、そして第4条において委託による監置が規定されている。この第4条によって、公的監置を私立精神病院等に外部委託できることが法的に初めて認められたのである。この委託監置が重要であるのは、精神病院法の代用病院規定に継承され、戦後の精神衛生法では指定病院制度につながり、公立精神病院に対する民間病院の量的圧倒という現象を生む1つの要因になったと考えられる点である。

　なお、家族等の監護義務者による私宅監置実施の具体的な運用規定となっていた精神病者監護法施行規則（明治33年6月28日内務省令第35号）では、私宅等に患者を監置する際はもちろん、監置場所の変更時などにも医師の診断書を添付して地方長官に願い出ることが定められていた。また、精神病者監護法施行のさらに細部に関しては地方行政庁の運用に委ねられていたわけであるが、例えば東京府では精神病者監護法施行手続（明治33年7月27日警視庁訓令甲第63号）がそれに相応した。同訓令では、急迫の事情を伴い施行規則により診断書を提出せずに私宅監置した場合であっても、警察医の診断を求めている[89]。この施行規則や施行手続といった運用規定をみても、監護義務者が私

宅監置を行おうとする場合、不法な監禁が行われないように厳格に医師の診断が要求される仕組みとなっていたのである。

これに対して、公的監置の場合、明治33年勅令第282号や先の警視庁訓令には医師の診断についての言及がなく、診断書は公的監置に際しての必須要件となっていなかった。後にみるように、川崎市文書においても、市区町村長が知事に公的監置の最終的な許可を得るための申請文書を提出する際も、医師の診断書が添付されないケースは少なくなかった。

以上のことは、精神病者監護法第6条による公的監置においては、医学的必要よりも警察や市区町村長の決定、すなわち公安的（公衆衛生的）な事情が優先されていたことを示しているであろう。

(2) 川崎市公文書館所蔵文書群にみる公費監置事例

前項においては、精神病者監護法第6条に関する法的な諸側面を概略したが、本項ではその運用の実態を川崎市文書の分析から考察する。

序章第5節に言及した川崎市文書のうち、公的監置を実際に行ったことが判明する行政文書が綴じられている史資料[90]は、把握した限り当時の社会課・衛生課が作成した以下の7つである。

（一）『恤救書類第一種　大正十四年』[91]、（二）『衛生書類　昭和八年』、（三）『恤救書類第一種　昭和八年』、（四）『恤救書類第一種　昭和九年』、（五）『衛生書類　2/4　昭和十一年』、（六）『衛生書類　3/4　昭和十一年』、（七）『恤救書類　昭和十三・十五年』。

文書群がカバーする時期は大正後期から昭和前期の約20年間にわたり、地方自治体レベルでの病者監置の実態を明らかにする貴重な一次史料である。本項ではこの川崎市文書を利用しながら、上述の精神病者監護法第6条による公費監置が、どのように具体的に運用されたかを考察する。

まず、上記7つの川崎市文書群で精神病者に関連する行政文書の総枚数は、およそ1900枚弱であり、それらは128件の文書群によって構成されている。

---

89) 富田［1992：174］参照。
90) これらのうちで注目に値すると思われた実例は、川崎市公文書館の協力により、岡田他編［2016］の中に行政文書が所収された。資料の概説については、同書中の後藤［2016］を参照。
91) （一）の簿冊に関しては、1920（大正9）年の収容に関する事例も含まれている。

うち58件（重複を除くと53名分）は「病院監置・入院」に関する事例であり、さらにその中で川崎市長が直接の監置責任者となっているのが51件（監護法第6条による公費での病院監置、重複を除くと48名分）である。残りの7件は親族が病者の自費入院を市経由で申請しているもの（費用負担は家族）で、適用自体は救護法による例外的な入院である（第3章参照）。以下では、この前者の51件・48名分の公費監置に着目していく。なお、先述した橋本明の利用した大分県の文書群は、私宅監置が中心であったのに対し、川崎市文書には私宅監置の例はなく、すべてが病院への公的監置である[92]。

a　精神病者監護法による公的監置例1

　まず、典型的な例を用いて、具体的な公的監置の運用の流れを紹介したい。取り上げるのは、『大正十四年恤救書類第一種』中の文書番号39号「精神病者□□ノ件」[93]で、精神病者の取り扱い事例としては川崎文書中、年代的に3番目に早いものである。本件は大正14（1925）年度の事案で、患者は21歳女性、精神病者監護法第6条に該当するとして、市長が監護責任者として横浜脳病院（私立）に患者を委託監置したものである。以下に全8枚の関連文書の中から、特に3つを取り上げたい。なお、ゴシック体の部分は手書きであり、その他は印字であったものである。

　まず、川崎警察署長から川崎市長に宛てられた、患者引き渡しに関する最初の文書である。

　　　川衛発第九一号　大正十四年五月三十日
　　　神奈川県川崎警察署長
　　　地方警視□□□□□
　　　川崎市長□□□□殿
　　　　助役　　　課主任（□□）印　　　担任
　　　精神病者仮引渡ノ件

---

92) 私宅監置の取り扱い文書がないこと自体は、行政上の管轄の問題であり、川崎市に私宅監置がなかったことを意味するのではない。ただし、例えば1933年の統計では、川崎市における私宅監置の人数は1名であった（神奈川県総務部統計調査課［1935：754］）。
93) 個人の特定につながりえる部分はすべて□□の伏字とした。

本籍　東京市□□区□□町□□番地戸主□□□庶子女
　　住所　川崎市□□□□□□□
　　□□□　当二十一年
　　右ハ精神病者監護法第六条ニ該当スルモノニテ明治三十三年勅令第三百
　　八十二号第二条但書ニ該当スル事情アルモノニ付仮ニ引渡候也　　[ママ]

　ここには、前項で触れた、監護法第6条および明治33年勅令第282号第2条但書に該当する事案だと書かれている。この勅令の内容は「但し、急迫の時は警察官署は之を仮に市区町村長に引き渡し、直接知事の指示を待て」というものであった。
　次に、同日中に、今度は川崎市長から川崎警察署長に宛てられた文書で、私立病院に委託「仮監置」することに同意してほしいという内容である。

　　大正14年5月30日起案　大正〃年〃月〃日施行
　　市長　助役　（□□）代　印　課主任（□□）印
　　大正十四年五月三十日
　　市長名
　　□□署長宛　　精神病者仮監置同意願
　　本籍　東京市□□区□□町□□
　　住所　川崎市□□□□□□□
　　□□□　当　二十一年
　　右ハ大正十四年五月三十日付発第九一号ヲ以テ精神病者監護法第六条該当
　　者トシテ御引渡有之候処当市役所ニ於テハ適当ナル監置施設無之候ニ付横
　　浜市青木町字広台横浜脳病院ニ委託仮監置致度候条御同意相成度此段御願
　　候也

　次に、再度同日中に、川崎警察署長から川崎市長への委託仮監置の「同意書」が作成されている。

　　川衛発第二〇八四号
　　同意書

川崎市長　□□□□
大正十四年五月三十日付願精神病者□□□ヲ横浜市青木町広台横浜脳病院
ニ委託仮監置ノ件同意ス
大正十四年五月三十日
神奈川県川崎警察署長
地方警視□□□□□

　この最後の２つの文書中に出てくる「仮監置」は、精神病者監護法第８条に「急迫ノ事情アルトキハ行政庁ハ仮リニ其ノ精神病者ヲ監置スルコトヲ得」と規定されているものである。その際、勅令第１条では、「急迫ノ事情アルトキハ警察官署ノ同意ヲ経サルモ七日内仮ニ之ヲ監置スルコトヲ得此場合ニ於テハ警察官署ニ通知スヘシ」としている。後に山形県知事なども歴任した警察官僚の川村貞四郎はこう解説している。

　　精神病者ノ危険性ニ顧ミテ一刻モ早ク之ヲ監置スルノ要生スベキヲ以テ法ハ仮監置ノ制ヲ設ケタリ、即チ急迫ノ事情アルトキハ監護義務者ハ何等ノ手続ヲ要セスシテ仮リニ精神病者ヲ七日間監置スルコトヲ得ルナリ……。94)

　勅令の「急迫の事情」が、ここではより直接的に「精神病者ノ危険性」という表現で説明されていることからも分かるように、仮監置は社会防衛的な目的を色濃くもって作られた規定である。この仮監置は、原則的に家族が担う「一般的監護義務者」も私宅監置などの方法で実行可能であったが、川崎市文書の場合は51件の公費監置中、49件が警察と市長の主導で行われている。
　監護法第６条による公的監置が、警察から市区町村長への引渡しから開始されることが一般的だったことは、当時の公的資料からも確認できる。例えば、京都市社会課の調査報告書には、「現在本市区役所に於て精神病者を取扱ふは主として右勅令第二条に依り、警察署より引渡しをうくる場合であり、その引渡しをうくるや、区役所は之を適当なる病院に収容する」95) とあるし、大阪市の救護事務担当者向けに書かれたマニュアルには「本市の実情に於ては現在区

---

94) 川村［1926：363］。
95) 京都市社会課［1935：37］。

長の監置して居る精神病者の殆んど大部分は之〔勅令第282号第2条但書〕に該当する者であると謂ふも差支ない」[96]とある。

　川崎市文書では、警察から市長への引き渡し、市長の要請による仮監置に対する警察署の同意までが即日の間にスピーディーに行われている。そしてこの後、文書では市長が知事に監護法第6条での正式な委託監置のための許可申請を行い、それが認可されて完了となっていくのである。

　このように、川崎市文書中の公的監置は、ほぼすべてが警察による市長への患者引渡しと、仮監置の実行から、正式な（川崎市から私立精神病院に対する）「委託監置」が開始されたのである。

　以上からも、精神病者監護法による公的監置は、明治33年勅令第282号第2条但書にいう「急迫」の事情による警察からの引渡しによって開始される、社会防衛的（公衆衛生的）な色調が強かったものが大部分だったことが判明する。

b　精神病者監護法による公的監置例2

　先の事例では、精神病者監護法第6条、ならびに明治33年勅令第282号2条但書を適用した監置が、社会防衛的な要素をもった強制収容であったことを紹介したが、それに至る際の条件が記されている例を挙げたい。

　ここで紹介するのは、川崎市文書中『昭和八年衛生書類』の49号「精神病者取扱費請求ノ件」で、患者は30歳男性、昭和3（1928）年度の案件で、全24枚の文書である。以下には、監置開始に際しての文書を挙げたい。

　　昭和三〔「二」の印字に横棒が加えられている〕年九月十八日
　　川崎警察署長
　　川崎市長殿

　　精神病者仮引渡ノ件
　　本籍　東京市□□区□□□□□□□□
　　戸主　□□□　弟

---

[96] 大阪市救護事務協議会編［1937：243］。同資料には「同法〔精神病者監護法〕は主として公安上より精神病者を監置することを目的としたもの」（傍点引用者）とある。

住所　川崎市□□□□番地　□□□□付
□□□□□
明治三十三年□月□□日生
　右ハ精神病者ナル処監護義務者タル戸主□□□□□アルモ其ノ義務ヲ履行スルノ資力無ク而シテ病状ハ狂暴性ニシテ自他ノ危害防止上此侭放置スル能ハズ精神病者監護法第六条ニ該当スルモノト認メラレ候ニ付明治三十三年勅令第二百八十二号第二条但書ニ依リ仮ニ及引渡候也

　これは先にみたのと同様に、川崎警察署長が川崎市長に送付した文書で、やはり拘束した精神病者を「仮引渡」したという内容である。先の1925年の事例とほぼ同じ主旨なのであるが、先の事例では「精神病者監護法第六条該当者トシテ」と記載されていたものが、監護義務者の資力がないことと、病状の狂暴性のために「自他ノ危害防止」の必要があるとの文章となっている。
　この文書に記載されている文言と内容は、例外はあるものの、1926年以降の川崎市文書では表現をほぼ変えずに手書きから印字に変わっており、監護義務者の資力と社会防衛的な要件の明記が監護法第6条適用の際に通例化していった[97]。なお、現行の精神保健福祉法でも、措置入院要件は「自身を傷つけ又は他人に害を及ぼすおそれ」となっており、この文言は川崎市文書の「自他ノ危害防止上」という表現にみられるように、精神病者監護法第6条と明治33年勅令第282号第2条但書の運用においても使用されていた。措置入院要件としての「自身を傷つけ又は他人に害を及ぼすおそれ」という表現は解釈の余地を広く残すものであり、特に精神衛生法下の1960年代には安易に適用されたケースが多かったとされているが、これは精神病者監護法第6条の運用に関する文脈も1つの前史となっていたことが示されているだろう。
　ここに挙げた警察署長から市長への仮引渡の文書のあとに、先のケースと同様に、市長から警察署長に宛てた文書で、私立病院に委託「仮監置」することに同意してほしいという「同意依頼書」が作成され、同日中に警察からの「同

---

97) 印字へ移行された理由について確かなことは分からないが、おそらく監護法での監置の適用事例が増えていったことが背景に考えられる。また、監護義務者の資力と、「自他ノ危害防止」という文言が追加されたのは、精神病院法での公費入院との違いを強調するためだったことが考えられる。

意書」が送られ、病院への一時的な「仮監置」手続きが完了する。そして、この後、市長が県知事に対し、監護法第6条による正式な委託監置のための許可申請を行い、それが認可されて監置事務完了となっていくのである。

これら2例以外の事例も検討した結果、川崎市文書における公的監置の実行プロセスを簡潔に記すと次のようになる。

① 警察署長から市長への患者の仮引渡し
② 市長から警察署長への仮監置同意依頼
③ 警察署長から市長への仮監置同意書
④ 市長から知事への委託監置許可願い
⑤ 知事から市長への委託監置認可
⑥ 知事から警察署長への患者の市長への引渡し命令

重要なのは、こうした監護法第6条に関わる運用の手続きそのものが、患者の病院への収容が警察署長・市長・県知事の3者だけで実行可能な「強制収容」だったことを傍証しており（法的根拠は明治33年勅令第282条）、その最初のきっかけが警察による「狂暴性ニシテ自他ノ危害防止」という社会防衛的な要件を根拠にして始まっていることである。また、監護義務者たる家族の「資力」が、公費監置を適用するか否かに影響していたことであり、「狂暴性」のみでは公費監置は適用されなかったと推察される[98]。

c　精神病者監護法による公的監置例3

川崎市文書中、ごく例外的に巡査による患者拘束の経緯に関する報告書が添付されているのが、『恤救書類　昭和八年第一種』中の第10号「精神病者監護費請求書　□□□□」のケースである。

98）監護法第6条適用の可否の判定に監護義務者らの資産状況が関係したことは、橋本［2006］に登場する文書群9の人物が病院に監置されたケースからも理解できる。同事例では監護義務者の妻が「小作農ヲ営ミ差当リ生計ニ窮シ居ラズ」とあり、監護義務を履行する能力有と判定されている。そのため、監護法第6条に該当せず、公費監置にはなっていない。「つまり、本例は家庭の事情により精神病院への監置を委託しているにすぎず、監護義務者は妻のまま」であった。一方で、単身・無資産の患者事例では、監護法第6条の適用で公費監置となったと解説されている（橋本［2006：脚注18］を参照）。

また、本件には、家族がどのように患者に向き合っていたかを示す内容も含まれているため、ここに巡査報告の抜粋を紹介したい。当該患者は愛知県出身の 27 歳男性で、監置開始日（報告作成日と同じ）は 1928（昭和 3）年 10 月 30 日である。

右者……本月十七日午後九時頃当署前ニ不動ノ姿勢ヲ執リ居リタルヲ発見取調ベタルニ松ノ宮殿下ノ命令ナリト称シ精神ニ異状アルモノト認メ……其後本月二十五日午後二時頃東京市麴町区憲兵分隊ニ出頭シ一本ノ食料ノ昆布巻ヲ持参シ秩父宮殿下ニ献上スルモノナルガ有毒ノ有無ヲ調ベテ貰ヒタイト言ヒ来リタル為当署ニ於テ引取……兄ニ引渡スベク交渉シタルモ……本人ノ乱暴ニ度々遇ヒ引取方ヲ拒ミタルヲ以テ仕方ナク……二男ニテ□□□□ナル者アルヲ以テ是ニ引取ラシムベク……□□〔患者〕ノ乱暴ニハ殆ンド手ヲ焼キ居リ……剃刀ヲ以テ殺スナド申シタル事実……本人ハ死ス共世話シ難シト申シタル……□□〔雇主〕ニ対シ乱暴ヲ働キ漸クニシテ取押ヘ辛フジテ本署ニ連行シタルモノナリ。……加ヘテ御大礼近ク……不敬ニ渉ルガ如キ事アラバ由々敷大問題……明治三十三年六月勅令第二百八十二号精神病者監護法第六条及第八条第三項ニ該当スル精神病者ト認メラレルヲ以テ川崎市長ニ引渡シ監置スルノ外ニ途ナキモノト思料候条此段報告候也

この後、先のものと全く同様のプロセスを経て、患者の監置がただちに開始されている。この事案で重要と思われるのは、患者に明らかに暴力的な傾向が観察されていることを前提に、皇室関係者に対する奇妙な言動で 2 度警察に保護されていること、次に監護義務者である兄らが引き取りを強く拒否した後に監置が認められていることである。

暴力性向と皇族に対する奇妙な言動は、時期的なタイミングからみて、公安的事由での監置が避けがたいものとして精神病者監護法第 6 条の発動を促したと考えられる。これは、同患者の監置実行日である 1928 年 10 月末の翌 11 月に行われた昭和天皇の即位式である「昭和大礼」と直接的な関係が推定されるからである。

藤野豊は、昭和大礼に際して、特定の職業に従事する人々、特定の民族、特

定の病者は、危険行動や上書建白などの恐れがあり、集中的な取り締まりのため内務省が警察に患者の「視察警戒」を指示していたことを明らかにしている[99]。川崎市文書より紹介した巡査の資料中にも、「御大礼近ク……不敬ニ渉ルガ如キ事アラバ由々敷大問題」という記述がみられ、間近に迫った御大礼が監置実行につながったと考えられる。ただし、精神病者監護法を適用した全国での病院への精神病者の監置数は、大礼前年の1927年の2822人から実施年である1928年の2450人とむしろ減少しており、1929年になっても2780人と1927年の数字まで回復していない[100]。このことからも、天皇制イデオロギーの強化と精神障害者の監置数推移との関係を一直線に結びつけることには慎重であるべきである[101]。

このような昭和大礼の話とは別に注目したいのは家族の意向である。本件では、父親を含む患者の親族4人の扶養能力調査が行われている。親族「何レモ赤貧無資産者」「家族ノ生活サヘ見ルモ悲惨」などの返答が各地自治体からあり、患者監護の経済的余裕がなかったのは疑いない。ただし、そうした実状とは別に、2人の兄はそれぞれ、「本人ノ乱暴ニ度々遇ヒ引取方ヲ拒ミ」「本人ハ死ス共世話シ難シ」などと、患者の監護に対する強い拒絶の意思を示しているのである。

このことに着目するのは、先に参照したように一部の先行研究が、精神病者監護法について「家族を精神病者を管理する主体として形成すること」[102]を目的としていたと論じていることと関わる。先行研究に従うのならば、こうした家族による監護拒絶の意思表明は、法律の目的遂行の失敗、あるいは浸透の未熟さとして把握することになろうが、それのみでは精神病床入院における病者と家族、そして制度をめぐる関係の複雑性を理解するのに不十分であると考えられるからである。

d　精神病者監護法による公的監置例4

次にみるケースは、やはり親族の反応についてである。取り上げるのは、

---

99) 藤野［1990］。
100) 次節に掲載している表2「精神病者監護法による監置（年末現在）」の参照。
101) 藤野［1990：81］は、京都のケースを取り上げて監置患者が激増したとして、「「昭和大礼」は、精神病患者にとりまさに弾圧強化の時であった」と述べている。
102) 青山［2000：129］。

『昭和八年衛生書類』中の第23号「精神病者取扱費請求ノ件　□□□□」で、本件の患者は37歳男性、その他の例と全く同じように市長・警察・知事によって監置の手続きが行われ、1926（大正15）年4月1日に横浜脳病院への収容が認可されている。

　これまでの事例と異なるのは、患者の監護義務者となっていた妻に対し、川崎市から患者の身柄引取りと、川崎市が負担した費用が請求されていることである。精神病者監護法第6条による監置は、原則的に公費負担を前提としていたが、扶養義務者に対する身柄引取りや費用請求を妨げるものではなかったため、その手続きが行われたのである。ただし、この妻はすでに静岡県の掛川の実家に帰郷しているため、その掛川町長に対する文書が添付されている。内容は身柄引取りと同時に、その引取り日時等を戸籍謄本ならびに資産調査資料と一緒に返答することを川崎市が求めているのである。また請求額は、横浜脳病院への委託監置の費用として、1日1円の計算で約半年間分の184円が請求されている。これに対して、妻の父親が掛川町長に対し、次のような手紙を送っている。

　　御願
　　三月一日御役場ヨリ引キ取方御達シ有之候ヘ共私事御役場ニテ御承知ノ通リ戸数割等級ニ於テモ最下位ニシテ其ノ日ノ生計ニモ困難致シ居リシ矢先キ先年□□〔患者〕儀精神病ヲ患ヒシ以来同人ノ妻及小供ヲ止ムナク私宅ニテ引取リ居？ガ赤貧洗フ如キ状態故レニテモ甚大ノ苦痛ヲ受ケ居？次第之ノ上厄介者ヲ預カルコトハ頭底堪エ難キ次第事情御了察ノ上……御願及ビ申候

　　静岡県掛川町□□□□□
　　□□□□
　　昭和二年三月一日
　　静岡県小笠原郡掛川町長□□□□□殿

　このように、監護義務者である妻の父親は患者の引取りおよび監護費用の支弁という川崎市からの請求に対し、その経済的困窮状況を訴えつつ、「厄介者

ヲ預カルコトハ頭底堪エ難キ次第」とその嫌悪を隠さない。また、こうした家族・親族の訴えを受けてか、掛川町長から川崎市長に対する返答も妻の実家に非常に同情的であり、この家族が大変困っている旨の内容を代弁して伝えているのである。

その後、川崎市は患者の監護義務者たる妻への引き渡しや費用請求は断念したようで、患者はそのまま継続して川崎市の委託置患者として扱われたようだが、患者本人は翌1927年12月11日に麻痺性痴呆(まひせい)によって死亡した。

先の事例とも合わせ、精神病者監護法によって、家族に対する精神病者の監護義務は明確に規定されたとはいえ、それは家族の監護拒否という意思の発露を抑え込めたわけではない。特に、家庭の経済状況の困窮は、家族の患者に対する拒否的な姿勢を強めると考えられる[103]。

本事案では、委託監置が患者の死亡時まで継続されたことに鑑みて、川崎市は、患者の妻側から困窮を訴える手紙を受け取った後に、費用徴収は諦め完全に公費監置の対象としたこととなる。つまり、行政は、家族の監護義務について「其ノ義務ヲ履行スルノ資力」なしと判断したと考えられ、家族の監護義務を解除したといえる。精神病者監護法は、確かに家族に患者監護の義務を明記しているが、第6条の存在はその義務の免除についても法的に指し示す機能をもったのである。

e 資産調査文書にみる家族の監護・扶養義務

川崎市文書では、川崎市長が監護責任者である公費監置が51件（重複を除くと48名）確認できた。つまり、これらのケースでは監護法第6条の「監護義務者ナキ場合又ハ監護義務者其ノ義務ヲ履行スルコト能ハサル事由」により、公的監置に至ったということであり、家族の監護義務が解除されたケースであるといえる。以下では、この対象となった監護義務者の経済状況について考察する。

精神病者監護法第6条の公的監置例の文書中において確認したように、監護義務者の「資力」は患者の監護義務の履行能力の有無を判断する基準ともなっていた。そのため、公費監置の対象となった監護義務者の経済状態は、精神病

---

[103] 戦後のデータではあるが、大島巌らによれば、長期入院の要因として、家族の「世帯年収」が親の年齢などと共に影響を与えていたという（大島・岡上［1992］）。

者監護法第6条による公費監置は監護義務者がどの程度の資力であれば適用されたのかを、川崎市の事例という限定つきながら、ある程度教えてくれるものだといえよう。

　まず、精神病者監護法における監護義務者は順位として、第一に後見人、第二に配偶者、第三に親権を行う父または母、第四に戸主、第五に四親等内の家族となっている（第1条）。川崎市文書では、監護義務者に関する情報や資産調査の文書が添付されていないもの、あるいははっきりと義務者不明と書かれているものは、48件中5件のみであり、残りの43件はすべて義務者について何らかの言及があった。

　また、後見人と、未成年者に対して親権を行う父または母に該当する監護義務者は、川崎市文書には登場例がなかった。そのため監護義務の順位が高く、法文上の主たる監護義務者だった配偶者と戸主に限定すると、監護義務者として直接名指しされているものだけで43件中で28件であった[104]。また、四親等内の家族として両親・子供の一親等と、兄弟姉妹の二親等までが言及されているのが43件中42件と、ほとんどすべてであった。

　つまり、川崎市文書に表れる監護法第6条による監置患者は、ほとんどは「監護義務者ナキ場合」ではなく、監護義務者たる家族・親族が把握されていることになる。そのため、「監護義務者其ノ義務ヲ履行スルコト能ハサル事由」があったこととなる。その大部分が資産調査によって「義務ヲ履行スルノ資力ナク」と判断されて監護義務が免除された上で、公費監置が実行されていたのである。

　では、ここで、具体的に監護義務者は、どの程度の資産ならば「義務ヲ履行スルコト能ハサル」と認定されたかを検討したい。ただし、川崎市が監護責任者となって患者を監置した上記43件では、多くが税務課による居宅調査を行って「捜索調書」等が作成されるのだが、この場合「何等差押フヘキモノナシ」あるいは「資産ナシ」という抽象的な表現で終わることが多く、どのような経済状況だったかを具体的に知ることができない。そのため、患者の監置を行っている他の自治体から、川崎市に住む監護義務者についての資産調査依頼に対する川崎市の回答を参照した。

104）監護義務者として指名されている人物が戸主かどうかを確認できないケースもあるので、実際はこれよりも多いはずである。

このうちで、監護義務者について「下位ノ生活」「生活悲惨ノ状態ノ如シ」「監護ノ義務ヲ履行シ得サル」など、監護義務を果たすことができない旨を明白に記し、かつ義務者の月収、および家族構成が記載されていたものに限定すると、川崎市文書では少なくとも19件確認できる[105]。年代としては、1933年から1940年にまたがっている。

その結果、これらの監護義務者の平均の月収は63.2円[106]、平均世帯人員数は4.3人となっていた。正確な比較とはいえないものの、同じ1933年から40年の「全都市勤労者世帯」の平均値はそれぞれ92.9円、4.1人であった[107]。これより、少なくとも川崎市においては、監護義務者の監護義務の順位に対する配慮と共に、監護義務者の月収が、当時の勤労者の平均月収の3分の2程度以下ならば、大体は監護義務履行不能と判断されたと考えられる。

ただし、例えば1938年の例では、監護義務者（患者との関係は兄もしくは弟？）。2人世帯の月収が100円（家賃30円）でも「下流ノ生活」となっている[108]。その他、1936年のケースでは、監護義務者（患者との関係は兄）の7人世帯の月収は90円だったが、子供が多く幼いため比較的困難と回答されていた[109]。

こうした事例では、患者と監護義務者の関係の近さが考慮されたと考えられる。つまり、患者の夫や、未成年の患者に対する親のような現在の生活保護法であれば「生活保持義務者」の関係に比較して、兄弟等の「生活扶助義務者」である場合は、比較的監護義務の解除が行われやすかった。また、監護法第6条経由での公費監置の場合、義務者の監護義務は、後述する救護法での収容救護ほどは資産基準によって判定されておらず、また監護義務者の世帯状況にも配慮がなされた。

---

105)『恤救書類　昭和八年第一種』2号。『恤救書類　昭和九年第一種』7、22号。『衛生書類　昭和十一年　2の4、3の4』12、13、19、25号。『恤救書類　1/2　昭和一三、一五年』5、6、8、10、11、13、15号。『恤救書類　2/2　昭和十三、十五年』1、3、4、6、10号。
106) 記載が日収のみの場合は、×20で計算して月収を出した。
107) 東洋経済新報社編［1991：112］。月収は勤労収入の平均値で算出した。
108)『恤救書類　昭和一三、一五年』5号。東京市品川区長が監護している患者の監護義務者（兄もしくは弟・川崎市在住の資産調査依頼に対する川崎市の回答）。
109)『衛生書類　昭和十一年　2の4』12号。東京市向島区長が監護している患者の監護義務者（兄）・川崎市在住の資産調査依頼に対する川崎市の回答。

以上、川崎市文書中の資産調査文書群から引き出せることは、精神病者監護法第6条の適用者は、鰥寡(かんか)孤独や身元不明の浮浪の患者よりも、監護義務者である家族と何らかの接点の残る貧困層の患者が主であり、その監護義務者の平均収入は一般勤労者の平均月収の3分の2程度だったことである。ただし、監護義務者が、兄弟姉妹など患者との関係が比較的に遠いケースの場合、監護義務者が中産層であっても公費監置はありえた。

3 公的監置の統計的観察

　本節では精神病者監護法第6条に基づく患者数がどの程度存在していたのかについて検証する。その際に、監護義務者による私宅監置と病院監置を比較する。利用する資料は、内務省衛生局（厚生省）発刊の『衛生局年報』（『衛生年報』）に基づき、同年報が精神病者に関する統計を統一的な形で掲載しはじめる1905年以降の年次のものを参照する。ただし、1911年度は病院監置の統計が欠落しているため省略した。

　表1は年度内延人数、表2は年末現在人数の統計である。昭和3（1928）年以降は、『衛生局年報』の統計の表記方法が変更され、年度内合計の数値は掲載されなくなった（その代わりに昭和3年以降は全国の精神病院の名称・所在地・病床数と患者統計が載るようになる）ため、表1は1927年度までの統計である。

　年度内延人数の統計である表1をみると、まず、先行研究において重点が置かれてきた私宅監置数（D）[110]と、市区町村長による公費監置（E=A+C）との関係は、おおよそ後者が前者の3分の1から2分の1の範囲であり、両者の数値が最も近づいている1920年では公費監置は私宅監置の約8割である。また、監護義務者の責任による病院監置と、市町村長責任による公費での病院監置の「病院監置合計」（F）で注目すべきは、1918年から1920年の間、私宅監置を合わせた合計数を上回っていることである。なお、次節で述べるように、1920年から1921年の間の「病院監置合計」数の急減は、1919年に成立した「精神病院法」の影響でそちらに数字が流れたためであり、実質上は精神病者

110）『衛生局年報』に表れる「其他ノ場所ニ収容シタル者」のうち、「義務者ノ監置」の項目を私宅監置に相当するものとして扱った。

表1 精神病者監護法による監置（年度内延人数合計）

	官公私立病院に監置						その他の場所に監置						(E)市区町村長による公費監置合計	(F)病院監置合計
	市区町村長の監置（病院監置）			義務者の監置（病院監置）			市区町村長の監置（主に救護所、公立監置室）			義務者の監置（主に私宅監置）				
	男	女	(A)合計	男	女	(B)合計	男	女	(C)合計	男	女	(D)合計		
1905	751	496	1,247	1,157	539	1,696	130	33	163	2,849	749	3,598	1,410	2,943
1906	650	713	1,363	1,159	854	2,013	177	54	231	3,103	775	3,878	1,594	3,376
1907	847	579	1,426	1,134	537	1,671	184	50	234	3,272	801	4,073	1,660	3,097
1908	1,040	603	1,643	1,121	464	1,585	177	52	229	3,401	803	4,204	1,872	3,228
1909	1,068	638	1,706	1,187	486	1,673	204	67	271	3,497	794	4,291	1,977	3,379
1910	1,016	676	1,692	1,168	495	1,663	231	71	302	3,659	826	4,485	1,994	3,355
1912	1,274	850	2,124	1,103	494	1,597	238	80	318	3,946	860	4,806	2,442	3,721
1913	1,474	972	2,446	1,318	502	1,820	255	85	340	4,019	866	4,885	2,786	4,266
1914	1,643	1,110	2,753	1,324	522	1,846	277	96	373	4,205	900	5,105	3,126	4,599
1915	1,956	1,258	3,214	1,309	511	1,820	304	99	403	4,422	968	5,390	3,617	5,034
1916	1,887	1,243	3,130	1,408	580	1,988	348	99	447	4,535	1,026	5,561	3,577	5,118
1917	2,035	1,342	3,377	1,455	602	2,057	372	128	500	4,529	1,011	5,540	3,877	5,434
1918	2,116	1,312	3,428	1,838	722	2,560	359	119	478	4,407	977	5,384	3,906	5,988
1919	2,156	1,279	3,435	2,017	857	2,874	341	122	463	4,154	938	5,092	3,898	6,309
1920	2,313	1,320	3,633	1,707	671	2,378	340	103	443	4,221	951	5,172	4,076	6,011
1921	936	440	1,376	1,700	660	2,360	391	130	521	4,389	956	5,345	1,897	3,736
1922	979	435	1,414	1,618	657	2,275	287	69	356	4,447	884	5,331	1,770	3,689
1923	1,115	519	1,634	1,720	651	2,371	349	104	453	4,499	937	5,436	2,087	4,005
1924	1,323	542	1,865	1,695	642	2,337	385	117	502	4,766	993	5,759	2,367	4,202
1925	1,431	665	2,096	1,651	626	2,277	380	146	526	4,944	1,061	6,005	2,622	4,373
1926	1,549	700	2,249	1,855	701	2,556	392	146	538	5,151	1,138	6,289	2,787	4,805
1927	1,748	796	2,544	1,625	609	2,234	471	164	635	5,485	1,183	6,668	3,179	4,778
合計	31,307	18,488	49,795	32,269	13,382	45,651	6,592	2,134	8,726	91,900	20,397	112,297	58,521	95,446

『衛生局年報』各年度より作成。「市区町村長による公費監置合計」(E)、「病院監置合計」(F)は筆者作成項目。(E) = (A) + (C)、(F) = (A) + (B)。

監護法ですでに監置されていた患者が、精神病院法の対象者に変更されたにすぎない。

　精神病者監護法は、成立当初の時点では精神病院がほとんど存在しなかったために、病院監置よりも私宅監置を前提にして立案されていた。しかし、施行から約20年で病院監置数が私宅監置を上回り、公費監置もほぼ一貫して増加していったのである。

　年度末時点の統計である表２でも、市区町村長による公費監置の総計が、義務者による私宅監置のおおよそ３分の１から２分の１はあったことが確認でき

表2 精神病者監護法による監置（年末現在）

	官公私立病院に監置						その他の場所に監置						市区町村長の監置合計	病院監置合計	監置を要しない患者
	市区町村長の監置（病院監置）			義務者の監置（病院監置）			市区町村長の監置（主に救護所、公立監置室）			義務者の監置（主に私宅監置）					
	男	女	合計	男	女	合計	男	女	合計	男	女	合計			
1905	324	286	610	461	263	724	81	18	99	2,221	599	2,820	709	1,334	19,421
1906	351	360	711	528	286	814	94	25	119	2,426	588	3,014	830	1,525	19,392
1907	447	333	780	506	251	757	96	33	129	2,471	606	3,077	909	1,537	20,974
1908	493	363	856	523	255	778	95	31	126	2,607	618	3,225	982	1,634	21,774
1909	511	402	913	542	277	819	113	29	142	2,618	613	3,231	1,055	1,732	22,406
1910	503	437	940	548	266	814	125	37	162	2,784	611	3,395	1,102	1,754	22,888
1912	703	579	1,282	560	252	812	131	42	173	3,019	636	3,655	1,455	2,094	26,951
1913	795	664	1,459	652	310	962	172	50	222	3,111	638	3,749	1,681	2,421	29,254
1914	952	770	1,722	664	283	947	142	46	188	3,238	694	3,932	1,910	2,669	30,376
1915	984	795	1,779	632	281	913	182	48	230	3,406	758	4,164	2,009	2,692	34,748
1916	1,031	870	1,901	666	335	1,001	212	67	279	3,390	794	4,184	2,180	2,902	36,752
1917	1,138	844	1,982	704	320	1,024	190	70	260	3,426	753	4,179	2,242	3,006	40,864
1918	1,094	787	1,881	853	365	1,218	195	67	262	3,339	749	4,088	2,143	3,099	41,870
1919	1,144	811	1,955	810	372	1,182	202	64	266	3,190	718	3,908	2,221	3,137	41,993
1920	1,240	867	2,107	760	355	1,115	209	69	278	3,322	722	4,044	2,385	3,222	41,847
1921	458	241	699	716	270	986	216	76	292	3,429	693	4,122	991	1,685	42,530
1922	512	236	748	772	305	1,077	187	51	238	3,508	698	4,206	986	1,825	42,521
1923	582	276	858	904	332	1,236	203	60	263	3,583	716	4,299	1,121	2,094	43,406
1924	675	305	980	1,041	390	1,431	254	75	329	3,704	781	4,485	1,309	2,411	44,957
1925	763	370	1,133	954	322	1,276	238	91	329	3,929	841	4,770	1,462	2,409	46,881
1926	885	400	1,285	982	369	1,351	250	92	342	4,134	905	5,039	1,627	2,636	49,575
1927	976	509	1,485	972	365	1,337	281	102	383	4,344	938	5,282	1,868	2,822	50,856
1928	978	511	1,489	664	297	961	616	281	897	4,801	1,061	5,862	2,386	2,450	57,133
1929	1,184	636	1,820	692	268	960	462	179	641	4,830	1,073	5,903	2,461	2,780	55,245
1930	1,598	815	2,413	644	251	895	493	195	688	4,985	1,116	6,101	3,101	3,308	58,802
1931	1,827	1,037	2,864	801	332	1,133	276	97	373	5,025	1,074	6,099	3,237	3,997	59,536
1932	2,091	1,246	3,337	805	371	1,176	251	94	345	5,117	1,061	6,178	3,682	4,513	58,619
1933	2,006	1,181	3,187	809	361	1,170	261	80	341	5,202	1,113	6,315	3,528	4,357	60,519
1934	2,185	1,302	3,487	853	372	1,225	294	74	368	5,247	1,167	6,414	3,855	4,712	62,696
1935	2,285	1,427	3,712	943	408	1,351	314	77	391	5,546	1,251	6,797	4,103	5,063	65,524
1936	2,636	1,670	4,306	1,054	440	1,494	247	54	301	5,541	1,230	6,771	4,607	5,800	67,318
1937	3,073	1,789	4,862	1,311	557	1,868	235	65	300	5,623	1,285	6,908	5,162	6,730	67,656
1938	1,788	976	2,764	1,028	423	1,451	244	72	316	5,547	1,248	6,795	3,080	4,215	67,606
1939	1,665	858	2,523	1,309	574	1,883	261	68	329	5,018	1,118	6,136	2,852	4,406	62,808
1940	1,605	735	2,340	1,060	476	1,536	254	71	325	4,654	1,118	5,772	2,665	3,876	62,848
1941	1,231	578	1,809	980	442	1,422	209	48	257	4,495	1,149	5,644	2,066	3,231	64,089
合計	42,713	26,266	68,979	28,703	12,396	41,099	8,285	2,698	10,983	142,830	31,733	174,563	79,962	110,078	1,642,635

内務省衛生局『衛生局年報』、厚生省『衛生年報』各年度より作成。1942年から1945年までは戦争の影響で欠落する府県が多いため省略。計算は表1に同じ。

る。また、戦前期における監護法による公費監置の年末時点でのピークは、1937年の5162名で私宅監置のほぼ4分の3である。

　精神病者監護法に関する公的統計を掲載している『衛生局年報』『衛生年報』を慎重にみると、同法下において公的監置も義務者による病院監置も決して無視できる規模ではなく、時代が下るごとにインパクトを増大させていったことが分かる。これは、先に川崎市文書を検証する中で明らかにしたように、地方自治体による強制収容としての公的監置が、戦前期において相当程度拡大してきたことを意味している。

4　精神病院法による公費収容

精神病院法による公費投入の規定

　戦前期には精神医療に関する法律が2つ併存する体制が敷かれた。この理由は、最初の関連法である精神病者監護法に「医療」・「治療」に関わる条文がないことであり、そのため公立精神病院の設置とそこでの治療を推進する目的で作られたのが精神病院法（1919～50年）である。

　精神病院法は道府県立の精神病院の普及を第一義の目的としていた。それは「療養ノ途ナキ精神病者」に対する施策の重視と一体であり、「本法ハ救済ヲ主眼トスルガ故ニ入院費ハ主トシテ道府県ニ於テ負担セシムルヲ目的」としていた[111]。このように、精神病院法は、貧困患者に対する入院拡大による「救済」を意図していたことなどからも、その社会的背景や法理念などに着目すべき点は多いのだが、ここではさしあたり精神病院法による公費投入の仕組みに限定して論を進めたい。

　まず、精神病院法では、患者の入院・収容などの維持管理に関わる経費は基本的に病院を設置した道府県の負担となり、公費患者が入院者の中心となるよう謳われている（「精神病院法施行ニ関スル件」1919年8月13日内務次官通牒[112]）が、同時に第5条によって負担力のある患者の自費入院や費用の一部

---

[111]　精神病院法施行ニ関スル件（大正八年八月十三日内務省発衛第一七一九号各地方長官宛内務次官通牒）中の「（別冊一）、精神病院法制定理由」。全文は後藤・安藤［「精神医療データベース」HP］を参照。

[112]　全文は、同上HPを参照。

徴収に関する内容も規定されている。

次に精神病院法は、その対象となる病院に関して規定があり、第1条の主務大臣によって設置が道府県に命令された病院、第6条の道府県が設置した精神病院で主務大臣が適当と認めたもの、第7条の主務大臣が適当と認めた公私立精神病院（代用）、の3つがあった。

精神病院法の立法趣旨は公立精神病院設置の推進だったが、実際に第1条によって設置された公立病院は1945年までに6つにすぎず、残りは既設であった東京府立松沢病院と鹿児島県立保養院の2か所が第6条によって認定されたにとどまった。このように、公立病院の設置がすすまない代わり、同法の実際の運用で最も重要な役割を果たしたのは、第7条に規定された「代用精神病院」であった。なお、この代用精神病院に指定されるには、施設の広さや設備などで条件をクリアして内務大臣による認定を受ける必要があった。そのため認定された代用精神病院は、そのことを広告や看板に掲載するなどしてアピールするのが一般的であったようである。

そして、これら対象となる精神病院に関係する費用として道府県が支出したものに対して国庫補助を定めたのが精神病者監護法との大きな違いなのだが、この国庫補助の仕組みは若干複雑である。なお、国庫補助に関する規定は、大正12（1923）年6月30日勅令第325号（「精神病院法施行令」）によって定められている[113]。

同令は、精神病院法第1条の規定で設置する精神病院に対し、「創設費及拡張費並之ニ伴フ初度調弁費」の2分の1、「其ノ他ノ諸費」の6分の1、また第7条の代用精神病院に対し道府県が支出した「入院費ノ積算額」の6分の1を国庫補助とするとした。

このうち、「其ノ他ノ諸費」とは道府県が負担した病院収支の赤字分のことである。一方、後者の代用精神病院に対する道府県の支出というのは、仕組みとして精神病者監護法における「委託監置」と全く同じといえる。つまり、道府県が、代用精神病院に対し、貧困等の理由で入院費用を本人・扶養義務者から徴収できない精神病者の入院収容を、1日いくらという形で委託するのである。

---

113) 法成立は1919年だが、国家予算のひっ迫により国庫補助に関する規定の施行は遅れた。

表3　精神病者監護法から精神病院法への移管（東京・大阪）

		精神病院法によるもの					精神病者監護法によるもの				
		精神病院に収容した者		代用精神病院に収容した者		合計	官公私立病院に監置				合計
							義務者の監置		市区町村長の監置		
		男	女	男	女		男	女	男	女	
東京	1920	—	—	—	—	—	133	77	829	622	1,661
	1921	415	299	764	580	2,058	10	4	1	1	16
大阪	1937	297	188	484 (171)	243 (99)	1,212 (270)	476	267	1,385	946	3,074
	1938	256	181	1,220 (1,100)	948 (745)	2,605 (1,845)	187	128	166	97	578

『衛生局年報』各年度より作成。（　）内の数字は代用範囲。合計欄は筆者作成項目。

　委託先としては、精神病者監護法の場合は「適当ナル公私ノ施設」であればどこでも可能だったが、精神病院法での委託収容は代用精神病院に限定された。では、ここで精神病院法による入院者はどのような患者だったかについて考えたい。精神病院法は第2条の規定で入院対象者を説明しているが、1番目として「精神病者監護法により市区町村長が監護すべき者」が挙げられ、2番目以降に罪を犯し特に危険な者、療養の途なき者、それ以外に特に入院が必要と認められる者となっていた。このうち、特に1番目に定められた精神病者監護法による市区町村長の監置患者が、相当の規模で精神病院法に移管されたことが『衛生局年報』から読み取れる。

　表3にあるように、東京府と大阪府はそれぞれ1920年から1921年、1937年から1938年にかけて監護法の適用だった患者が精神病院法に大量に移管された形跡が明らかである。例えば、1920年の時点における東京での精神病者監護法第6条による公的監置は、男829名・女622名の計1451名だったのが、翌年の精神病院法施行後はわずか2名に激減した。一方で、前年まではなかった精神病院法による収容患者が2058名となっており、これは前年まで監護法により公的監置されていた大部分の患者に対する医療費の支払いが、精神病院法に切り替えられたということである[114]。大阪でも1937年から1938年にかけて、同様の患者の移行が読み取れる。これはそれぞれ東京府松沢病院の精神病

114）なお、東京でこのような移管があった一方で、大阪では代用病院の認定は1933年まで遅れた。これには、「代用精神病院の基準に叶う私立精神病院がない」（板原［2010：3］）という理由が挙げられる。

院法の認定と府下私立病院の代用認定、大阪は1938年度に府内すべての私立精神病院が代用精神病院に認定されたことに大きく影響されている。

つまり、精神病院法による入院者中に、元々は精神病者監護法第6条に基づく市町村長による監置患者だった者が多数存在したのである。このような切り替えが行われた背景には、先述のように精神病院法には道府県に対する国庫負担が6分の1と定められていた一方で、精神病者監護法第6条での公的監置には道府県に対する国庫補助は存在しなかったことがある。つまり、財政上のインセンティブとして、道府県は、同じ精神病者の収容であれば精神病者監護法よりも精神病院法の利用を選好しやすい状況になっていたのである。

このような制度的インセンティブを背景に、精神病者監護法第6条の適用患者が、その後に積極的に精神病院法へと移管されていたことは、川崎市文書からも裏づけられる。例えば、『恤救書類　昭和九年第一種』中の8号「委託監置精神病者本県代用精神病院入院ノ件」では、次のような県警察部長の指令が各市町村長に出されており、ここでは川崎市長宛てのものを紹介する。

　　八衛発第四四二号
　　昭和八年五月三十一日
　　神奈川県警察部長　□□印
　　川崎市長殿
　　委託監置精神病者ヲ本県代用精神病院ニ収容ノ件
　　精神病者監護法ニ依リ貴市ノ監護ニ係ル病者ニシテ現ニ横浜脳病院ニ委託監置中ノ者ノ内ヨリ総計六拾名ヲ限リ近ク？？〔解読不能〕セラルヘキ本県代用精神病院ニ収容セラル、見込有之候条病者ノ氏名、年齢、住所、委託監置年月日及監置認可措令番号、並ニ其ノ年月日等ヲ具シ精神病院法施行規則第二条ニ依リ本県代用精神病院ニ入院方申請書（本年四月一付）至急御提出相成候用致度此段及照会候也

この資料は（一部文意にかかる部分が読解不能である）、神奈川県の代用精神病院に指定される予定である横浜脳病院に対し、精神病者監護法第6条により収容されている公費患者60名を精神病院法に移管せよという指令書である。つまり、精神病院法の対象となる患者を新しく入院させるのではなく、すでに

入院している患者に関し適用される法律を変更せよというものである。横浜脳病院の精神病院法の対象となる代用病床数は100床[115]であったため、このうちの6割となる60床を元々は精神病者監護法による公費での監置患者が占めることになったのである。

また、こうした精神病者監護法第6条から精神病院法への切り替えが頻発していたことは先の大阪府の事例についての研究でも確認できる。板原は、1940年の大阪府会の議事録を分析しつつ、「府の監護費〔精神病者監護法第6条に関する公費負担〕に係る負担は大きかったようで、病院の経費の6分の1が国から補助される代用精神病院へすべて切り替え軽減策を図った」[116]と指摘している。

このように、精神病院法による公費患者には、元々は監護法による患者だった者が多数移管されたと思われる。こうした事態が生じたのは、精神病院法を適用した入院に際して精神病者監護法第6条による監置患者を対象としていたのみならず、監護法が規定していなかった国庫補助を定めたためと考えられる。そのため、精神病院法は精神病者監護法第6条による患者を多く引き受けることとなり、精神病院法による公費入院の機能は、実質的に精神病者監護法と同一化しがちとなり、3類型の観点としては社会防衛型の入院の意味あいが色濃くなったと考えられる。

5　精神病者監護法と精神衛生法の措置入院

以上、ここまでに精神病者監護法、ならびに精神病院法の運用実態について考察してきた。そして、戦後、1950年にこの2つの法律を発展的に解消して、精神衛生法が制定された。この精神衛生法に「措置入院」が定められていたが、その第29条第1項では、診察の結果、精神障害者であると判定された者が、「医療及び保護のために入院させなければその精神障害のために自身を傷つけ又は他人に害を及ぼすおそれがあると認めたときは、本人及び関係者の同意が

---

115)　菅［1937：806-807］。菅の統計によると、1933年の横浜脳病院の代用病床数は140であるが、同脚注にあるように、同じ経営者による神奈川病院が1932年にやはり代用精神病院に認定されており、同院の代用病床数は40であった。よって、横浜脳病院の代用病床数は100だったと考えられる。

116)　板原［2010：9］。

なくても、〔都道府県知事は〕その者を国若しくは都道府県の設置した精神病院（精神病院以外の病院に設けられている精神病室を含む。以下同じ。）又は指定病院に入院させることができる」とされた。

　第29条はいわゆる強制入院に関連するものであるが、先行研究では、この措置入院の起源として、1919年に制定された精神病院法を挙げていることが多い。例えば、岡田は「知事の命令による強制入院である措置入院制度は、精神病院法の知事命令による入院」[117]を踏襲したとし、山下も精神病院法は「行政権力によって、精神障害者を精神病院に隔離収容しようとしたもので、現行法における措置入院に相当する」[118]と書いている。

　しかし、これまでの精神病者監護法第6条ならびに、明治33年勅令第282号の法制度的な分析、および川崎市文書を利用した公的監置の運用実態の検討からも、精神衛生法の措置入院の制度上の原型としては、精神病院法だけでなく精神病者監護法をより重視すべきである[119]。その理由は、精神病者監護法第6条のもつ以下の側面である。

- 原則的に行政機関による患者の強制的な病院収容体系であること。
- 原則的に収容に関わる経費が公費負担であること。
- 最終的に知事の認可によって正式に実行されること。

　このように、人権の制限に関わる監護法第6条の公的監置が強制収容、公費負担、最終責任者たる地方長官（知事）の認可という3つの要素をもつことは、措置入院の本質的機能との連続性を措定することを可能にするものである。この3要素はやはり措置入院の運用上でも不可欠なものとなっているが、これらはすべて精神病者監護法第6条と明治33年勅令第282号によって制度的に用意されていたのである。さらに、監護法第6条を措置入院の前史とみなすべき理由は以下の点である。

117）岡田［2002：202］。
118）山下［1987：208］。
119）法律以前の地方行政単位であれば、明治5（1872）年東京番人規則第29条に「路上狂癲人あれば、之を取押へ警部の指揮を受くべし」といった規定や、明治15（1882）年府令41号「途上瘋癲人の儀は警察署より直ちに本府癲狂院へ護送」という内容がある（岩尾・生村［1995］参照）。

- 精神病者監護法第6条の運用規定である明治33年勅令第282号第1・2条には、行政による患者の強制的な収容を可能にする具体的な手続きが定められていること。
- 精神病院法と、それに関連する各種運用規定[120]のいずれにも、患者に対する強制収容の具体的手続きに関する規定が存在しないこと。

このように、患者の強制収容に関する運用上の手続きは、精神病院法ではなく、精神病者監護法によって定められていた。

さらに付記するならば、先の川崎市文書の分析の際に紹介したように、1926年以降は精神病者監護法第6条の適用の際には、「自他ノ危害防止上」という文言が条件となって公的監置を実行する手続きとなっており、精神衛生法第29条の措置入院における「自身を傷つけ又は他人に害を及ぼすおそれ」という要件とごく似通っている。

以上から、精神病者監護法第6条の公的監置は、行政による強制収容・入院という意味において、精神衛生法第29条の措置入院と同様の機能をもち、それは一部の先行研究が主張する精神病院法より歴史的に先行するものである。

本章では、社会防衛型の精神病床入院が、精神病者監護法第6条による公的監置を通じて、いかに歴史的に生成されてきたかについて考察してきた。

まず、川崎市文書にみる精神病者監護法第6条による監置とは、明治33年勅令第282条に運用を具体的に規定された、行政機関の直接的な介入によって始まる患者収容であり、1920年代中頃以降は定型化した文言での社会防衛的な目的が、公的監置の適用に際する重要な条件になっていた。

川崎市文書の場合は公的監置の48名中、判明するだけでも46名が警察による市長への引渡しから監置が開始されていた。私宅監置の実行の際とは異なり

---

[120] 厚生省は1941年に『予防衛生ニ関スル法規及例規——附参考資料』という、精神病やハンセン病などに関係する詳細な関連法規集を刊行している。この中には「精神病院法施行ニ関スル件」、「精神病院法施行令」、「精神病院法施行規則」といった法規を掲載しているが、いずれにも明治33年勅令第282号に相当するような詳細な規定は存在しない。なお、精神病院法、精神病者監護法の関連法規は、後藤・安藤［作成HP］に全文掲載している。

家族は、監護法第6条による監置手続きに法的には一切関与せず、川崎市文書の中にも家族の姿や声はほとんど記述がない。実際に公的監置が実施される現場においては、家族は多くのケースで何らかの関与をしていたはずだが、少なくとも運用手続きの中では資産調査の対象であるにすぎない。

　本章第1節で言及した精神病者監護法に関わる複数の先行研究は、同法における行政の役割を、私宅監置を行う家族に対し違反がないか監視する程度の「消極的介入」しか行わなかったと結論づけてきた。これは私宅監置においてはおおよそ事実だったと考えられるが、川崎市文書に確認してきたように、精神病者監護法第6条による公的監置においては行政と家族の役割の重さは逆転しており、公的機関は常に監置業務を主導していたといえる。

　また、少なくとも川崎市の場合は、平均値をみると監護義務者の収入が全国勤労者の平均月収の3分の2程度以下ならば公費監置の一般的対象となる資産状況とみなされることが多かった。ただし、監護義務者が中産層であったとしても、患者との関係が遠い縁者であった場合には公費監置の対象となりえた。

　以上のことから、精神病者監護法第6条の適用による市区町村長の公的監置は、救貧的な機能も補助的にあわせもちつつも、社会防衛（公衆衛生）的な目的を主とした強制入院と考えることができる。このことからも、近代日本における精神障害者に対する公的強制収容の法体系は、精神病者監護法第6条およびその関連規定（明治33年勅令第282号）によって初めて全国的に構築され、運用されてきたことが分かる。

　本章において考察した公的監置は、精神病者監護法について私宅監置の合法化や家族の監護義務を強調する先行研究では見過ごされてきたといってよい。そのため、精神病者監護法の歴史的評価は、同法第6条による公的監置を正当に位置づけた形での修正が必要であると考えられる。

　そして、本書における問題設定に引きつけて論じるならば、この精神病者監護法によって構築された精神障害者に対する精神病床入院は、3類型の1つである「社会防衛型」入院の原型であり、戦後精神衛生法における措置入院に継承されたと考えられるのである。

第2章　短期入院の私費患者
　　　──戦前の治療型

1　戦前における私費・社会保険入院

　前章では、戦前期日本において、精神病者監護法ならびに精神病院法によって形成された「社会防衛型」の精神病床入院が、戦後の精神衛生法下の措置入院へとつながっていったことを論じた。本章では、同じく戦前期における「治療型」の入院を検証し、戦後との連続性について考察する。

　この治療型の入院については、戦前期東京における私立精神病院の研究を行った鈴木晃仁が、その内実を公費入院患者との比較を通じて、私費患者の入院実態に見出している[121]。鈴木は診療録に表れる投薬や治療の内容を詳細に検討した結果、「最新式の治療を受けるために短期間だけ精神病院に入院する〈治療を目的とした入院〉という特徴を鮮明に持つようになった私費患者」[122]の性格を描写している。

　本書も、基本的には戦前期精神病院に関する鈴木の認識を踏襲しているが、その一方で、私費と同様に治療型のカテゴリーとなると想定される社会保険給付による入院については、一次資料がほとんど確認されておらず、有力な先行研究も存在しない。従って健康保険法（1927年施行）や国民健康保険法（1938年施行）、職員健康保険法（1940年施行）等に代表される戦前の社会保険法に基づく保険給付が、どの程度、どのように精神疾患の入院医療に投じられたのかは不明である。

　数少ない例外として、先の川崎市文書中には少なくとも3件の健康保険法の適用による入院事例が記録されている。すべて当時の健康保険法の期限である180日間を満了して退院となるが、すぐに生活が行き詰まり、後に救護法での

---

121) Suzuki [2003]、鈴木 [2014]。鈴木が用いる「私費」という語は、当時も使用されていたが、『衛生局年報』では「自費」となっている。以下、両者を同義のものとして扱う。
122) 鈴木 [2014 : 128]。

収容となって再入院となっている。これら川崎市の事例は入院に至るまでのものであり、入院後の実態を知ることはできない。そのため、戦前においても社会保険による精神病床入院が一定の役割を果たしたケースがあることの証左ではあるものの、ここから全体像を窺い知ることはできない。

しかしながら、全体量としての社会保険での入院は、当時は自費入院のカテゴリーの中で扱われていたため、時代が下ると共に社会保険のカバーする範囲が拡大するため、同カテゴリーでの入院患者数も増加していったと考えられる。ただし、当時の社会保険の状況をみると、国民健康保険法や職員健康保険法の施行前は、公的な社会保険の被保険者数は1935年時点でも約303万人（政府管掌が209万人、組合管掌が94万人）[123]にすぎず、さらに戦前の社会保険の給付範囲は戦後と比べると限定的であった。これらを勘案すると、戦前における精神病床入院に対する社会保険給付は、私費入院費用のごく一部を補うにすぎない規模であったと推測される。

このような状況は、戦時下の社会保険制度の拡大と戦後の国民皆保険の実現により大きく変化する。この戦前から戦後にかけての社会保険制度の展開については吉原健二・和田勝等の先行研究[124]があるため詳述は避けるが、社会保険の制度的骨格は戦前から戦後へと継承された一方、その規模は国民皆保険の実現によって大きく拡大した。

戦後の病床数の推移については後に改めて論じるが、確認すべきことは、「私費・社会保険」での医療費支払いを通じた「治療型」も20世紀前半期にすでにその形態を見出すことができるということである。

2 私費患者と公費患者の統計的観察

戦前期の精神病床入院に特徴的だったのは、先述した公費入院に関する制度の段階的な拡大と同時並行的に、私費による入院も一貫した増加をみせていたということである。そして、私費のカテゴリーの1つであった社会保険の給付の実像は不明確である一方で、私費入院の全体数については、当時の統計より分析が可能となっている。よって、これを利用して、私費による精神病床入院

---

123) 吉原・和田 [2008：63]。
124) 吉原・和田 [2008]。

が戦前期においてどのような広がりをもっていたかについて考察し、戦前期において「私費・社会保険型」の精神病床入院が、公費のそれとは明らかに異なる入院メカニズムとして成立していたことを論じる。

まず、当時の精神病床入院の全体像について、例外的に菅修の資料より1935年度分が入院形態別で判明する[125]。この統計によれば、全国の年末在院精神病者総数は1万5306人で、私費患者は5796人、公費患者は9510人（内、精神病院法によるものが4865人、精神病者監護法が3226人、救護法が1092人、その他が327人）となっていた。

それ以外に、正確な内訳までは分からないのであるが、『衛生局年報』が1928年度以降、公私立の個別の精神病院に関する具体的な統計を掲載するようになり、そこから入院・監置された患者の自費・公費区分の全体数を知ることができる。これに代用病床数（精神病院法の対象である代用精神病院の全病床中で、公費が投入される病床）を知るために、他の資料を組み合わせて作成したのが表4である。

まず、表4より読み取れることは、1920年代後半から1930年代にかけて、特に私立精神病院の数が急増し、全体の病床数も1928年度の8700床強から40年度の2万3500床強と、12年間で1万5000床近い伸びを示したことである。

また、自費患者は年末時点での数をみると、1928年の3153人から1940年の1万0098人と3倍超となっており、この増加は同時期の公費患者の4746人から1万0034人の増加率よりも高くなっていた。また、特に量的に目を引くのは、1年間の間に入院した患者総数である「本年入院」の項目で、自費患者は1928年の7834人から1940年の2万0278人となった。これに対して、公費患者は1928年の3316人から1940年の5874人の微増にとどまった。

一方、1928年度における公費での病院収容患者数は、年末現在の場合は公立病院が835人、私立病院が3911人、延数[126]でみると公立は30万7376人、私立は124万9318人である。どちらも私立病院が公立病院の4倍以上で、私立病院が公費患者の処遇を担っている。この傾向は、例えば1937年では一層強くなり、この年の公費患者は年末で公立が1839人、私立が8088人、延数はそ

---

125) 菅［1937：53-54］。
126) 患者1人が1日入院した場合、1とカウントされる。例えば、10人が30日間入院すると300となる。

表 4 公立病院および全私立

年	病院種類別病院数(うち精神病院法による公立病院数)	年末病床数	代用精神病院の病床数合計(代用範囲)	自費公費区分	患者数 前年より越	患者数 本年入院	患者数 退院	患者数 在院中死亡	患者数 年末現在	入院患者延数
1928	公立精神病院	1,082	—	公費	837	141	71	72	835	307,376
				自費	216	290	259	25	222	88,518
	私立精神病院	7,632	3,941 (1,885)	公費	3,227	3,175	1,504	987	3,911	1,249,318
				自費	2,699	7,544	6,558	754	2,931	908,592
	74 (2)	8,714	—	公費	4,064	3,316	1,575	1,059	4,746	1,556,694
				自費	2,915	7,834	6,817	779	3,153	997,110
				総計	6,979	11,150	8,392	1,838	7,899	2,553,804
1930	公立精神病院	1,421	—	公費	1,106	308	142	165	1,107	407,764
				自費	261	331	286	43	263	101,817
	私立精神病院	9,539	4,386 (2,068)	公費	4,010	3,009	1,544	889	4,586	1,487,236
				自費	3,011	7,864	6,898	772	3,205	1,158,225
	91 (3)	10,960	—	公費	5,116	3,317	1,686	1,054	5,693	1,895,000
				自費	3,272	8,195	7,184	815	3,468	1,260,042
				総計	8,388	11,512	8,870	1,869	9,161	3,155,042
1933	公立精神病院	1,978	—	公費	1,300	674	303	162	1,509	527,890
				自費	322	442	380	40	344	127,779
	私立精神病院	14,018	7,138 (2,799)	公費	5,604	3,150	1,681	1,068	6,005	2,027,181
				自費	3,969	10,180	8,360	1,063	4,726	1,710,659
	120 (6)	15,996	—	公費	6,904	3,824	1,984	1,230	7,514	2,555,071
				自費	4,291	10,622	8,740	1,103	5,070	1,838,438
				総計	11,195	14,446	10,724	2,333	12,584	4,393,509

衛生局年報［各年度］、菅［1937］、内務省衛生局［1937］、岡田［2002：181］より作成。
※ 1940年の「年末現在」の患者数は『衛生局年報』のデータに若干の疑義があるがそのまま

れぞれ63万0173人、260万7371人である。こうした推移から明らかなように、公費患者の大半は私立病院に収容されていたのである。

3 私費患者と公費患者の在院期間

　上述のように、1928年から1940年の間において一貫して自費患者の数が伸び続けたことは、公費患者の動態とは違った視点から考える必要がある。表5は、表4を抜き出して、一部項目を追加したものであるが、顕著な違いは、私費患者は入院数と退院数が公費患者に比べて圧倒的に多かったことである。
　この表5における退院率、死亡率は筆者作成項目（それぞれ「前年より越」

病院の自費公費別統計推移

年	病院種類別病院数(うち精神病院法による公立病院数)	年末病床数	代用精神病院の病床数合計(代用範囲)	自費公費区分	患者数 前年より越	患者数 本年入院	患者数 退院	患者数 在院中死亡	患者数 年末現在	入院患者延数
1935	公立精神病院	2,066	—	公費	1,547	512	299	133	1,627	586,649
				自費	413	426	349	60	430	148,543
	私立精神病院	16,915	8,847 (3,254)	公費	6,611	4,005	1,996	1,365	7,255	2,418,424
				自費	5,315	13,094	11,169	1,171	6,069	2,248,369
	143 (6)	18,981	—	公費	8,158	4,517	2,295	1,498	8,882	3,005,073
				自費	5,728	13,520	11,518	1,231	6,499	2,396,912
				総計	13,886	18,037	13,813	2,729	15,381	5,401,985
1937	公立精神病院	2,516	—	公費	1,605	607	185	188	1,839	630,173
				自費	497	547	441	56	547	188,244
	私立精神病院	18,809	6,941 (3,440)	公費	7,776	3,966	2,122	1,532	8,088	2,607,371
				自費	6,500	15,413	13,311	1,532	7,070	2,949,169
	151 (7)	21,325	—	公費	9,381	4,573	2,307	1,720	9,927	3,237,544
				自費	6,997	15,960	13,752	1,588	7,617	3,137,413
				総計	16,378	20,533	16,059	3,308	17,544	6,374,957
1940	公立精神病院	2,684	—	公費	1,906	740	253	575	1,818	696,825
				自費	605	670	445	119	711	231,688
	私立精神病院	20,871	(5,961)	公費	8,049	5,134	2,635	2,337	8,216	2,928,153
				自費	8,914	19,608	16,625	2,505	9,387	3,795,372
	163 (7)	23,555	—	公費	9,955	5,874	2,888	2,912	10,034	3,624,978
				自費	9,519	20,278	17,070	2,624	10,098	4,027,060
				総計	19,474	26,152	19,958	5,536	20,132	7,652,038

とした(以下同)。

+「本年入院」に対する退院、死亡の割合)であるが、ここからも明らかなように私費は公費に対し、退院する割合が3.0倍から3.6倍、一方で死亡する割合はおよそ0.5倍から0.6倍となっていた。つまり、私費患者は公費患者に比べて非常に流動性が高く病院への出入りが激しかったのに対し、公費患者は退院する確率が低く長期入院化する傾向があり病院内で死亡する割合も高くなっていたのである。

ただし、この『衛生局年報』のデータは患者個人を追跡できないため、入院日数をそろえて死亡率の比較をすることはできない。そのため、公費患者の死亡率の高さは単純に長期在院の結果であった可能性はある。また、私費入院の場合、家族が経済的な問題から早く退院させようとしたことが在院日数の減少

表5　公費・私費別収容患者数推移（1928〜40年）

公費

年	前年より越 (a)	本年入院 (b)	退院 (c)	在院中死亡 (d)	年末現在	退院率(e) = (c)／{(a)+(b)}	死亡率(f) = (d)／{(a)+(b)}
1928	4,064	3,316	1,575	1,059	4,746	21.3%	14.3%
1931	5,634	3,488	1,915	982	6,225	21.0%	10.8%
1934	7,431	4,001	1,985	1,272	8,175	17.4%	11.1%
1937	9,381	4,573	2,307	1,720	9,927	16.5%	12.3%
1940	9,955	5,874	2,888	2,912	10,034	18.2%	18.4%

私費

年	前年より越 (g)	本年入院 (h)	退院 (i)	在院中死亡 (j)	年末現在	退院率(k) = (i)／{(g)+(h)}	死亡率(l) = (j)／{(g)+(h)}
1928	2,915	7,834	6,817	779	3,153	63.4%	7.2%
1931	3,476	8,615	7,639	810	3,642	63.2%	6.7%
1934	5,023	11,197	9,448	1,130	5,642	58.2%	7.0%
1937	6,997	15,960	13,752	1,588	7,617	59.9%	6.9%
1940	9,519	20,278	17,070	2,624	10,098	57.3%	8.8%

年	(k)／(e) 私費患者：公費患者の退院率	(l)／(f) 私費患者：公費患者の死亡率	病院収容患者合計（年末）
1928	3.0	0.5	7,899
1931	3.0	0.6	9,867
1934	3.3	0.6	13,817
1937	3.6	0.6	17,544
1940	3.1	0.5	20,132

各年度『衛生局年報』より作成。退院率、死亡率は筆者作成。

につながっていたことも考えられた。この死亡率、退院率に関連し、その他のデータとして松沢病院の1924年から1933年の10年間に退院した公費患者の統計によれば、1204名中736名が死亡退院であり、公費入院者の実に6割超は病院内で死亡していたことが分かっている[127]。

　こうした公費・私費別の患者の動態の違いは、鈴木晃仁が王子脳病院という特定の病院のカルテの分析から結論づけていることとパラレルである。例えば、その在院期間については表6のようになっている。

---

[127]「東京府立松沢病院公費患者中年別退院者在院日数及転帰別表」『精神衛生』第9号（1935年3月）。本資料は雑誌の「雑報」として付録されているものである。

表6　王子脳病院入院患者の支払区分別在院日数

年	私費		公費	
	平均	中間値	平均	中間値
1930	105	43	788	959
1935	82	41	683	770
1940	79	42	558	499

鈴木［2014：102］より作成。

　この表6からも明らかなように、公費患者の在院期間は、中央値で私費患者に比べて10倍から20倍も長くなっている。また、鈴木はその治療内容についても私費・公費別に違いが大きかったことを明らかにしており、「大きな構造としては、治療を目的として精神病院の生活が構造化されていた私費患者と、入院生活に秩序をもたらすことを目的として薬剤や治療法を施されていた公費患者の違い」[128]があったという。

　大正・昭和初期には、脳梅毒（進行麻痺・麻痺性痴呆）に著効のあったマラリア発熱療法[129]のように病理学的にも有効性が実証された医療を提供する精神病院も増加していた。脳梅毒は脳が梅毒に冒されて起こる精神疾患で、進行すると人格変化、知能低下が生じ死に至る恐ろしい病である。現在ではペニシリンの登場によってほぼ消滅した疾患名であるが、20世紀前半期日本における梅毒の流行を背景に、当時は分裂病（統合失調症）に次いで患者数の多い精神疾患であった[130]。こうした環境も、最新の治療と精神病院への入院のニーズを高めていたのである。

　つまり、戦前期の日本社会には、治療のために精神病院に入院する行動パターンをもった有資産患者[131]層がそれなりの規模で形成されていた[132]一方で、

128）鈴木［2014：127］。
129）1917年にオーストリア人のワーグナー＝ヤウレックが効能を実証し、1927年にノーベル生理学・医学賞の受賞理由にもなった治療法。脳梅毒とも呼ばれた進行麻痺に対するマラリア原虫接種による発熱療法である。
130）1935年の全国精神病院・医育機関付属精神病室・一般病院付属精神病室の入院患者病症別のデータでは、合計約1万9000人の入院患者中、早発性痴呆（分裂病・統合失調症）44.65％、麻痺性痴呆21.41％、躁鬱病14.86％、その他の中毒精神病2.57％などとなっていた（菅［1937：65］）。
131）例えば、芥川龍之介とも昵懇であった作家の宇野浩二は、脳梅毒に起因する精神症状により1927年に私立の王子脳病院に入院してこの発熱療法を受け、70日で快癒して退院している（近藤［2013］）。
132）Suzuki［2003］。

長期入院し病院で死亡することの多かった公費患者という、両極的な患者層が並行して増大傾向にあったと考えられる。これらのことから、戦前期日本における精神科入院は、先端的治療も受け短期間しか入院しない私費患者層と、長期入院し病院内で死亡する公費患者層という、機能の異なる入院患者の両輪によって行われていたといえるのである。

4　結核・癩療養所と精神病院

　ここまでに、「私費・社会保険型」の精神病床入院を公費患者との比較から考察してきたが、ではこうした入院形態は、20世期前半期の日本において同じように重大な保健衛生上の問題となっていた結核やハンセン病（癩）と比較した場合、どのような外形になっていたか。この点について、一部精神病院のデータが表4と重複するが、表7から検討したい[133]。

　表7で着目すべき項目は1点目に精神病院・結核病院における1930年から1940年にかけての私立病院数の大幅な増加と、精神病院・結核病院入院患者中の自費患者の多さであり、2点目に癩療養所の入院患者中の自費患者の少なさである。

　病院数の増加を具体的にみると、私立精神病院は、1930年から1940年に83院から151院と68院の増加である。私立結核病院も37院から145院と108院もの増加をみる。こうした現象は1919年に公布された結核予防法と精神病院法による公費入院の増加によって促進された部分はあるにしても、私立精神・結核病院の急激な増加はそうした要因だけでは説明できない。

　それは表8の私立病院中で自費患者のみの入院によって経営されていた病院数の推移から立証可能である。表7より癩療養所は、入院患者に占める自費患者の割合は極端に低く、表8によれば自費患者のみを対象とした療養所は存在しなかった。

　一方で、表7、表8からは精神病院と結核病院中、自費患者のみによって運営されていた私立病院の増加がはっきりとみてとれる。つまり、公費患者なしでも利潤を生む経営が成立するだけの量的な自費患者の入院需要があったとい

---

133) 本節および表に関わる初出論文は後藤 [2011]。

表7 精神病院、結核病院、癩療養所比較（1930、40年）

		公立数	私立数	計	病床数・患者収容定員	平均一院の患者収容定員	平均一院の入院患者	平均一患者の在院日数	入院患者総数中自費患者		前年より繰越	本年入院	退院	在院中死亡	年末現在	入院患者延数
精神病院	1930	7	83	90	10,960	121.78	221.11	158.54	57.62%	公費	5,116	3,317	1,686	1,054	5,693	1,895,000
										自費	3,272	8,195	7,184	815	3,468	1,260,042
										合計	8,388	11,512	8,870	1,869	9,161	3,155,042
	1940	12	151	163	23,555	144.51	279.88	167.73	65.30%	公費	9,955	5,874	2,883	2,912	10,034	3,624,976
										自費	9,519	20,273	17,070	2,624	10,098	4,027,060
										合計	19,474	26,147	19,953	5,536	20,132	7,652,036
結核病院	1930	17	37	54	4,412	81.70	194.78	117.03	48.27%	公費	2,225	3,216	1,347	1,830	2,264	825,238
										自費	1,125	3,952	3,045	872	1,160	405,683
										合計	3,350	7,168	4,392	2,702	3,424	1,230,921
	1940	50	145	195	21,446	109.98	251.32	115.66	56.27%	公費	7,543	13,888	6,157	5,815	9,459	3,096,353
										自費	6,748	20,829	14,510	5,162	7,905	2,571,887
										合計	14,291	34,717	20,667	10,977	17,364	5,668,240
癩療養所	1930	5	8	13	3,333	256.38	323.92	300.08	0.24%	公費	3,186	924	442	234	3,434	1,235,504
										自費	80	21	13	2	86	28,120
										合計	3,266	945	455	236	3,520	1,263,624
	1940	11	7	18	9,078	504.33	599.72	250.12	0.71%	公費	8,285	2,433	925	631	9,162	3,136,002
										自費	75	2	40	31	6	4,304
										合計	8,360	2,435	965	662	9,168	3,140,306

内務省衛生局『衛生局年報 昭和5年』：70-73、厚生省人口局『衛生年報 昭和15年』：103-104より作成。

表8　私立病院中自費入院患者のみ受入病院数の推移（1930、40年）

	精神病院	結核病院	癩療養所
1930	27	28	0
1940	42	82	0

内務省衛生局『衛生局年報　昭和5年』：192-213、厚生省人口局編『衛生年報　昭和15年』：126-151より作成。

うことである。

　なお、癩療養所に占める自費患者の少なさについては、ハンセン病の絶対数が他の2つの疾病と比べて少なかったことと、都市住民に少なく郡部の貧困農民層に偏って発生したことに起因していると考えられる[134]。これは、日本の歴史においては、治療を求める私費患者を主たる対象とした、ハンセン病患者向けの私立病院は全く成立しなかったことを意味している[135]。

　本章では、公費患者と比較しつつ、戦前期における自費での精神病床入院を考察し、自費・私費入院も1930年代にかなりの増大があったことを確認した。このことから、戦前期の日本においては、精神病院に自費入院を行う中産階層がすでにある程度形成されていたことが明らかになった。

　そして、重要なことは、こうした自費患者の入院パターンと、公費患者の入院パターンの間には構造的な違いが存在したことである。この点について、再び鈴木の考察を引用したい。

　　くっきりと浮かび上がってきたことは、私費患者と公費患者の生活の強烈な対比であろう。インシュリン療法をはじめ、最新式の治療を受けるために短期間だけ精神病院に入院する、〈治療を目的とした入院〉という特徴を鮮明に持つようになった私費患者に対して、公費患者の生活の構造はまったく違うものであった。……治安のための監禁という性格は必ずしも鮮明ではないが、それほど遠い先ではない死に至るまで在院させ続けること

134）後藤［2011］参照。
135）精神病床入院の3類型に当てはめるならば、ハンセン病の場合、公費（もしくは施療）での医療費支払が前提となっていることから、通常長期入院化が予定される社会防衛（公衆衛生）型と社会福祉型の病床機能しか備わっていなかったことになる。このことは、表7の「平均一患者の在院日数」や、戦後におけるハンセン病史を顧みても首肯されるものであろう。

だけが、公費患者の生活のプロジェクトであった。[136]

　鈴木が述べるこうした精神病院内の患者動態は、表5にみたように当時の全国統計であった『衛生局年報』の分析からも確認できる。つまり、私費患者は在院期間が短い一方で、公費患者は長期入院化しやすく病院内で死亡するケースが多かった。

　このことは、3類型に敷衍するならば、私費患者が治療を目的とした短期入院（「治療型」）だったのに対し、公費患者は「社会防衛型」および患者・世帯に対する社会福祉・救貧・扶助的機能（「社会福祉型」）を目的とした入院だった可能性を示唆しているだろう。少なくとも精神科入院には、入院医療費の支払区分によって内実において社会的な意味の違いが存在しうる、ということが読み取られるべきであろう。

　なお、この内、「社会福祉型」の入院について序章では、次のように説明していたので再掲したい。

　　社会福祉型
　　　「社会福祉型」の入院とは、公費（軽費）入院となることで患者および世帯に対する社会福祉（≒救貧・防貧・扶助）的機能を主にもつもので、病院内で患者が長期間生活することがその前提となる。このタイプの入院では、病気以外にも様々な理由で地域や自宅での生活が困難な患者に対し、病院管理下において最低限度の生活を提供することに主眼が置かれる。そのため、患者自身が経済的困窮から救済される面があると同時に、家族もケア負担から無償（軽費）で解放されるが、長期入院となる患者のQOL（生活の質）は低く押しとどめられる。

　戦前から戦後にかけて社会保険の制度的骨格は継承された一方、その規模は戦後の国民皆保険の実現によって大きく拡大した。精神科入院に限っても、皆保険化によって精神病床への私費入院は社会保険による入院に置き換わり、措置入院や医療扶助入院による公費投入の対象とならなかった精神病床入院を財

136）鈴木［2014：128］。

源的に支えたといえる。

　すなわち、支払区分としては「特別法」に加えて、「私費・社会保険」の領域においても、戦前から継承された制度をベースとした制度の拡大と支出増が実現し、精神病床入院もその影響下で増加していったと考えられる。

　第5章以降では、こうした医療費支払区分によって入院の機能を異にする患者層の分離が、決して戦前期にのみ生じていた現象ではなく、戦後においても同様に発見できる一貫したものだということが明らかになっていくであろう。

第3章　貧困患者の公費収容
―― 戦前の社会福祉型

1　救護法による収容救護

　前章においては、戦前期における私費による入院患者の動態が、公費での入院患者のそれとは明らかに別種の構造をもっていたことを論じ、それが「私費・社会保険型」の入院として成立していたことを論じた。本章では、「社会福祉型」の精神病床入院の前史として、救護法の運用を中心に検討し、それ以前にわずかに行われていた施療による公費入院についても概観する。

　まず、19世紀末から20世紀前半期にかけて、入院患者の統計上のカテゴリーとして「施療患者」というものが存在しており、この一部に精神病患者も含んでいた。この施療患者は、貧民救済制度として知られる恤救規則（じゅっきゅう）（1874～1931年）や、行旅病人及行旅死亡人取扱法（1899年～）の適用を受けていた者が中心で、その他は地方行政単位での支出や民間からの寄付[137]などがあったと考えられる。いずれの財源であったとしても、言葉の定義からしても患者に自己負担はなかったはずである。

　恤救規則は、認定条件が極めて厳しく設定されており[138]、極貧階層に対しあくまで慈恵的に運用がなされていたにすぎなかった。また、行旅病人及行旅死亡人取扱法での収容は、基本的に居住地を離れて移動中の者で、救護者がお

---

[137] 1902年に呉秀三や妻・皆子が主唱して結成された精神病者慈善救治会が、貧困病者の入院費に対する寄付を規約に定めていた（済生会［1911：77-79］）。
[138] 家族成員に1人でも健康な成人がいれば対象から外れるのが通例であった。例えば1887年の福島県の事例では、ある一家は家族のうち5人までが腸チフスを発症し、襤褸（ぼろ）を着て破れた筵（むしろ）に垢（あか）まみれの枕を並べて臥し、3歳の幼児は一室で飢えに喘（あえ）いでいたという。親戚も皆貧困であるため、家族は近所の助けで何とか生きていた。これに対し村役場は恤救規則を適用できないかを県に問い合わせている。しかし、県は17歳の娘が1人いるということで即座に適用を却下し、近所や村として救済できる道を探るよう回答している（福島県［1888：150-151］）。本資料は国立国会図書館デジタルコレクションにて公開されている。

らずかつ歩行できないような病人にしか認められなかった。

　恤救規則などによる施療患者に関わるものとして、精神病者監護法成立（1900年）前後の病者収容について考察している先行研究は、北原糸子[139]や富田三樹生[140]、小野尚香[141]、岡田靖雄[142]、橋本明[143]によるものなどが挙げられる。ただし、それらは主に養育院や癲狂院の歴史を分析している一方で、医療費財源や制度についての関心は相対的に低く、患者収容の運用の具体像は必ずしも明らかでない。

　もっとも、恤救規則などによる精神病者の施設収容の全体像に関してまとまった資料や数値を得るのは困難で、限定的に一施設の統計などから実情が垣間みられる程度である。例えば、明治末である1911（明治44）年の東京府巣鴨病院の年報[144]によれば、年末時点の患者区分は自費50人、施療247人、市町村委託130人の合計427人であった。このように、東京府巣鴨病院の患者構成は明治末の時点になっても、精神病者監護法第6条による市町村委託患者[145]よりも、施療患者の入院数が多くなっていたことは留意すべきであろう。

　ただし、恤救規則による1911年末における「疾病」での救済人員は、精神病以外や施設外での救助も合わせ全国でわずか938人[146]であった。このことから、行旅病人及行旅死亡人取扱法を合わせても、これらの法律で全国の施設に収容された精神病での患者は巣鴨病院の施療患者247名から大きくは増加しなかったと考えられる。

　そして、救護法（1932～46年）による精神病者の収容については、橋本明[147]が公立監置室に関する言及の中で触れている。また、赤倉貴子の研究[148]には、救護法が「貧困な精神病者に医療保護を受ける途を開いたことを示している」

---

139) 北原［1979］。
140) 富田［1992］。
141) 小野［1993］。
142) 岡田［2002］。
143) 橋本［2010］。
144) 東京府巣鴨病院［1912：付録1］。
145) 済生会［1911：55-56］の記述によれば、精神病者監護法の発布に伴い、施療患者と行旅患者の一部が明治33年勅令282号第4条に従い精神病者監護法の管理となり、市町村委託患者と呼称されるようになったことが記されている。
146) 内閣統計局編［1914：156-157］。
147) 橋本［2011］。
148) 赤倉［2003］。

と本書と同趣旨の記述がある。しかし、いずれの研究も具体的な事例を検討しているものではなく、救護法と精神障害者の救護の運用実態にはなお研究の余地が多くある。

　ごく簡単に救護法について解説すると、同法は1929年に制定され、1932年より施行された。その実施機関は原則として市町村であり、救護方法としては居宅と収容があり、さらに救護種類として、「生活扶助」「医療」「助産」「生業扶助」、ならびに「埋葬」が定められた。対象者は扶養義務者の不在もしくは無能力を前提に、①65歳以上の老衰者、②13歳以下の幼者、③妊産婦、④不具廃疾、疾病、傷痍その他精神または身体の障害で労働できない者、とされた。費用負担は基本的には市町村（一部事例では道府県）だったが、これに対して当初は国庫補助が2分の1以内、かつ4分の1については道府県の補助が規定された。以上からも救護法においては、疾病（精神病）のために労働できない者に対する医療救護のための収容が法律上可能だったことが確認できる。

　なお、救護法での医療救護による施設収容は、当時の行政用語として「収容救護」と呼称されていた。後述するが精神病者監護法による「監置」を含め、治療的効果が十分に目的とされていなかったという意味で、戦前期の公費での精神病床「入院」は基本的に「収容」と呼ぶのがふさわしい。本書では、戦前の公費入院は、基本的に収容と同義に扱っている。

　この救護法による精神病者の収容救護は、戦後の生活保護法による医療扶助入院と直接的な連続性のある制度であり、精神病者監護法第6条に代表される特別法型の入院のような社会防衛的目的と親和性の高いものとは明らかに別種の意味をもっていた。救護法による精神病床入院は、適用に際して社会防衛・公安的な要件は必須ではなく、当然ながら患者およびその世帯の経済状態がその収容の判断基準の中心となった。

　恤救規則や行旅病人及行旅死亡人取扱法に始まる貧困精神病者に対する施設収容対応が、救護法によって近代的制度として実体化していったと考えられるのである。第1章第4節で検証したように、これは精神病院法が、精神病者監護法第6条の患者の受け入れ先となりがちだった点とは異なるものである。

　そして、前章でも利用した川崎市文書には、精神病者監護法による処遇のみならず、救護法での対応事例が含まれており、以下の節ではそれを紹介していく。内容は、救護法の運用実態のみならず、貧困患者世帯の生活の一端を明ら

かにするものとなっており、これまで史料的制約によって未解明だった領域の一部を埋めるものでもある。

2　川崎市における収容救護の統計的観察

　本節ではまず、川崎市文書に表れる救護法による収容救護患者の社会経済的状況について統計的分析を行う。なお、川崎市文書にみられる精神病者の救護措置は、大別すると収容救護もしくは医療券交付、生活扶助、埋葬、あるいは救護廃止という分類となる。筆者はこの内で収容救護に至った患者に関してはすべてエクセルファイルに基本情報を入力し、その他典型的事例や特徴的な事例等の一部のケースは全文データ化した。

　その結果を集計すると、川崎市文書中救護法によって病院に収容救護された患者総数は、重複を除いて50人（男33人：女17人）、関連簿冊数33冊、関係する紙数にして大体800枚程度の量となった[149]。なお、川崎市文書中で精神病者監護法第6条による公的監置患者の合計は重複を除くと48人だったので、両者を合わせると少なくとも98人の精神病患者が川崎市によって公費で精神病院に監置・収容されたことになる。

　そして、救護法による収容患者50人中、世帯収入や支出、家族人数等が数値として把握できる数は35人[150]で、年代は1932年から1940年にかけてのものである。この35人分について、その統計分析を行うと次のような結果が得られた。

　平均年齢＝36.6歳、男23人：女12人、平均世帯人員数＝4.5人、世帯収入月平均＝13.7円、世帯支出月平均＝28.2円、本人の収容救護以外に妻子などへの生活扶助＝4件、本人の収容救護以外に子供に医療券配布＝1件、本籍が川崎市以外＝17人であった。

　また、1937年を例にとると平均年齢＝37.7歳、男3人：女3人、平均世帯人員数＝4.7人、世帯収入月平均＝17.5円、世帯支出月平均＝28.5円となった。

---

[149] 資料の確認には慎重を期したつもりだが、関連のある簿冊とそこに含まれる資料の量は膨大であり、見落とし等がある可能性は否定できない。

[150] この35人の中には、4章に紹介する、親族自ら費用負担を申し出た6件のケースは含まれていない（調査が行われていないため世帯収入など不明）。

これに対し、同年の勤労者世帯（全都市）の平均世帯人員数＝4.12人、世帯収入＝98.09円、世帯支出＝83.93円となっていた[151]。両者の関係を比率で表すと、被救護精神病患者世帯は、勤労者世帯に対し人員数は114％、世帯収入は17.8％、支出は34.0％となる。

なお、少し時期が前後するが、救護法による要救護の認定基準は、法施行前の1928年の調査において具体的な数値が示されたことがあり、川崎市が該当する「六大都市以外の市部」では、4人世帯で37円以下、5人世帯で44円以下となっていた[152]。

その他重要な情報として救護申請者があるが、親族の申請が38件、社会委員（方面委員）が6件、本人が3件、不明1件、その他2件となっている。この内、社会委員からの6件の申請がいわゆる路上生活の患者の収容救護であるがこれは全体の12％である。また、家族と同居していることが確認できる患者が約8割だった。

以下では、上記の川崎市における1932年から1940年の被救護精神障害者世帯の数字を、前章において検討した1933年から1940年の精神病者監護法第6条による公費監置対象となった世帯と比較したい。

その結果、救護法による被救護世帯の月収は精神病者監護法第6条監護義務者の平均月収（63.2円）の21.7％、平均世帯人員数は監護義務者の平均（4.3人）の105.0％となっていた。ただし、救護法の資産調査は患者出身世帯に限定されているのに対し、精神病者監護法第6条は患者が世帯内にいない監護義務者の資産調査も含んでいるという違いがあり、監護法の方が資産が多くなるバイアスを生じさせた可能性が高く、完全な比較とはいえない点には留意が必要である。

このような留保があるとはいえ、被救護世帯が一般世帯と比較して困窮状態であるのは当然のことながら、精神病者監護法第6条の対象となった監護義務者の経済状態と比較しても平均世帯月収が極めて低かったのは事実である。よって、監護法第6条の適用条件である「監護義務者其ノ義務ヲ履行スルコト能ハサル事由」の中には経済的事由も含まれていたことは先にもみたが、上記の数値の比較から、救護法での収容救護対象となった患者およびその世帯は、監

---

[151] 東洋経済新報社編［1991：112］。
[152] 寺脇［2007：129］。

護法第6条の適用患者の監護義務者世帯よりもさらに低位の資産状況であったことが明らかになった。

さらに、確認すべきことは、インフレが進みつつあった1937年の被救護患者世帯の平均収入が、1928年の救護法認定基準に対しても半分にも届いていないことであり、救護法は本来救護されるべき患者層を全くすくい取れていなかったことである。

また、精神病者監護法第6条は家族が法的に関与せずに監置が実行されるものだったのに対し、救護法には申請者が原則的に存在しており、不明を除くと約8割が親族によって収容救護が申請されていたことは重要であろう。このような一連の制度的な流れは、戦後の精神衛生法下における同意入院と生活保護（医療扶助）の適用と類似しており、家族が患者の公費での病院収容を経済的理由等から自ら申請するという構造になっているのである。その意味において、戦後の同意入院＋生活保護の組合せによる精神病床入院は、戦前期における救護法による精神病者の収容救護にその原型が実装されていたといえる。

3　収容救護の実施状況

上にみてきたのは、川崎市文書に発見される精神病者に対する救護法の「医療」での「収容」に関する統計である[153]。本節では、日本全体では救護法による精神病者に対する収容は何件あり、また、それは救護法の適用事例全体の中でどの程度の数字になるのかを検討したい。

まず、救護法による精神病者収容の件数は、正確な推移が不明で、唯一1935年末の数字だけが信頼できるものとして残っている。それによれば、植民地を除く全国精神病院在院患者数の合計が1万5127人であり、その支払別内訳を示したのが表9である。

表9より、救護法による精神病院への収容患者数は1935年末時点で1000人程度であり、全入院者数に対し約7％、公費入院患者の合計9440人に対しても11％ほどにすぎなかった。では、こうした数字は、救護法全体の統計からみるとどのようなものであろうか。救護法は1932年から施行されるが、その

---

153) 正確には、すべての収容患者には「生活扶助」費が同時に支給（併給）されており、その合計額（大体80銭）が原則道府県より委託先の病院に支払われている。

表9 1935年末全国在院精神病者支払別状況

	私費	公費					総合計
		精神病院法	精神病者監護法	救護法	その他	公費合計	
実数	5,687	4,865	3,226	1,090	259	9,440	15,127
公費合計に対する百分率	60.2%	51.5%	34.2%	11.5%	2.7%	100.0%	—
総合計に対する百分率	37.6%	32.2%	21.3%	7.2%	1.7%	62.4%	100.0%

菅［1937：823-824］より作成。

実施状況の推移を示したのが表10である。

表10によれば、救護法の適用は圧倒的に居宅救護が中心であり、1935年をみると救護総人員13万超に対し収容者数は1万2000弱で、うち医療での収容は約4000人である。若干の時期のずれはあるが、同年末の救護法での精神病院への収容者数は約1000人であるから、救護法による収容救護の約25％を精神病者が占めていたことになる[154]。

精神医療史に関連する先行研究では、救護法による精神病者収容は言及されることさえも少なかった。しかしながら、本節でみたように、その数は確かに少なかったとはいえ、同法施行3年後の1935年には医療での収容救護全体の25％、精神病者公費収容の1割を超える程度の制度的インパクトは保持するようになっていたのである。

つまり、量的には限られているものの、歴史的に重要なのは、遅くとも1930年代半ばには、社会防衛的目的を主とした精神病者監護法の監置や、治療を主たる目的としていたと考えられる私費入院とも異なる、救貧的回路からの精神病床入院の形態が救護法により生成されたことが発見できることである。

とはいえ、救護法による精神病を理由とした収容救護者数の統計分析から改めて明らかなことは、当時においても全精神病者の数は14〜15万人と見積もられていたのであり（戦後に行われた実態調査[155]の精神病有病率を基準にして推定すると約40万人）、このうちのわずか1000人程度しか救護法で収容されていなかったということは、ほとんどすべての貧困精神病者は都市や農村に

---

154) 東京市社会局［1936：29］によると、1935年の東京市における救護法による医療での収容救護は総計1187名で、そのうちの523名は精神病院に収容されており、全体の44％と高率だった。
155) 厚生省公衆衛生局［1959］。

表 10　救護法実施状況（1933〜39 年）

調査年月日		救護人員総数	方法別		種類別			
			居宅	収容	生活扶助（うち収容）	医療（うち収容）	助産	生業扶助
1933 年 9 月 30 日	実数	110,563	103,334	7,229	105,688 (6,916)	4,559 (313)	252	0
	比率	100%	93.5%	6.5%	95.6% (6.3%)	4.1% (0.3%)	0.2%	0.0%
1935 年 3 月 31 日	実数	132,332	120,644	11,688	121,575 (7,625)	10,459 (4,049)	150	148
	比率	100%	91.2%	8.8%	91.9% (5.8%)	7.9% (3.1%)	0.1%	0.1%
1937 年 3 月 31 日	実数	141,368	127,769	13,632	131,605 (9,608)	9,659 (4,021)	39	65
	比率	100%	90.4%	9.6%	93.1% (6.8%)	6.8% (2.8%)	0.0%	0.0%
1938 年 3 月 31 日	実数	132,440	118,063	14,377	121,018 (9,990)	11,374 (4,386)	22	26
	比率	100%	89.1%	10.9%	91.4% (7.5%)	8.6% (3.3%)	0.0%	0.0%
1939 年 3 月 31 日	実数	118,319	103,978	14,341	107,487 (9,998)	10,821 (4,340)	8	3
	比率	100%	87.9%	12.1%	90.8% (8.5%)	9.1% (3.7%)	0.0%	0.0%

寺脇［2007：572］より作成。

放置されていたということである。

　少なくとも川崎市文書中の被救護精神障害者に関する資料からみえてくるのは、患者とその家族が非常な困窮と生活破綻の危険と隣り合わせで暮らしている姿である。そうした中で救護法での収容は、患者に院内で課された様々な制限や低劣な処遇があったとしても、患者や家族にとっては命綱のような役割を果たしていたと解釈可能である。こうした実情は、おそらくは東京や大阪、その他の都市などでも類似していたと考える方が自然であるだろう。

　戦前期日本の貧困精神障害者をめぐる状況は、公費での精神病床入院を望む患者家族の需要を水面下に大量に抱え込んでいたことを示唆しており、戦後における爆発的な生活保護での入院の増加につながっていったと考えられる。

4　川崎市における貧困患者の収容事例

　前節では、川崎市文書に登場する救護法の適用事例を統計的に分析し、それを全国の救護事例との比較で考察したが、本節ではその実際の運用について考察する。

(1) 患者収容に関する文書 1

　ここでは、川崎市文書中の収容救護精神病者に関わる典型的、かつ情報が豊富な文書を取り上げたい。『社会事業書類　十の三　昭和十一年』(A252) 中の6号「救護法ニ依ル救護開始之件伺」で、被救護者は34歳男性、9人世帯（妻、母、弟、子供5人の世帯主）、元職工、1936年4月1日より私立鎌倉脳病院に収容救護が開始された。申請者は妻である。

　この9人の患者世帯の月収は、社会委員（1937年に方面委員に改称）の調査によると職工である25歳の弟の22円のみ、支出は月32円（内訳は食糧費15円、住宅費7.5円、被服費2.5円、薪炭灯火代2円、医療費0円、その他5円）となっている。「要救護ノ事由」では、「幼少ノ頃ヨリ仕上職工トナリ各地町工場ヲ転々勤務……疾病ノ為メ昨年十月解雇トナリ収入激減シ親族ノ補助ト弟トノ収入ニヨリ生計ヲ営ミツ、アリタルモ最近親族補助絶エテ困難スルモノナリ」とあり、「収容救護可然モノト被認候」とされている。

　この次に、警察署詰の衛生技師（医師）により「精神病者診断書」が作成され、病名は破瓜病、入院監置必要無となっている。この診断書は、川崎市文書中の精神病者監護法第6条の適用例と比較すると、監護法の適用となるか救護法の適用となるかという制度運用上の重要な分岐点の役割があることが分かる。

　先の監護法第6条の適用ケースでは、警察勤務医（同一人物）の診断で「監置ノ要」有とされ強制的な公的監置へと移行するのだが、本件では自傷他害傾向がさほど認められなかったと思われ、「監置ノ要」無として救護法の適用へと流れていくのである。その後、収容救護実施後、親族である3人の兄弟に対する扶養義務者調査が行われ、扶養能力無しとされた。

　本事例にみたように、川崎市文書における救護法での収容救護のおおまかな過程を記すと以下のようなものである。

① 親族等からの救護申請
② 社会委員による資産調査＋「収容救護ヲ要ス」内容の市長への意見具申
③ 医師による「精神病」＋「監置の必要無」の認定
④ 市長による救護認定＋病院に対する収容救護の委託
⑤ 親族等への資産調査、となって収容救護の一連の手続きの完了となる
　＊　ただし、③の作成が最初にくることも多く、必ずしも固定的な手順ではない。

　本事例の情報を簡潔にまとめると、患者は北関東の鉱山町（足尾銅山）出身で、義務教育を終了後すぐに働きはじめ、その後しばらくして地方から都市に出て各地を職工として転々とする中、精神病を発症した。勤務先から健康保険の適用を受けて治療と入院を行うが当時の保険期間（最大180日）も終わり退院せざるを得なくなり、症状も改善しないことから会社から解雇された。その後、親族の援助で何とか生活していたが、親族の援助も限界となり、妻による救護申請を受けた結果、同法の適用により精神病院への再入院となった。
　まず、確認すべきことは、経済的理由から妻が患者の救護申請（収容救護）をしたことによって、公費での収容が認められた点である。先にも触れたように、こうした経過は、戦後の同意入院＋生活保護法の適用と同様の構造をもっている。そして、患者の収容により、家族は患者に対する看護や生活費負担から解放されたはずであり、患者収容前の収入（22円）と支出（32円）の関係から推測すると、世帯収支の厳しさはいくらか和らいだものになったと考えられる。ただし、患者の弟が、母と兄の妻、およびその子供5人の扶養を課されたと思われ、同一世帯を構成していた親族に対する負担は重く、この状況が長く維持できたかは疑わしい。
　とはいうものの、ここには「崩壊に直面した要保護世帯を以前の生活枠組みとの関連で家族として維持することを可能にした救護法体制」[156]としての側面が観察できるのも事実であろう。精神障害者の場合、家族にかかるケア負担等が高いことが多く、公費収容となった場合、事実上家族への政策効果が同時

---

156) 中川［1997：31］。

発生したのである。そのため、本ケースのように、患者が公費収容となることで、崩壊を免れた家族世帯も少なくなかったと考えられる[157]。

また、社会委員（現在の民生委員）という、医師ではない救護事務担当者による市長への意見具申が、収容救護のプロセスの一部となっていることも注目すべき点である。精神病者監護法では運用の主体は警察であったが、救護法の場合には警察の関与なしに公費収容が可能だったということである。

このように、世界恐慌後1930年代の日本においては、少ないながらもある程度の精神病床の蓄積の下（1937年に精神病床は2万超）、救護法の施行により、社会防衛的・公安的な意味合いが強い精神病者監護法の監置とは異なる、救貧的回路からの病院収容が制度化していたのである。

(2) 患者収容に関する文書2
a 医療費支出と子供の親族への引き渡し事例

次にみていきたいのが、資料から判明する、貧困患者世帯が収容以前から支出していた医療費の大きさと、救護法の収容救護をきっかけにした世帯人員構成の再編である。

『救護関係書類　昭和九年』（A174）中の74号「救護法ニ依ル救護開始ノ件」の患者は横浜市出身の32歳男性、元菓子行商、妻とは別居中で叔父方に居住、その叔父が川崎市に救護申請を出し1934年3月31日より鎌倉脳病院に収容が開始されたケースである。

本件は、まず医師（県衛生技師）の診断書が最初（1934年3月26日）に作成され、病名は「精神病」で「監置ノ要ヲ認メズ」とされ、その後は前記例と同じプロセスとなっている。本事案で着目したいのは、社会委員の報告に記載された次の2点である。

まず、この患者は自身の世帯（本人と5歳の娘）としては収入がゼロであり、遊廓で仲働きする同居中の叔父の月収26円ほどが命綱となっていたと思われる。おそらくこの中から支出されたと考えられるが、世帯の支出内訳は食糧費5円、住居間代4円、被服費1円、薪炭灯火費1.5円、医療費（売薬治療）4.5円、その他3円で合計19円である。つまり、僅少な収入から、支出全体の24

[157) ただし、本来救護法は、貧困であるかどうかの認定は世帯単位で、救護そのものは当該個人を対象に行うとするもので、救護は家族全員に行われるものではない。

％にあたる医療費を支出していたことになり、これは同じく1934年の全都市「労働者」が保健衛生費に支出した平均月額6.02円（平均月収86.66円）の約7％[158]と比較して収入に占める割合が非常に大きいことが分かる。

次に、この患者には妻がいるが、妻は「夫婦ノ間柄不如意ノ為メ別居シ□□〔患者〕ヲ顧ミズ」、遊廓で働く叔父にはとても扶養能力はなく、他に扶養義務者も判明しない。そのため、社会委員は収容救護の意見具申と共に、5歳の娘について別居中の妻に扶養を依頼している。なお、この叔父は患者の看護のため仕事に支障をきたしていたとあり、患者の収容救護により貧しいながら生活は若干の安定を取り戻したと考えられる。

同様の事例として、『救護関係書類　昭和十二年』（A302）中の36号「救護法ニ依ル救護開始之件伺」は、53歳の6人世帯の世帯主の収容である。妻と死別した本人は、12歳から6歳の子供5人を抱え操竃工（そうそうこう）として働いていたが、分裂病を発病し労務不能となった。医師の診断は、入院の必要はあるが現時点では監置の必要はない、つまり精神病者監護法第6条の適用とはならず、救護法の収容救護適用となって患者は病院に入り、それに伴って5人の子供すべてが弟らに引き取られた。

以上の事例は、患者の収容に伴い、被扶養者の保護とその後の生活が社会委員によって調整されたといえよう。

b　家族・本人へ生活扶助の事例

次に、本人の収容救護のみならず、家族への生活扶助が同時に行われた事例である。『昭和八・九　社会事業書類　2の1号』（A175）中の2号は、5人世帯の世帯主男性（47歳）が患者で、以前は紡績会社の職工だったが、事業の縮小による退職後、脳の疾患のために労務困難となり、妻からの救護申請をうけ収容救護となったものである。その後、駄菓子屋小売業の妻（収入見込月額6円）以外の13歳以下の子供3人に対し、1日当たり1人13銭（計39銭）が居宅での生活扶助として行われた。社会委員が川崎市長に提出した報告書には、次のようにある。

158）東洋経済新報社編［1991：114］。

救護ニ関スル調査報告並意見具申書
第二号様式
神奈川県社会課

要救護ノ事由
世帯主□□□ハ元□□紡績会社ノ職工ナリシガ昭和七年三月縮少ノ為メ退職シ当時退職金六百五十円ガ支給セラレタルモ当時ヨリ多少脳ニ疾患アリ労務意ノ如クナラズ退職金ハ生活費ニ費消シ生活困難ニ陥リ本市失業救済事業ニ従事セルモ病勢頓(トミ)ニ進ミ労務不能ナルノミナラズ監視ヲ要スル状態トナリ且ツ扶養義務者扶養ヲ為スコト能ハザルニ因ル

救護ニ関スル意見
□□□ヲ収容 世帯員ニ生活扶助ヲ要ス

右調査報告並ニ意見具申候也
昭和八年十二月十四日
　社会委員　□□□□
　川崎市長　□□□□　殿

　世帯主の精神病が悪化し、労働不能になって収入が途絶したばかりでなく、家族の「監視ヲ要スル状態」となったため、生活が破綻状態になったことが窺われる。こうした世帯にとって、患者が公費によって病院に収容され、しかも子供3人に対し生活扶助が支給されたことは、家族の生活の救済として救護法が機能したと考えられる。経済状態に限定して考えても、この世帯の平均支出月額は27円50銭とあり、患者の収容に伴う節約が可能になったと仮定すると、月約12円の生活扶助は妻の収入6円と合わせて非常に貧しいながらも何とか生活を維持できるレベルになったと思われる。
　また、『昭和十　社会事業書類　9の9』（A217）中38号は、やはり家族への生活扶助支出が確認できるものである。6人世帯の世帯主（38歳男性・とび職）が精神病となった事例で、妻が申請者となって収容救護が開始された。医師の診断は、やはり「入院監置必要」は「無」となっている。患者は1935年

12月3日より戸塚脳病院に収容され、同時に3人の子供と高齢の母親（72歳）に生活扶助が実施されている。ただし、子供と老母への生活扶助費は、1人1日5銭の計20銭（月額約6円）であり、前者の例と比較すると低い額に抑えられている。これは22歳の妻が喫茶店女給として月額15円の収入があったことによるのかもしれない。同世帯の患者の同居時の平均支出月額は30円50銭だったため、扶助によって収入は21円となったはずで、患者の収容により、ぎりぎりの収支となったと思われる。

『社会事業書類　昭和九年　6の6』（A183）中の27号は、患者退院後に本人に生活扶助が実行された唯一の例である。被救護者（34歳）は日雇人夫で、妻と子供の5人世帯で世帯収入6円、支出は19円弱であった。本人は脳梅毒で東京慈恵会医院に救護法により収容救護されていた。その後、軽快退院した日付で自宅療養の必要性ありとの同医院の診断書が書かれ、その後1か月以内に居宅救護として川崎市より生活扶助費を1日30銭（月約9円）支給されることになった。なお、この生活扶助の救護申請は患者本人によってなされていた。社会委員による市長への報告書は下記のようなものである。

　　救護状況ノ通知及意見具申書
　　一、救護状況ノ通知
　　　川崎市□町□□□番地
　　　被救護者　　□□□□

　　右　救護法ニ依リ本年十月十三日ヨリ慈恵会病院ニ収容救護中ノ処病気軽快ニ依リ十一月十五日退院セルモ尚別紙診断書通リ居宅救護必要ト認ム

　　二、意見具申
　　　前記ノ事由ニ依リ十一月一日ヨリ居宅救護相成可然モノト被認候

　　右状況通知及意見具申候也
　　昭和九年十二月一日
　　　社会委員　　□□□□

この患者に対する居宅救護としての生活扶助費は、後日1日30銭から50銭に増額されており、月額では約15円の扶助となった。非常に貧しいとはいえ、患者収容前の世帯支出は19円弱、収入は6円だったため、収支のバランスは取れるようになったと思われる。頼れる親族はおらず、経済的に非常に貧しいながらも、患者の退院後、自宅での生活が可能になったことが窺われる例外的な事例である。

　上記では、医療費の支出が観察できるケースと、子供の引き取りや家族・本人への生活扶助によって、家族の生活枠組みが再編・維持・修復される事例をみた。ここには、救護法が利用されることで、患者世帯の生活が支援され、生活が継続可能となったと考えられる事例が観察された。

　その他、川崎市文書中の収容救護患者全体の50人中、医療（売薬）費支出が確認できるのは2割弱であるが、これは、戦前期から貧困層の中にも精神病に対し医療費を捻出しようとする家計行動が少なくなかったということである。食料にも困難をきたしていたはずの家計状況から医療費を支出するというのは、精神病がもたらすダメージの大きさを物語ると同時に、医療に対する強い需要がこうした貧困階層にも醸成されていたことを意味している。

　そして、上の事例から、患者の収容救護が行われた場合、その後の世帯ではおおまかに3つの展開をたどることになったことが明らかになった。1つは家計維持者が他におり患者収容により看護・生活費負担が軽減されるケース、次に患者自身が主たる稼ぎ人であったため被扶養者の生活が社会委員の仲介により親族に委ねられるケース、または患者が生計維持者でかつ頼れる親族もないため残りの家族に対し生活扶助が行われる例である。この他に、患者の退院後に患者本人に対し生活扶助が行われたケースや、単身世帯の患者が収容されるケースも少ないながらもあった。

　また、世帯収入を月額20円前後でやりくりする行商や職工など、都市細民・労働者として戦前期川崎に暮らしていた階層の人々にとって、主たる家計維持者が精神病を発症することは、ただちに外部からの支援を必要とする状況につながったことが上記の例からは窺える。そうした中、世帯主の収容救護の後に家族に生活扶助を実施したケースから推測できるのは、給付額を合計しても、労働者世帯の平均収入約100円の半額に満たない月収に抑えつつ、支出とのバランスを勘案するものだったと考えられる。

以上、前節で取り上げた事案やその他のケースからも考察できることは、救護法による精神病床入院は、「医療」扶助という形式をとりながら、治療を目的とするよりも、精神病院に患者の生活空間を移すことによって患者世帯の生活枠組みの修復や再編、維持に制度の運用の目標があったということである。いい換えれば、患者の収容と同時に、世帯構成員の再編成（子供の扶養の親族への依頼）や生活扶助が行われることで家族の生活が救済されるメカニズムとして救護法が機能していたのである。

　精神病院への救護法による収容救護が治療を主たる目的としていなかったことは、基本的に入院費用のみしか支払われず、特別な治療のための費用は原則的には計上されないことからも裏づけられる[159]。1930年代頃の精神病院の入院費用の下限の平均は治療費抜きで3等の1日1円だった。これは川崎市の収容救護の委託費1日80銭を上回っており、被救護者に特別な治療を行うことは、許可がない限り費用は病院の持ち出しになるため、そもそも治療を施される可能性は低かったのである[160]。このことからも救護法による精神病院への収容は、治療を目的とするのでなく、自由のない低劣な質だったとしても患者がそこで生活を送ること、そして家族が患者のケア負担から解放されることに重きがあったと考えるべきであろう。

　つまり、治療にもまして、家族の生活の安定が収容救護の1つの目的となっており、そのため患者が公費で病院に長く収容されること自体が重要となっていた。このような患者本人と家族に対する社会福祉的機能に、生活保護法での医療扶助入院にまでつながる、精神病床入院の長期在院化をもたらす制度的要因が埋め込まれていったと考えられるのである。

(3) その他の収容救護文書
収容費用について家族が負担を申し出たケース

　これまで参照したのとは別種の事例の1つが、『恤救書類　昭和十三・十五年』（A406）中の12号「脳病患者□□□退院ノ件　」[161]である。これは家族

---

159) ただし、麻痺性痴呆患者に治療費計上（67円50銭）を行ったケースが1件ある。
160) 先述の鈴木［2014］は、この点を実証している。
161) 執筆者は同文書の解釈について、2011年10月29日の精神医学史学会において、精神病者監護法の適用と説明したことがあったが、同文書は病院への委託費が1日80銭であること、市役所から病院への依頼が「委託監置」ではなく「委託入院」や「収容治療」

が入院費用を軽減してもらって患者を入院させようとした事例である。被救護者は東京市出身の43歳の男性、早発性痴呆で1938年8月16日に収容、翌9月8日に退院している。

本事例はこれまでの救護案件とはその性質を異にしている。救護法は原則的には被救護者側の費用負担はゼロだが、この事例では妻を中心とした親族が自ら入院費を負担することを申し出る代わり、正規の料金よりも安い救護法での委託を受けようとしたケースなのである。川崎市文書にはこれと同様に、親族等が費用負担をする代わり救護法の扱いを求めて適用された事例が6件あり（全50件中の12％）、こうした事例は救護法施行翌年の1933年から発見できる。本事案はその1つである。

これは厳密には不正な救護法運用にあたる特殊なパターンであるためか、これら患者の収容救護プロセスや添付資料は通常とは異なっている。例えば、社会委員による資産調査の文書が作成されていないケースの方が多い。また、医師の診断書は警察勤務医や精神病院医師ではなく、一般の開業医の手になると思われる。本ケースでも、開業医の診断書を添付し、妻から市長に対し「入院願」が出されており（1938年8月16日）、その内容は次のようなものである（一部省略）。

　　……本病者ハ未タ暴力等ヲ為ササルニヨリ今ノ内ニ入院加療セハ必ス全治スルトノ事ナルカ……個人ニテ入院ヲ依頼セム其ノ費用著シク高額ニテ……誠ニ困却仕リ候若シ之ヲ御庁ヨリ委託ニテ入院スルトセハ其費用カ著シク低額……御庁ヨリ本病者ヲ入院加療出来得ル様……要シタル費用ハ必ス御庁ニ納付シ郷[ママ]モ御庁ニ対シ御損害御掛ケ申間敷ニ付何卒御取計ヒノ御願致度……

要約すると、夫が精神病となったが正規料金では入院させるだけの資力がないため、川崎市の救護法による委託患者にしてもらい、その料金に関しては親族が負担することを市に約束するものである。なお、自傷他害傾向はないため、監護法第6条での公費監置の対象とはなりえない。

　　であること等から、救護法の適用であることが判明した。記して訂正に代えたい。

これに対して、妻からの「入院願」の提出日と同じ8月16日付の市役所文書には、願書を受けて調査した結果、「事情止ムヲ得サルモノト認メラレ候而シテ入院料其他ノ費用一切ハ凡テ義務者負担ニ付市予算ニハ何等関係無」として、同日中に病院宛に「収容治療」を依頼している。

また、これとほぼ同様の内容の文書をもう1点紹介したい。『恤救書類　昭和九年第一種』中の17号「私費脳病患者依託入院ニ関スル件」であり、1934年のものである。申請者は母親で、その「救護願」には次のようにある。

右者客年十二月中旬頃ヨリ脳疾患ニ罹リ爾来治療中ノ処病勢益々増進シ到底入院スルニアラザレバ全治ノ見込無之而シテ本人ハ勿論扶養義務者ニ於テモ普通入院費支払困難ノ実情ニ有之候ニ就テハ御諒察ノ上市依託患者トシテ適当ノ病院ニ入院方御取計相成度尤モ入院料一日金八拾銭ハ市ニ納金シ尚ホ？？〔解読不能〕一切市ニハ御迷惑ハ相掛ケ申間敷保証人連署此段奉願候也

普通入院費は支払うのが難しいが、救護法の委託患者としての1日80銭ならば負担することができるので患者を適当な病院に入院させてほしいという内容である。この事案には、例外的に神奈川県社会課の文書である「生活状況調査票」が添付されており、家族の経済状況が一部判明する。

それによると、無記載が多いものの、患者の職業は農業、4人世帯（患者が世帯主29歳、母親69歳、実姉35歳、長女4歳）、部屋数は4つ、台所2坪、同居人なし、畳数20畳、便所は専用と書かれている。収入に関する記載はなかったが、部屋が4つで20畳（33 m^2）＋台所2坪（6.6 m^2）という家であり、中産層とはいえないものの、救護法の通常の適用対象とはならなかったと思われる。この患者は、過去にすでに3か月ほど横浜脳病院への入院歴があり、退院したものの再発したとある。

上記の2例を解釈すると、通常の社会委員によるミーンズテスト（資産調査）が行われた場合、家族に扶養能力ありとして救護法の適用にならなかった可能性があり、それを避けて低額の救護法での委託患者となるために、直接市に掛け合ったものと思われるのである。

また、ここに挙げなかったその他の同様の4例についても、その「救護願」

の内容が非常に似通っていることが注目される。それは、「入院をすれば治る見込みがある」→「しかし、一般入院費は払えない」→「ただし、委託患者としての安価な救護費ならば自分たちで負担することができる」→「保証人を立てた上で、市には迷惑をかけないので救護法での委託患者としてくれるようよろしく取り計らいを頼む」、と文章の構造がほぼ同じになっているのである。この理由については想像の域を出ないが、家族から相談を受けた市役所側から何らかの示唆があったか、もしくは保証人となっている社会委員等のアドバイスに家族が従った可能性があると考えられた。

　この方法ならば、市としては、上記のように「市予算ニハ何等関係無」く費用負担がゼロだったため、救護法の委託患者とすることはさしたる問題はなく、家族の「救護願」は通りやすかったと思案される。

　なお、1930年代半ば頃の脳病院（精神病院）の一般私費入院料は、大体3等が1日1円、2等以上はそれぞれ1円ずつ高くなっていき、これに看護料や治療費、雑費が加算されることが多かった。よって、仮に1930年代の都市部の精神病院・脳病院に私費入院しようと思った場合、最も安価な3等の雑居室への入院でおおよそ月額40円ほどになったと思われ、これは1935年の全都市「労働者」の平均世帯収入月額86.99円の半分近く、「給料生活者」の97.64円に比しても40％程度になった[162]。長期間の入院が想定される精神病の場合、こうした費用を負担できるのは限られた階層だった。これに対し、救護法での委託患者となった場合は、川崎市が支払う委託費用は一律に通常1日80銭で月額約24円となっていた。

　つまり、これらの事案の場合、この月額約24円は親族らで負担するということであり、3等への私費入院に対して15円ほどの節約だったと考えられる。よって、上述した6件のケースから理解できるのは、月額約24円ならば入院料を負担可能な、極貧ではない、救護法のボーダーライン上の世帯の需要を反映していると考えられる。

　川崎市文書では、このような利用のされ方が救護法による収容患者中の12％を占めた。こうした事例が他の自治体でどの程度あったかのは知ることはできないが、1935年に開催された精神病院長らによる会議では、極貧ではないが私

162）東洋経済新報社［1991：113-114］。

費入院できない患者層について以下のような発言がなされている。

  府県立或ハ代用病院ニテモ、普通公費ノ他、半額支払フ階級ヲ現在ヨリ盛ニ活用スベキナリ。然ラザレバ、自費ノ続カザル階級ニテ公費ノ許可モナク困却セル例殆ド毎日ノ如ク見ラルヽナリ。[163]

 ここで重要なことは、通常の入院費では入院をためらう患者世帯がいたことをこの文書は意味していることである。家族としては患者を入院させたいが、私立精神病院に一般の自費入院をさせることはできない、ただし値段が下がれば費用負担が可能、こうした潜在的な需要を示唆していることである。

 ここまで、戦前期における救護法による精神病床入院がどのように行われていたか、またその患者家族の実情の一端について検証してきた。ここで内容の考察に入る前に、救護法が生活保護法の前身となっていることについて簡単に確認したい。

 現行生活保護法を策定した中心的な厚生官僚であった小山進次郎によれば、戦後の生活保護法は「その法技術的構成の範を昭和四（1929）年の救護法に採つて」[164]いる。また、寺脇隆夫は、「救護法と言えば、現行の生活保護法（1950年）制定のいわゆる新法に代表される公的扶助制度の前身として位置付けられる」[165]と述べている。このように、救護法と生活保護法の制度的連続性は明らかである。

 この救護法による入院がもっていた精神医療史における意味を考えるに際し、救護法に救護の「申請者」という形で家族の存在が原則的に運用に組み込まれていたことは重要である。なぜなら、この形式こそ戦後の精神病床入院の中軸となっていった、同意入院と医療扶助の適用の母型とみなすことが可能だからである。また、ここには、精神病者監護法第6条が、家族の仲介を必要とせずに患者の強制入院を可能にしていた制度との本質的な違いを見出すことができるだろう。

---

[163] 岡田他編［2011］所収・100「内務大臣諮問事項答申私案（公立及代用精神病院院主院長会議）」1935年頃。
[164] 小山［1951：3］。
[165] 寺脇［2007：24］。

そして、本章において検証してきたように、各種の調整によって家族の生活構造を維持・修復しようとする救護法による入院には、患者を治療することそのものを目標とするよりも、患者に病院で最低限の生活を送らせること、ならびに家族の生活の安定という機能が重要性をもっていた。

　同時に、病床が安価に供給されればそれに反応する、救護法対象者ほど極貧ではない患者世帯の存在が川崎市文書の中には発見された。もちろん、こうした患者世帯は、可能なのであれば安価であるよりも無料の病床をより好んだはずである。戦後の生活保護法は戦前期救護法に比べてはるかに公費病床の数を拡大したわけであるが、それは例えば上に取り上げたような家族こそが、戦後の生活保護法を適用した公費での精神病床入院＝同意入院利用者となっていったと考えるべきである。

　少なくとも、前述の事例からは、制度の「裏道」を使ってでも、安価な病床を求める家族のニーズが読み取られねばならない。このことは、精神病院・脳病院という存在が極めて強く負のイメージを付与されていた戦前期において、経済的に豊かとはいえない階層の人々の中にも、入院への需要が形成されていたことの証左であり、戦後への爆発的な精神病床入院への伏線となっていったのである。

　以上のことから導き出せることは、量的な限界をもちつつも、救護法は、家族の意思を反映させる回路から精神病床入院への公費投入を実体化したということである[166]。そして救護法の本質は、患者の治療のための入院というよりも、患者の生活を病院という空間で福祉的に収容すること、そして患者を病院に公費収容することに伴う、家族の生活を救済する社会福祉的機能だったということである。この救護法による精神病床入院が制度化されていった1930年代に、社会福祉的機能を中核にもった入院形態が形成され、これまで論じてきた社会防衛型、治療型と共に、日本における精神病床入院の3類型が構築されたといえるのである。

---

166) この点が、健康な稼働年齢にある家族の存在を制度適用の条件から完全に除外していた恤救規則のような慈恵的制度と決定的に異なるものといえよう。

第4章　戦前における公費での病床供給システム

1　公費監置・入院の支出額の増加

　これまで、戦前期日本において公費患者、私費患者双方の入院が共に増大してきたことをみた。私費患者の数は1940年においては、年末時点での公費での精神病床入院数を上回るだけでなく、年内の入院者総数、入院延日数すべての項目において私費患者が公費患者に比べて多くなっていた。のみならず、精神病院に入院した私費患者の数は、明治期から私立のサナトリウムが隆盛した結核の私費患者数を上回っており、慢性疾患における私費患者の数としては最大規模で、「私費・社会保険型」の精神病床入院が戦前期に構築されていたことをみた。一方、公費患者に関しては、公立精神病院の数こそ少なかったが、私立精神病院に収容された患者も合わせると、時代が下るごとに増加し、1930年代後半には1万人規模に上った[167]。

　本章では、こうした収容精神病者に対する公費の支出額はどの程度のものだったのかを、私立精神病院へ投入された公費額も含めて検証する。この理由は、これまでも触れてきたように、先行研究においては精神病者監護法による私宅監置が強調されることが多く、戦前期における行政の主導による公費入院の拡大が、軽視、あるいは無視されることが少なくなかったからである。なお、こうした精神病者関連費用に関する一次資料は、非常に断片的であり、全体像を知ることは不可能で、データとしては不完全であることは否めない。

　まず、保健衛生調査会による1910年から1913年までの精神病者監護法による公的支出の統計からみてみたい。

　表11から判明するのは、1910年代前半においては、精神病者監護法第6条（および第8条）による公費支出総額は年約16万円から約32万円であり、こ

---

[167]　1937年の年末時点で9927人であるが、この数字は「絶対隔離政策」として悪名高い癩予防法下でのハンセン病患者の収容者数（6549名、『衛生年報』）よりもかなり大きい。

表11 精神病者監護法による監置費用（公費監置に関わる支出）

年	被監置者数	府県支出監護費（円）	扶養義務者弁償額（円）	合計額（円）	東京府支出額割合
1910	1,994	158,946	10,275	169,221	0.80
1911	—	269,368	10,442	279,810	0.88
1912	2,442	189,599	12,139	201,738	0.72
1913	2,786	267,858	14,985	282,843	0.77
1914	3,126	318,595	19,744	338,339	0.77
合計	—	1,204,366	67,585	1,271,951	0.79

『精神病者慈善救治会々報 第二九号』1918年8月（『精神障害者問題資料集成 第5巻』所収）より作成。

表12 精神病院法ならびに精神病者監護法による公費支出額推移

年	精神病院法による道府県経常費（円）	精神病者監護法による監護費（円）	計（円）
1926	757,967	不明	不明
1927	763,767	392,046	1,155,813
1928	1,080,014	386,352	1,466,366
1929	798,490	684,900	1,483,390
1930	1,074,137	809,085	1,883,222
1931	1,083,159	879,520	1,962,679
1932	1,146,042	1,057,289	2,203,331
1933	1,461,508	1,266,247	2,727,755
1934	1,464,919	1,386,922	2,851,841
1935	1,292,575	1,478,361	2,770,936

菅［1937：831］より転載。

の8割近い部分を東京府が占めていたことである。これは東京に精神病院が集中していたことに起因する。また、一旦監護法第6条（および第8条）の適用を受けて公費監置となった場合、扶養義務者に対する費用徴収は基本的にほとんど実行されなかったということである。

次は昭和期である、1926年から1935年までの病院法と監護法、両法による公的支出額を参照したい。

表12によると、両法による公費支出はほぼ一貫して増大傾向にあり、1927年から1935年までの10年間に約116万円から約277万円と2倍以上に増えている[168]。また、合計金額の堅調な伸びのみならず、精神病者監護法第6条に

---

168) 1935年度の総費用約277万円がどの程度のものかといえば、例えば同年の福井県や佐賀県などの総歳出額の半分程度であり、沖縄県よりも約100万円程度多い。

よる公費監置に関わる経費が、1935年では精神病院法によるものよりも多くなっていたことは着目に値する。第1章で述べたように、監護法での公費監置には負担元の道府県への国庫補助がないため、補助があった精神病院法への患者移管が行われる財政的インセンティブがかかっていた。しかし、その病院法での収容以上に監護法第6条で処置された患者の延数が多かったことになる。これは精神病者監護法第6条が、1930年代に運用上の重要性を増していたことを端的に意味すると考えられる。なお、1934年度の精神病関連支出中、東京府の割合は29％、大阪28％、神奈川9％、兵庫8％、京都7％、その他となっており、1910年代前半と比べて、東京への集中度は低くなっている[169]。

私立病院が非常に多い日本の精神医療史を振り返る上で注目されるのは、こうした精神病者関連の公費負担のうち、どの程度が私立精神病院に対する委託料として支払われたかである。1934年度における精神病者監護法による監置の1日1人当たり費用は、全国の平均値で1円04銭となっていた[170]。一方、精神病院法による代用精神病院への委託料も、神奈川県立公文書館所蔵文書によると1936年度で1人当たり1日1円とあり[171]、また内務省衛生局予防課長だった高野六郎も費用は1人当たり1日1円が多い旨を記述しており[172]、この額は1930年代の代用精神病院への委託料の平均程度だったと思われる。よって、病院法と監護法による私立病院への委託収容・監置の費用は、どちらも概ね1人当たり1日1円程度だったと考えられる。このことより、先の表4を利用することで、私立精神病院への公費投入額を推計できる。表4より、入院患者延数を取り出したのが、表13である。

私立精神病院中の公費患者というのは、先にも述べたように、精神病者監護法、精神病院法、救護法その他による委託患者であり、このうち、監護法と病院法による収容・入院が中心であった。病院法・監護法も委託費は1人当たり1日約1円だったので、患者延数に1円をかけたものが道府県の精神病者関連支出額合計とほぼ一致する。よって、私立精神病院の公費による入院患者延数に1円をかけたものが、そのまま公費での患者委託費支出額とほぼ等しいと考

---

169) 菅［1937：829］。
170) 菅［1937：830］。
171) 神奈川県立公文書館所蔵、県会-1936-5『昭和11年11月通常県会議案・諮問案原稿（歳出経常部）』中の「衛生及病院費」内訳より。
172) 高野［1934：4］。

表13 公私立精神病院別 病床数・入院患者延数

年	病院種別	年末病床数	自費公費区分	入院患者延数
1928	公立精神病院	1,082	公費	307,376
			自費	88,518
	私立精神病院	7,632	公費	1,249,318
			自費	908,592
1930	公立精神病院	1,421	公費	407,764
			自費	101,817
	私立精神病院	9,539	公費	1,487,236
			自費	1,158,225
1933	公立精神病院	1,978	公費	527,890
			自費	127,779
	私立精神病院	14,018	公費	2,027,181
			自費	1,710,659
1935	公立精神病院	2,066	公費	586,649
			自費	148,543
	私立精神病院	16,915	公費	2,418,424
			自費	2,248,369
1937	公立精神病院	2,516	公費	630,173
			自費	188,244
	私立精神病院	18,809	公費	2,607,371
			自費	2,949,169
1940	公立精神病院	2,684	公費	696,825
			自費	231,688
	私立精神病院	20,871	公費	2,928,153
			自費	3,795,372

各年度『衛生局年報』『衛生年報』より作成。

えられる。

　つまり、表13の入院患者延数より、1928年で125万円前後、1935年で240万円前後、1940年で290万円前後の公費が、民間の私立精神病院に対する精神病者監置・入院の委託費として支払われたと推定されるのである[173]。

　この推測値を例えば、1935年度の癩予防費約185万円と比較すると、これを50万円超上回る公費が私立精神病院に支出されていたことになる[174]。癩予防に関しては、1931年に癩予防法が制定され、感染の危険のある患者すべての公

---

173) 表12からは監護法と病院法による公費支出額が判明しており、1930年は約188万円、1935年は約277万円である。これは表13の公立・私立精神病院への公費患者の入院延数の合計189万人（1930年）、300万人（1935年）と大差ない。このことからも、入院患者延数から公費支出額を推測することの妥当性が裏づけられるであろう。

174) 癩予防協会［1935：3］。

費での隔離の方針が示されており、当時 5000 名を超える患者が収容されていたが、この費用を大きく超える公費が私立精神病院に投入されていたのである。

　また、表 13 の統計の推移で目を引くのは、1928 年度以降の私立精神病院に公費入院した患者延数の伸びが著しく、公費支出額もこれに伴って増大したことである。このような公費投入額の堅調な増加は、1930 年代における全国的な民間精神病院数の増大という現象の原因をある程度説明するものといえる。当時は、患者数に比して精神病院は非常に少なく、かつ相当量の公費が私立病院に投入され始めたことで安定的な収益の確保が見込まれ、こうした経営環境が精神病院の増加を促したといえるからである。

　と同時に、この 1930 年代頃に、日本における精神医療政策は、公立精神病院の増設よりも、私立病院の経営にインセンティブを与えて精神病床全体を増大させ、かつそこに部分的に公費を支出することで公的精神病床を確保する、という運用方法にシフトしていったとみることができるだろう。

　こうした精神病の公費病床に関する行政対応は、ハンセン病ではほとんどを国公立療養所によって、結核ではごく一部の大規模公立療養所と小規模で多数の私費サナトリウムによって病床供給をされたケースと比較すると、その特徴が理解される。このような病類別の病床供給の差異は、おそらくそれぞれの疾病発生の社会経済要因の強弱に比例すると思われる。

　ハンセン病の場合、罹患者が郡部の貧困農民層に集中したため、自費入院者を中心にした私立病院は成立せず、公的機関以外には病床供給が困難であった[175]。一方、結核は、感染力が強力で社会階層を広く貫いて発生したため、上流階層向けの自費サナトリウムが早くから成立したが、貧困患者層は公立療養所を頼るほかなかった。精神病の場合、公立病院は少ないものの、私立病院に多額の公費が供給されており、その意味でハンセン病と結核の中間的な性格をもつ病床供給体制となっていたのである。

2　公立精神病院設置のコストと道府県財政

　上述したように、精神病院法の企図に反して、戦前期の日本では公立精神病

---

175) 後藤［2011］。

院はほとんど作られず、1945年までに合計8院が認定・設置されたにとどまった。その一方で、特に1930年前後から民間精神病院は急増し、代用病床や公費患者数の伸びは、公立病院のそれよりもはるかに大きかった。再度確認するが、近代日本の精神医療において、公費監置・収容を担った中核は、私立精神病院だったのである。

公立病院が増えなかった最大の理由は予算の問題であったと考えられる。戦前期の財政状況を慎重に検討すると、民間精神病院中に公的病床を設置していくという行政上の運用体制は、貧弱な保健衛生財政という縛りを前提にすると、それなりに合理的な公費投入の仕組みだったともいえる。1930年代における精神病者対策は、私立病院への公費患者委託を活用することで多額の出費を伴う公立病院設置コストを回避しつつ、公安的収容は精神病者監護法（および精神病院法）、救貧的な収容は救護法による公費収容によって精神病者対策を間に合わせようとしたといえるだろう。

それでは、この公立精神病院設置に伴うコストとはどれほどのものだったのか。以下では公立精神病院の新設費用を表14より検討したい。

まず、東京府立松沢病院は1919年に、それまでの東京府巣鴨病院より移転を果たし、全700床の大規模公立精神病院としての完成をみるのであるが、表14より、この建設に東京府が要した費用総額は約104万円（国庫補助15万円[176]）にのぼった。

次に日本で最初の精神病院法第1条による公立精神病院である大阪府立中宮(なかみや)病院は、1926年に定員300名として開院し工費は42万円（国庫補助21万円）、さらに1932年度に150名の増員のため5万9000円余が追加支出された。神奈川県立芹香院(きんこういん)の場合、1929年に開院し患者定員150名、総費用28万円（国庫補助14万円）で、同じく1932年に84名の定員増加のため増築費5万6880円が追加計上された。

また、福岡県立筑紫保養院は、100床として開院、初年度の運営費こそ1万円台前半であるが、翌年度以降はすべて3万円を超え、翌々年度には4万円を超えた。愛知県立精神病院も病床が100床に到達する1935年度には運営費は4万円を超えた。

---

176) 国勢院編［1921：520］。松沢病院は精神病院法第1条による大臣命令での設置ではなく、第6条での認定病院のため、国庫補助額も低かった。

表14　公立精神病院総工費と病院運営費

	完成年	収容定員	総工費（円）	初年度病院運営費(円)
東京府立松沢病院	1919	700	1,043,484	183,234
大阪府立中宮病院	1926	300	420,000	132,991
神奈川県立芹香院	1929	150	260,000	71,870
福岡県立筑紫保養院	1931	100	174,880	10,909
愛知県立精神病院	1932	100	160,995	10,387
兵庫県立光風寮	1937	400	421,464	?

東京府編［1924：139］、松沢病院医局［1925：26］、大阪府立中宮病院［1927：34］、大阪府立中宮病院［134：1］、神奈川県立芹香院［1936］、福岡県編［1933：307, 315］、『愛知県統計書　昭和7年』［1935：270］、菅［1937］、兵庫県総務部調査課編［1940：66］より筆者作成。

　これらの例をみると、仮に他の府県において100床規模の公立精神病院を作るとすると、精神病院法からの設立費用の2分の1の国庫補助を考慮しても、府県の負担は建設費だけで優に10万円近くになり、毎年の運営費用も4万円を超えることが当然推測される。つまり、100床という比較的規模の小さい公立精神病院であっても、開院して病院が動き出すまでに最低10万円超の財政投入が必要ということになり、かつ土地購入から病院の建設計画はもちろん、医師や看護人・各種雇人の調達、そういった諸務すべてを府県が率先して行わねばならなかった。

　ここで重要なことは、精神病院法による公立病院は、その法理念や先述した内務省の通牒内容（貧困患者への公費での入院治療を優先せよ）からも、自費患者を多くしての入院や治療費用を主軸にした運営が基本的に許されていなかったことである。つまり、公立精神病院を設置するとなると、入院費用を払えない公費患者の収容が中心となることで、巨額の赤字経営が長期にわたって常態化することを前提せざるを得なかったのである。

3　私立病院への公費入院

　上に述べたように、公立精神病院の設置に関わる道府県の負担は、100床クラスの小規模のものでも10万円近くになることが既設の病院例より判明する。こうした支出は、当時の地方財政にとってどの程度の負担となったであろうか。1930年度と1935年度の府県の財政状況とその衛生関連予算を、公立病院を設

表15 1930、35年度府県

		(A) 歳入合計額（円）	(B) 歳出合計額（円）	(C) 衛生及病院費（経常部）（円）	(D) 府県歳出に占める衛生（及病院費）割合	(E) 10万円が歳出合計に占める割合	(F) 精神病者100人中監置した人員割合	(G) 精神病院数（代用病院数）
1930年	公立精神病院をもたない県							
	宮城	8,725,234	8,008,046	118,648	1.48%	1.25%	17.01%	1(1)
	群馬	9,427,983	8,948,523	30,539	0.34%	1.12%	14.36%	1(1)
	新潟	19,924,160	16,289,323	75,954	0.47%	0.61%	9.38%	2(2)
	千葉	9,183,364	8,545,452	82,698	0.97%	1.17%	25.52%	2(1)
	三重	9,157,129	9,033,993	82,981	0.92%	1.11%	7.82%	0(0)
	岐阜	10,239,039	7,987,826	53,719	0.67%	1.25%	15.69%	1(1)
	奈良	5,383,951	4,359,700	41,126	0.94%	2.29%	14.04%	0(0)
	広島	12,107,806	11,548,749	139,738	1.21%	0.87%	7.03%	2(0)
	香川	4,849,517	4,327,333	49,273	1.14%	2.31%	10.17%	1(1)
	熊本	10,259,397	8,830,382	63,691	0.72%	1.13%	22.49%	2(0)
	平均※	9,925,758	8,787,933	73,837	0.89%	1.14%	14.35%	12(7)
	公立精神病院をもつ、もつにいたる府県							
	東京	54,504,057	49,384,503	1,134,002	2.30%	0.20%	2.98%	15(8)
	大阪	30,025,645	24,762,582	466,049	1.88%	0.40%	39.83%	15(0)
	神奈川	12,546,578	12,512,459	388,785	3.11%	0.80%	19.80%	2(0)
	福岡	20,098,269	17,089,865	226,988	1.33%	0.59%	13.04%	6(0)
	鹿児島	9,299,256	9,097,327	112,232	1.23%	1.10%	20.52%	2(0)
	愛知	24,099,647	18,846,646	173,833	0.92%	0.53%	10.16%	6(0)
	兵庫	28,237,019	22,955,567	324,305	1.41%	0.44%	14.23%	5(2)
	京都	14,033,873	11,365,595	184,800	1.63%	0.88%	18.58%	4(3)
	平均※	17,292,536	14,578,755	234,624	1.73%	0.69%	17.39%	55(13)

各年度『府県統計書』、『衛生局年報　昭和5年』、『衛生局年報　昭和10年』より作成。平均、

置した府県と、そうでなかった府県とに分け、比較検討したい。

　まず、表15の「衛生及病院費」というのは、当時の道府県統計において共通に定められていた歳出項目の一部であり、例えば1930年度の東京府の内訳を参照にすると、「精神病者救療費、娼妓（しょうぎ）病院費、屠畜（とちく）検査費、獣疫予防費、伝染病予防費、癩予防費、結核予防費、衛生諸費」であり、精神病者関連費用はここに組み入れられた。ただし、府県や時期によっては、この表には取り上げなかった「社会事業費」の中にも精神病関連の支出（特に精神病者監護法による公費支出）があること、また臨時歳出を除外していることなどから、完全な比較にならない面があることには注意を要する。

　こうした問題があるものの、表15より判明するように、公立精神病院を設

財政状況と関連項目

			(A) 歳入合計額（円）	(B) 歳出合計額（円）	(C) 衛生及病院費（経常部）（円）	(D) 府県歳出に占める衛生（及病院費）割合	(E) 10万円が歳出合計に占める割合	(F) 精神病者100人中監置した人員割合	(G) 精神病院数（代用病院数）
1935年	公立精神病院をもたない県	宮城	14,502,970	13,707,243	113,420	0.83%	0.73%	10.18%	2(1)
		群馬	12,851,780	12,370,686	59,680	0.48%	0.81%	12.52%	1(1)
		新潟	27,084,981	25,891,881	98,032	0.38%	0.39%	11.54%	2(2)
		千葉	13,714,601	10,496,874	97,166	0.93%	0.95%	23.59%	3(2)
		三重	11,875,159	10,289,653	92,943	0.90%	0.97%	15.19%	1(1)
		岐阜	13,335,764	11,873,341	75,282	0.63%	0.84%	12.88%	1(1)
		奈良	7,063,289	6,376,370	51,618	0.81%	1.57%	19.03%	2(0)
		広島	17,748,632	15,062,596	184,021	1.22%	0.66%	6.92%	4(1)
		香川	7,436,774	5,200,520	55,551	1.07%	1.92%	10.61%	1(1)
		熊本	13,151,629	12,204,814	76,875	0.63%	0.82%	17.94%	3(1)
		平均※	13,876,558	12,347,398	90,459	0.79%	0.81%	14.04%	20(11)
	公立精神病院をにいたる府県もつ	東京	79,631,491	64,351,882	1,836,630	2.85%	0.16%	8.72%	17(9)
		大阪	47,645,523	35,724,494	762,523	2.13%	0.28%	40.29%	15(5)
		神奈川	16,725,233	13,029,135	398,774	3.06%	0.77%	6.71%	8(2)
		福岡	28,779,906	23,838,775	254,772	1.07%	0.42%	14.86%	9(0)
		鹿児島	14,538,824	13,979,531	104,017	0.74%	0.72%	15.48%	2(0)
		愛知	31,972,620	24,907,608	297,347	1.19%	0.40%	9.33%	8(0)
		兵庫	33,320,994	30,333,883	231,562	0.76%	0.33%	16.08%	6(2)
		京都	20,332,594	17,338,264	235,291	1.36%	0.58%	21.97%	5(3)
		平均※	34,118,398	27,937,947	515,115	1.65%	0.36%	16.68%	70(21)

(D)・(E)・(G)項目は筆者作成。(D) = (C)／(B)、(E) = 100,000／(B)。※(G)のみ合計。

置しなかった県は、設置した府県に比べ財政規模が小さい傾向にあるのは当然ながら、衛生及病院費（経常部）が歳出総額に占める割合も総じて低く、平均が1930年で約7万4000円、1935年は約9万円であり、100床でも毎年4万円程度の支出が予想される精神病院設立は困難である。

さらに、1930年度と1935年度を比較すると、公立病院を設置しなかった県の歳出に占める衛生関連予算割合の平均値は0.89％から0.79％となっており、衛生予算は削減される方向に圧力がかかっていた。また、設置しなかった県では10万円程度の支出でも、衛生及病院費の経常費を超えるところが多く、公立病院を設立するとなると相当の臨時歳出を組まねばならなかったことになる。

ここで重要と思われるのは、同時期の『衛生局年報』中の「精神病者百人中

監置シタル者」の割合においては、公立病院を設置しなかった県と設置した府県との間には大きな差がなく、私立も含め精神病床の総数も少ない公立病院未設置県でもそれなりの監置率だったことである。これは端的に、公立病院未設置県の精神病患者総数に対する私宅監置数の多さに起因するのであるが、当該県において精神病者問題が火急の対策を要するものとはなりにくかったことを意味している。

　こうした条件を考慮すると、公立精神病院設置の命令権自体は形式上内務大臣にあったにしても、地方政治の論理としては、大規模支出かつ赤字支出の固定化となる公立精神病院設立に関して、優先的な予算配分を行うことは容易に正当化されなかったと考えられる。以上からも、戦前期日本の多数の府県が抱えていた財政状況および患者監置の状況などは、精神病院法という理念的な法規が施行されていたとはいえ、府県にとって公立精神病院の設置・拡大に適合的なものではなかったのは間違いない。

　つまり、精神病患者の病院収容の量的拡大自体は私立精神病院に任せ、必要とあれば委託監置・収容を依頼し臨機応変に公費を投入することでやりくりした方がよい、という政治状況にあったといえるだろう。これは、私立精神病院の全国的な急増があった1930年代において、府県の限られた衛生予算の中での精神病者処遇ということを考えると、受動的ながらも必然的に採用される政策的対応だったはずである。そして実際においても、第1章以降で検討したように、戦前期日本の精神医療に対する公的支出は、私立精神病院への公費注入を構造化してきたのだった。

第5章　戦後における精神病床入院の
　　　　　3類型の展開

　前章までに、戦前期から私立精神病院への公費による患者委託が一般化したことをみた。また、1930年代に救護法によって「社会福祉型」の精神病床入院の仕組みが一般化し、それ以前から存在した精神病者監護法・精神病院法による「社会防衛型」、自費や社会保険での「治療型」と合わせ、本書が主張する精神病床入院の3類型が制度的な輪郭をもって成立したことを論じた。また、医療費支払区分としても、それぞれ「公的扶助」、「特別法」、「私費・社会保険」という異なる経路が形成されたのをみた。

　そして、戦後に入ると、精神病者監護法と精神病院法を発展的に解消させる形で、精神衛生法が1950年に制定された。この精神衛生法は、旧2法よりも精神障害者の医療および保護を積極的に謳い、戦後の精神衛生行政の中核となっていったものではあるが、重要な点は、入院医療費支払財源の構造はそれ以前と変わらなかったということである。

　本章において詳述するように、精神衛生法は精神病床入院の「入院形態」を一元的にコントロールしようとする体制を新しく作った一方で、「入院医療費支払財源」には「公的扶助」、「特別法」、「私費・社会保険」の3つが核になる戦前の形式のままだったのである。このような、戦前・戦後の入院形態について表したのが表16である。

　入院に対する医療費支払財源とその機能を軸に考えると、1950年に精神衛生法が制定されたとはいえ、表16のように、戦後も戦前と同様に「特別法－社会防衛型」・「私費・社会保険－治療型」・「公的扶助－社会福祉型」として分類可能である。すわなち、この3類型は、戦前・戦後を貫通して把握可能な仕組みだったといえる。また、精神病床入院には、各種社会保険法や生活保護法などの法律が深く関わっており、戦後であっても精神衛生法の入院全体に対する制度的拘束力は実はそれほど高くないことが分かる。この点は、先行研究のように、精神衛生法と措置入院の影響力を強調すると不可視化されてしまう論点

表16　3類型別の医療費財源、入院形態、自己負担の有無

	医療費支払財源	入院形態	自己負担	3類型別機能
特別法	精神病者監護法 精神病院法 精神衛生法（精神保健法、精神保健福祉法）	公費監置 公費入院 措置入院	× × ×	主として社会防衛
私費・社会保険	国民健康保険 私費 各種社会保険入院	保険入院 私費入院 保険入院	○ ○ ○	主として治療
公的扶助	救護法 生活保護法	収容救護 医療扶助入院	× ×	主として社会福祉（救貧・防貧）

筆者作成。なお「自己負担」の「×」は原則的なものであり、厳密には患者・患者家族からの徴収があり得る。特に現行精神保健福祉法においては、措置入院費は公費よりも保険が優先して適用されることになっている。

である。

　このように戦後も入院医療費支払財源が基本的には戦前期の3類型のタイプとして維持されたままだったことを整理した上で、以下では精神衛生法に定められていた入院形態について説明する。まず、精神衛生法にとって重要な規定となっていたのが、第29条による知事による入院措置、いわゆる強制入院である「措置入院」であった。第29条の枢要となっている規定は第1項であり、診察の結果、精神障害者であると判定された者が、「医療及び保護のために入院させなければその精神障害のために自身を傷つけ又は他人に害を及ぼすおそれがあると認めたときは、本人及び関係者の同意がなくても、その者を国若しくは都道府県の設置した精神病院（精神病院以外の病院に設けられている精神病室を含む。以下同じ。）又は指定病院に入院させることができる」という箇所である。そして、この措置入院を実行するにあたっては、2人以上の精神衛生鑑定医の診察の結果が一致した場合でなければならないこととなった。

　次に、同法は第33条において「保護義務者の同意による入院」（同意入院）を規定しており、「精神病院の長は、診察の結果精神障害者であると診断した者につき、医療及び保護のため入院の必要があると認める場合において保護義務者の同意があるときは、本人の同意がなくてもその者を入院させることができる」としている。同条について、1955年に厚生省担当官によって刊行された精神衛生法の運用マニュアルでは、次のように説明されている。

精神病院の長が第三十三条に規定する要件を満たして入院させる場合の手段としては、即時強制のような絶対的な方法は認められないが、真に必要やむを得ない限度において、身体の拘束、麻酔薬施用又は欺罔(ぎもう)等の手段を用いることが許されるのである。[177]

　もちろん、第33条による入院のすべてがこのようなものだったわけではなく、こうした手段も採用可能だったという意味ではあるが、この解説からも分かるように、精神病院の長が入院させる必要を認め、保護義務者が同意すれば、患者の身体を拘束したり、麻酔薬の使用や、欺罔、つまり患者を欺いても入院させることができたのである。

　また、精神障害者かどうかの診断に時間がかかると想定される際に、扶養義務者の同意があれば、本人の同意がなくても3週間を限度とした入院を認めた「仮入院」の制度も第34条に定められた。

　患者自身の意思による入院は、精神衛生法の条文の中には明文化されておらず、患者にとっては事実上の強制入院（措置入院と同意入院、仮入院）のみが定められた外形になった。ただし、実態としては「自由入院」（現在の任意入院）と呼称されて存在していた。

1　入院形態と医療費財源

　上記にみたような入院形態に対し、入院医療費の財源については次のようになっていた。精神衛生法では第29条の措置入院とされた場合に限り、公費入院となった。そのため、精神衛生法では、医学的に入院が必要である場合でも、自傷他害のおそれの可能性が医師に認められなければ公費で入院はできないこととなった。精神衛生法制定時の1950年の時点では、第29条による措置入院が行われた場合、同法第30条においてその費用は都道府県による負担とされ、その2分の1の経費については国が補助をするとされた。

　次に、同意入院が行われる際に、その患者が生活保護法による医療扶助入院

---

[177]　樋上［1955：181］。

表17　精神衛生法下における入院形態別の医療費財源

入院形態	入院医療費の財源		
	精神衛生法 (措置入院費)	生活保護法 (医療扶助費)	私費・社会保険
措置入院	○	×	×
同意入院	×	○	○
自由入院	×	○	○

筆者作成。仮入院は、一時的な入院形式のため省略。

に相当すると認定された場合は生活保護法での公費入院、そうでなければ各種の社会保険もしくは私費での入院となった[178]。仮入院や自由入院の場合には、状況に応じて社会保険や私費、あるいは生活保護が用いられたと考えられる。

　つまり、複雑な構造なのであるが、医療費の支払区分に着目してみた場合、精神衛生法成立の1950年以降における精神科入院は、精神衛生法（特別法）、私費もしくは社会保険（私費・社会保険）、生活保護法（公的扶助）が柱となった。一方で、入院形態に着目すると精神衛生法第29条の措置入院、同第33条の同意入院、同第34条の仮入院、そして精神衛生法の規定外である自由入院という形態が構築されたのである。

　このような精神衛生法下の精神病床入院における入院形態と医療費財源のあり方を整理したのが表17である。その特徴は以下の3点にまとめられる。第一に、入院形態が措置入院であった場合には、入院医療費の財源も原則として精神衛生法によって賄われる。第二に、同意入院の場合には、生活保護法による医療扶助費あるいは私費・社会保険によって原則として賄われる。第三に、自由入院の場合には、同意入院と同様に、医療扶助費と私費・社会保険の双方の選択肢があったはずだが、一般的には私費・社会保険による支払いだったと考えられる[179]。

---

178) 医療費の支払い方法は、入院後に変更されることも少なくなかった。また、こうした特別法と医療扶助入院の組み合わせによる入院体制は結核予防法においても同様となっており、結核予防法では結核を伝染させる恐れがある場合に、都道府県知事が入院もしくは従業禁止を命じた場合に公費が支出される形態であり、それ以外の入院で患者が経済的に困窮だった場合には生活保護が適用された。

179) 第6章第4節でも論じているように、生活保護法での支払いとなるには、家族等からの申請があることが一般的で、その場合は同意入院となるのが自然である。また、自由入院は患者個人の意思が重視されるからこそ可能であったが、こうした裁量を得ていたのは通例自ら医療費を負担できる患者世帯だったと推測される。

2 入院形態別・医療費支払別の入院数[180]

次に、入院形態別・医療費財源別の精神病床入院の規模について検討するが、その前に、1950年代前半から約30年間の精神病床数の増加がいかに急激なものだったかについて、序章に掲載した図2から再度確認したい。数字的には1952年に2万2000床だったのが、1979年には30万床を超える病床増が起きた（図2参照）。

そして、入院形態別の統計についてであるが、厚生省刊行の資料では統一した形で毎年度作成されておらず、長期統計としての全体像を正確に知ることはできない。ただし、1950年代初期については統計が掲載されたものがあり、また1966年以降は同意入院・仮入院の届け出件数を知ることができる。一方、医療費財源別の精神病床入院数については、様々な統計を組み合わせることで一定程度整理することができる。

入院形態別の精神病床入院の水準については、1953年の厚生省『衛生年報』がこの年だけ例外的に全国統計の詳細を記載している。これによると、1953年に生じた4万6612件の入院のうち約80％にあたる3万8707件は同意入院であった（図4）。

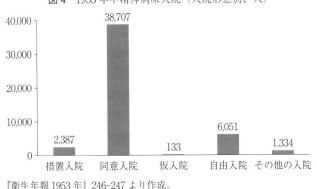

図4　1953年中精神病床入院（入院形態別、人）

『衛生年報1953年』246-247より作成。

---

180) 本節の内容および表に関連する初出論文は安藤・後藤［2014］、後藤・安藤［2015］。

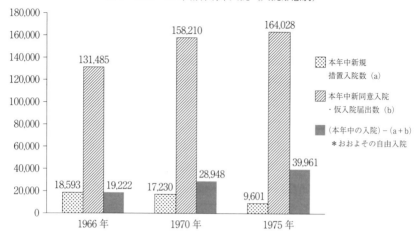

図5 1966〜75年精神病床入院（入院形態別）

吉川［1980：143］より作成。

　また、吉川武彦[181]によると、新規入院数に対する同意入院・仮入院の届け出数の割合は、1966年、1970年、1975年において一貫して約77％であり、措置入院数や自由入院数に比べて同意入院・仮入院の届け出数が非常に多かったことが分かる（図5）。なお、仮入院の総数は、その制度的なあり方からも、非常に適用数は少なかったため、図5における同意入院・仮入院を合わせた統計のほとんどの部分は同意入院だったと考えられる。

　次いで、入院医療費の財源別にみると、図6に示されるように、特別法、公的扶助、私費・社会保険別にみると、戦後においてはそれぞれ精神衛生法、生活保護法、そして国民健康保険に代表される保険制度がそれぞれの制度的な拡張をみたことが分かる[182]。また、措置入院は1950年代に低く推移するものの、1960年代に急増し1970年代以降に急減していくこと、医療扶助入院と社会保険入院はほぼ一貫して堅調な増加が起きていること等が理解される。

　図6に示した3類型別の推移で重大なのは、1961年以降の措置入院の急増である。このジャンプアップは、基本的には1961年の精神衛生法の改正による措置入院に対する国庫補助率の増加、そしていわゆる「経済措置」[183]等に

---

181) 吉川［1980：143］。
182) 安藤・後藤［2014］。
183) 保護義務者の経済的状況に配慮して公費入院である措置入院の適用を決めることを指

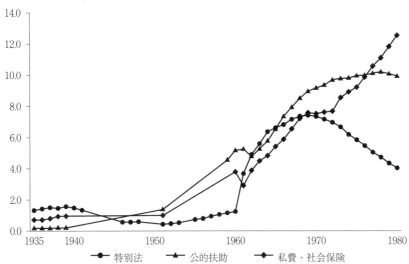

図6 医療費財源別の精神病床入院数の推移（人口1万人当たり、1935〜80年）

すべての統計は、年内のある一時点での数値である（安藤・後藤［2014］[184] 参照）。

よって引き起こされたものである。この1961年以降に国・厚生省が打ち出した措置入院の強化方針と措置入院の急激な増加とをもって先行研究は、戦後日本の精神医療の「公安主義」「社会防衛」的性格の確立の象徴とすることが多い。すなわち、精神衛生法そのものに含まれている社会防衛的内容に加えて、1961年以降の措置入院増と厚生省通知等が、現在にまで続く日本の精神医療の「公安主義」説を正当化する重要な根拠となってきたのである。

例えば、山下剛利は1961年の「精神衛生法一部改正による措置入院の強化は、社会防衛を第一義的目的としている……それと同時に、措置入院を軸とする精神衛生法体制が確立」[185] したと述べている。中山宏太郎も「いわゆる経済措置が公認され、……大量の在院患者が措置入院患者すなわち公安の対象と

　示した一連の公衆衛生局長通知と、その後の措置入院の運用を指す。
184) 内務省衛生局『衛生局年報』（各年度）、厚生省『衛生年報』（各年度）、厚生省公衆衛生局［1965］、厚生省公衆衛生局『わが国の精神衛生』（各年度）、厚生省公衆衛生局『我が国の精神衛生』（各年度）、厚生労働省大臣官房統計情報部編『衛生行政報告例』（各年度）、厚生省大臣官房統計情報部編『社会福祉行政業務報告』（各年度）。私費・社会保険入院＝入院患者数−措置入院−扶助入院で算出。
185) 山下［1985：18］。

化した」[186] と批判的に断定している。また、広田伊蘇夫も「わが国の精神病院は1960年代に入り、その3分の1が措置入院患者で占められることになったのである。前述したように措置入院制度はその本質において社会治安の維持にウェイトをおく行政処置である」[187] としている。

　このように、1961年以降の措置入院の増加と、社会防衛強化を直線的に結びつけて評価するのが先行研究の一般的な姿勢となっている。もちろん、1961年から数年の間に行われた措置入院に関する制度改革が、措置入院適用者数の増加を目的としていたのは明らかであり、また社会防衛的発想がその要因の1つにあったこと自体は事実と考えられる。

　例えば、1961年の厚生事務次官通達（昭和36年9月11日、発衛第311号）には、同年の精神衛生法改正の狙いについて「今回の改正は、措置入院費に対する国庫負担率の引上げ等により、自身を傷つけ、又は他人に害を及ぼすおそれのある精神障害者……はできるだけ措置入院させることによつて、社会不安を積極的に除去することを意図した」とある。また、1963年の厚生省公衆衛生局長通知（昭和38年5月17日、衛発第393号）には、「入院措置を講じていない精神障害者の傷害事例が漸増している実情に鑑み、……精神傷害者の医療及び保護並びに予防に関する行政措置の推進方について徹底を計られたい」とあった。

　しかしながら、この1961年から開始された措置入院拡大政策について、その後の精神衛生法施行下における精神科入院およびその政策そのものも社会防衛的に推進されたと結論することはできない。それは図6にあるように、1970年代には措置入院の減少傾向がはっきりとみえるようになるからでもあるが、これは措置入院強化の始まった1961年から、精神病床数が30万に到達した1980年までの約20年間という時期を、医療費支払区分別に定量的に分析することによってより明確に指摘することができる。

　この19年間における医療費支払区分別の総合計を3類型別の割合に直したのが図7である。この図からも明らかなように、1961年以降という措置入院の強化が行われた以降の時代においても、その後約20年間というスパンでみると、措置入院が入院患者増に果たした影響は、3類型別では最小であり、最

---

186) 中山［1980：122］。
187) 広田［1981：173］。

図7　医療費支払区分別入院患者の割合（1961～80年の累計比）

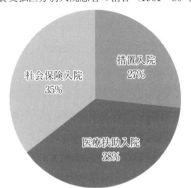

図6参照資料より作成。

大の数値となっていたのは生活保護法による医療扶助入院だったのである。なお、1950年代については、一部の年しかデータが存在しないが、確認できる年に関しては他の支払区分よりも医療扶助入院が最も多くなっており[188]、この傾向は50年代を通じて一貫していたと予想される。

また、図6の原データ、表18によると、この間において全精神病床数に占める医療扶助入院数は約49％（1951年）から約38％（1979年）の間で推移している。医療扶助入院の適用のためには同意入院であることが通例だったことを踏まえると、同意入院－医療扶助の組み合わせによる入院は、この期間においてほぼ一貫して精神病床入院の最大の供給源となっていたと考えられる。

以上のように、1950年代から1970年代にかけての精神病床入院に占める医療扶助入院の割合は高率なものとなっていたことをみたが、こうした数値は他の疾病と比較しても際立っていたことを示したのが表19、図8である。

表19、図8より明らかなように、精神病院に入院する患者中の生活保護（医療扶助）での入院の割合は、一般病院よりも一貫して約3割高く、結核療養所に比べても1965年以降はやはり約3割高くなっていた。こうした統計からしてみても、精神病床入院における生活保護法の財政的な後支えは、非常に強力であったことが確認できると共に、他の疾病と比較して特異的なものであったことが明らかである。

---

[188] 後掲の表26参照のこと。

表 18　医療費支払区分別入院患者（1961～80年）

年	入院患者総数	措置入院	医療扶助	自費・社会保険・その他
1961	111,919	34,808	49,572	27,539
1962	129,836	47,036	45,693	37,107
1963	147,996	53,925	50,780	43,291
1964	165,697	62,190	56,396	47,111
1965	183,260	65,370	64,517	53,373
1966	199,710	67,934	73,259	58,517
1967	218,196	72,242	80,052	65,902
1968	234,737	74,865	86,513	73,359
1969	246,610	76,363	92,180	78,067
1970	250,328	76,532	95,459	78,337
1971	257,164	76,492	99,542	81,130
1972	263,120	75,203	104,828	83,089
1973	273,814	73,090	107,031	93,693
1974	276,582	68,775	108,724	99,083
1975	281,127	65,571	111,961	103,595
1976	287,470	62,073	113,426	111,971
1977	295,331	57,846	116,163	121,322
1978	301,245	54,693	118,177	128,375
1979	306,340	50,725	117,694	137,921
1980	311,584	47,400	116,595	147,589

図 6 参照資料より作成

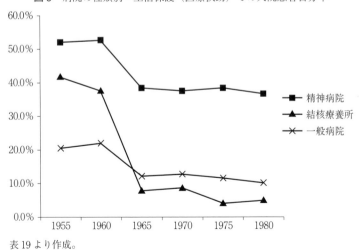

図 8　病院の種類別・生活保護（医療扶助）での入院患者百分率

表 19 より作成。

表19 病院の種類・治療費の支払方法別にみた入院患者百分率

	病院種類	私費・社会保険合計	生保利用	精神衛生法
1955	精神病院	36.5%	52.0%	
	結核療養所	55.1%	41.4%	
	一般病院	72.4%	20.6%	
1960	精神病院	37.4%	52.6%	
	結核療養所	55.3%	37.6%	
	一般病院	70.1%	21.9%	
1965	精神病院	29.5%	38.3%	32.2%
	結核療養所	45.6%	7.9%	N/A
	一般病院	67.7%	12.1%	1.9%
1970	精神病院	31.5%	37.5%	30.3%
	結核療養所	44.2%	8.6%	N/A
	一般病院	73.5%	12.7%	2.0%
1975	精神病院	36.9%	38.4%	24.9%
	結核療養所	48.9%	4.0%	N/A
	一般病院	80.5%	11.7%	1.6%
1980	精神病院	46.2%	36.6%	17.5%
	結核療養所	68.6%	4.9%	N/A
	一般病院	86.1%	10.0%	1.0%

各年度『患者調査』より作成。1955、60年は「精神衛生法」の統計の記載がない。
1955、60年：「私費・社会保険合計」＝「全額自費」＋「健保・船保・共済・日雇健保」＋「健保・船保・共済・日雇健保の家族」＋「国保と健保・船保・共済・日雇健保の家族」＋「国保」、「生保利用」＝「生活保護と健保・船保・共済・日雇健保の家族」＋「生活保護」＋「国保と生活保護」
1965年：「私費・社会保険合計」＝「全額自費」＋「健保・船保・共済」＋「日雇健保」＋「国保」、「生保利用」＝生活保護法（以下同）、「精神衛生法」＝精神衛生法（再掲）／総数（以下同）
1970年：「私費・社会保険合計」＝「全額自費」＋「政管健保」＋「組合健保」＋「船保」＋「共済」＋「日雇健保」＋「国保」＋「労災」
1975～80年：「私費・社会保険合計」＝（「全額自費」＋「政管健保」＋「組合健保」＋「船保」＋「共済」＋「日雇健保」＋「国保」＋「労災」）／総数、「生保利用」＝「生活保護法（再掲）」／総数

　なお、1960年から1965年にかけて精神病院・結核療養所・一般病院のいずれにおいても数字が下がっているのは、1961年の国民皆保険化による社会保険入院の全体的なボトムアップを背景に、精神病院・結核診療所は特別法での措置費が拡大されたことが主因である。このうち、精神病院のケースについては後述して詳細を検討する。

3　医療費財源別の在院期間

　ここまで、入院形態別および医療費財源別にみた精神病床入院の数の推移がどのようなものであったかを検討してきた。そこで明らかとなったのは、1950〜70年代の急激な精神病床入院増の中心となっていたのは、30年間のスパンからの累計比でみると、医療扶助入院だったということであり、またこうした医療扶助に特にプッシュアップされた病床増のあり方は精神病に特徴的だったということである。

　このような精神病床入院増のメカニズムを複層的に理解するためには、入院医療費の支払財源に着目することが必須であり、それは病床数だけの増加についての公的統計をみることでは把握不可能なものであった。

　では、このように精神病床入院を医療費支払財源別に考察することが有用であるとして、さらにそれぞれの在院期間にはどのような特徴があったのか。医療扶助での精神病床入院は、病床急増期に量的に最多だったことが明らかになったが、さらにその在院期間が長かった場合、医療扶助入院は量が多い上に早期退院・病床削減が困難な病床だということになる。つまり、戦後日本の精神医療供給構造の特徴を象徴する性格が、医療扶助入院にはあったのではないか、ということである。そこで、精神病床入院の入院財源と在院期間に関連する先行研究を検討したい。

　まず、在院期間や退院の阻害要因について分析した国外の研究[189]に該当はあるが、本書が着目する医療費支払区分との関係について言及のあるものは発見することはできなかった。

　国内の研究として戦前期に関しては該当するものはほとんど存在しないが、第2章でも参照した鈴木晃仁の研究[190]がある。鈴木は、戦前期東京の一私立精神病院において、公費患者は私費患者に比較して中央値で10倍から20倍の期間入院していたことを明らかにしている。

　その他、大阪市民生局[191]、野上憲彦他[192]、黒田研二他[193]等が、精神病床

---

189) Trieman et al. [1999]、Gottheil et al. [1991]。
190) 鈴木 [2014]。
191) 大阪市民生局保護課 [1963]。

入院に関する長期在院について研究を行い、その一環として医療費支払区分との関係を分析している。これらすべての研究において、公費入院（措置入院と、医療扶助入院）の場合、社会保険入院よりも長期在院化する傾向が指摘されているが、具体的に医療扶助入院に着目しているのは、大阪市民生局と黒田らのみであった。

なお、精神病床の長期在院の要因に関する 2000 年代以降の重要な研究としては、藤田利治ら[194]、河野稔明ら[195]のものがあるが、いずれにおいても医療費支払区分は分析対象となっておらず、在院期間に与えた医療費支払区分の影響については着目されていない。

以上のように、在院期間に与える要因に関する先行研究では、医療費支払区分については全体的に 1980 年代以前では医療扶助が長期在院と関係しているという研究結果が複数あったが、すべて1施設もしくは1地域を対象としており、全国レベルのデータを利用したものはなかった。また、1990 年代以降の精神病床の長期入院に関する研究では、医療費支払区分はほとんどの場合で検証項目として採用されていなかった。

そのため、以下では医療費支払区分別の精神病床における在院期間について検証を行う。まず、1955 年から 1980 年までの厚生省『患者調査』に掲載された「退院患者数累積百分率」を利用したのが表 20 である。同項目は、退院患者については調査年の 6 月の 1 か月間に退院したものを対象にしており、かつ調査客体は病院の種類・開設者・病床階級別に各層から 10 分の 1 を抽出している。また、この「退院患者数累積百分率」中で 1960 年、1970 年、1980 年を取り出したのが図 9 である。同項目は、治療費支払方法別にある入院期間ごとに退院した患者の割合を示したものであるが、1960 年以前は措置入院のデータが掲載されておらず、また 1984 年を境に同項目は集計されなくなる。

表 20、図 9 より判明するように、国保や組合健保等の各種社会保険での精神病床入院は、退院までの期間が相対的に短く、おおよそ 1 年以内での退院が 9 割を超えることがほとんどである。一方で、生活保護での入院（医療扶助入

---

192) 野上他［1975］。
193) 黒田他［1984］。
194) 藤田［2004］、藤田・竹島［2006］。
195) 河野他［2012］、河野他［2015］。

表20　退院患者数累積百分率　治療費支払方法在院期間別（精神病）

年	治療費支払方法	10日未満	30日未満	2か月未満	6か月未満	1年未満	2年未満	5年未満
1955	健保等の本人	5.1	26.3	62.7	96.6	98.3	100.0	100.0
	国保	10.3	41.2	80.9	92.6	98.5	98.5	100.0
	生活保護		7.2	27.5	69.9	75.4	89.9	95.7
1960	健保・船保・共済・日雇健保	9.2	22.7	59.7	92.9	95.8	99.6	100.0
	国保	9.3	29.8	65.4	95.8	97.4	99.0	99.0
	生活保護	4.9	11.1	28.5	70.8	79.2	88.2	95.1
1965	健保・船保・共済の本人	8.5	21.6	36.6	75.8	89.2	97.1	100.0
	国保世帯主	18.8	33.3	57.3	83.3	93.8	100.0	100.0
	生活保護	2.9	7.5	17.3	48.0	64.7	80.9	94.8
	精神衛生法	0.9	0.9	6.5	25.2	53.3	80.4	96.3
1970	組合健保本人	17.6	37.6	57.6	82.4	89.4	92.9	98.8
	国保世帯主	14.5	37.3	60.0	82.7	87.3	94.5	97.3
	生活保護	3.1	9.2	16.2	41.2	61.0	78.9	92.5
	精神衛生法		2.0	4.6	28.9	48.0	63.8	86.2
1975	組合健保本人	11.8	32.7	49.1	80.9	95.5	98.2	100.0
	国保	10.1	33.0	54.1	80.3	90.4	94.1	98.5
	生活保護	3.7	13.0	22.2	49.6	66.3	79.5	89.9
	精神衛生法	1.4	6.3	10.6	32.4	46.5	64.1	81.7
1980	組合健保本人	13.9	33.7	55.4	84.2	93.1	99.0	100.0
	国保	8.8	31.5	50.5	79.6	89.2	94.9	98.0
	生活保護	3.7	13.8	23.0	48.9	65.5	81.0	92.2
	精神衛生法	1.1	8.9	12.2	26.7	46.7	61.1	74.4

各年度『患者調査』より作成。

院）は1年以内の退院は1960年までは7割を超えるものの、1970年以降は6割台に落ち込み、5年経っても退院できない患者が1970年以降は1割ほどとなっていく。また、精神衛生法での措置入院は、その生活保護よりも退院する割合は少なくなっている。

　以上のことから、医療費支払財源別に検証すると、退院が早い順に、各種社会保険（私費・社会保険）→生活保護（公的扶助）→精神衛生法（特別法）となっており、参照した先行研究の在院期間の結果とほぼ同等となった。

4　東京都における医療費支払別の入院

　先にみた厚生省『患者調査』のデータは、全国をカバーした統計という利点がある一方で、同調査は退院患者については調査年の6月の1か月間に退院し

図9 退院患者数累積百分率　治療費支払方法在院期間別（精神病）
（1960、70、80 年）

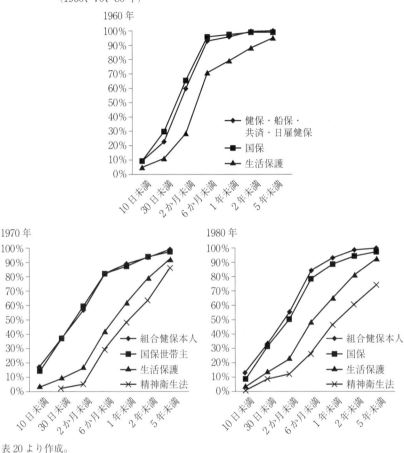

表 20 より作成。

た者のみを対象にしており、かつ調査客体は病院の種類・開設者・病床階級別に各層から 10 分の 1 を抽出しているという制約があった。さらに、分析に利用できた項目は、退院した患者に着目した「退院患者数累積百分率」という区分であり、在院患者の入院期間を知るためには限界があった。

これに対し東京都が発刊している『東京都衛生年報』[196] は、原則的に都内

---

196) 東京都［各年度］。

の悉皆調査となっているため同一年内の患者の動態を広く補足することができ、かつ医療費支払区分ごとの在院期間も掲載がある貴重な資料である。

　本節では、同年報を利用して、『患者調査』の分析で取り上げたのと同じ1960年、1970年、1980年の「入院費目別在院患者の在院期間」という項目を検討したい（図10）。ただし、同項目は『患者調査』の「退院患者数累積百分率」とは異なるため厳密な比較は不可能となっているが、東京のみという限界があるとはいえ精神病床入院患者の在院期間を知るためにはより有用なものである。

　図10をみると、やはりおおよその傾向としては在院期間が長い順に、精神衛生法（措置入院）→生活保護法→社会保険の順となっているが、時代が下るにつれ3年以上の長期入院が特に生活保護法で増加した。生活保護法の場合、1960年に約40％だった3年以上入院は、1970年に50％を超え、1980年には70％に迫った。社会保険入院は、1960年と1970年には3年以上入院はどちらも25％であったのが、1980年には40％となり、やはり長期入院化がみられた。これに対して、精神衛生法は1960年に約50％だった3年以上入院が、1970年に70％を超えたが、1980年には56％と減少し、生活保護法よりも少なくなった。

　一方、入院患者の取扱件数としては、措置入院は減少の一途をたどり、1960年には全入院患者に占める割合が27％を占めていたが、1970年には18％、1980年には1％まで下がった。この措置入院患者の減少分の多くは、社会保険が受け皿となったと考えられ、1960年に社会保険入院は22％だったが、1970年には37％、1980年には49％となった。生活保護法での入院は、いずれの年次においても40％以上という高率を維持した。

　上記のように、東京都の精神病床入院に関する1960年から1980年までの医療費支払別の在院患者の推移は、長期在院と関係の深かった措置入院の急激な量的希薄化と、生活保護での入院の一貫した強い存在感、そして社会保険入院の全体的な伸長として整理が可能であろう。このうち、社会保険入院は、量的にも在院期間としても伸びは着実で重要であるとはいえ、例えば1980年をみると3年以上入院者は約40％であった一方で、1年未満での退院者も同じく約40％を示していて早期退院患者も少なくなく、長期入院する層と早期退院する層へと社会保険での入院が分極化していたことが読み取れる。これに対して同

図10 医療費支払区分別 在院期間と在院患者数・割合（1960、70、80年）

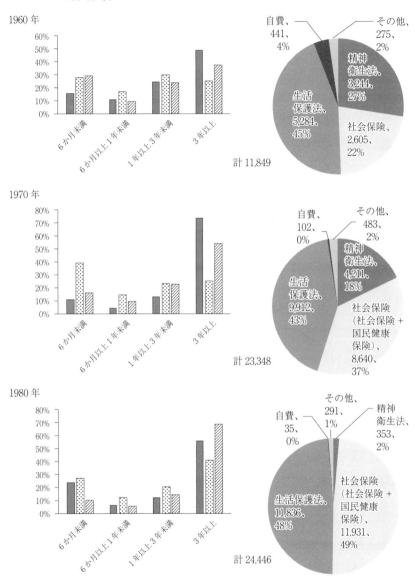

東京都『東京都衛生年報』（各年度）より作成。

年の生活保護での1年未満退院患者の割合は16%、3年以上入院の長期在院患者が約70%と、生活保護法での入院患者は、早期退院が少なく、全体的な長期入院傾向は社会保険入院よりも明らかであった。

(1) 公費入院の長期在院化の要因

前節および本節において『患者調査』と『東京都衛生年報』から、医費支払財源別の在院期間について分析してきた。その結果は、基本的に社会保険入院（私費・社会保険）の短期在院傾向と、生活保護（公的扶助）と精神衛生法（特別法）での入院の長期化傾向であった。

ここでは、以上のような結果について簡単に考察を試みる[197]。まず、生活保護での医療扶助入院の場合、一般的に世帯の経済的困窮が予想され、費用が原則全額公費負担となる医療扶助入院は、患者・家族に自己負担分がないため入院が長期化しやすかったことが考えられる。

これに対して、社会保険入院の場合、入院に患者・家族の自己負担分があることに加えて、少なくとも生活保護受給世帯よりは退院先としての家庭の社会経済的条件が比較的に整っていたと考えられ、このことが在院期間を短くしていた可能性がある。とりわけ今回分析対象とした時期である1950年代から1980年頃という時期は、デイケア・ナイトケアやアウトリーチといった地域精神医療のための資源がほとんどなく、家庭の状況は病状の回復と同様に退院の成否に非常に重要だったと思われる。

また、当時の健康保険の医療費の自己負担割合は、社会保険での入院の短期在院化を促進したと考えられる。特に、入院した患者が被保険者の家族の場合、1973年の制度改正までは5割の医療費自己負担があり、家族の入院医療費負担は決して軽微なものではなかった。こうした経済的な圧力が、社会保険入院患者の早期退院につながっていた可能性が十分にある。

同様に、措置入院での在院期間は精神衛生法下（1950〜87年）において長期化する傾向にあったが、ここにも当時の制度上の影響がみてとれる。例えば、

---

[197] 本考察は、2018年11月時点で投稿中である安藤道人との共著論文（「生活保護による精神科長期入院——1956年『在院精神障害者実態調査』原票の分析」）を基にしている。同論文では、1956年の実態調査の個票を重回帰分析した結果、生活保護での入院が社会保険よりも有意に在院期間が長いことが明らかになった。詳細は当該論文を参照されたい。

精神衛生法第40条[198]は、措置入院患者の症状が入院を継続する必要がなくなった場合、精神病院の長は「都道府県知事の許可を得て退院させることができる」としていた。この規定は、現行法第29条第4項[199]が類似ケースを想定しているが、ここでは、都道府県知事は「直ちに、その者を退院させなければならない」と改定されている。つまり、精神衛生法下の措置入院の規定は、現行法に比べて入院の継続となりやすいものとなっていたのである。

以上、病状の軽重や治療の効果といった医学的な領域とは別の位相において、生活保護（公的扶助）と精神衛生法（特別法）による入院は、社会保険入院（私費・社会保険）よりも長期在院化しやすい家族的、制度的な背景が存在したと考えられる。

(2) 東京都における通院医療費公費負担件数の推移

1965年の精神衛生法改正により、通院医療費公費負担制度が新設された。同制度は、精神障害に関する通院医療に必要な費用の2分の1を公費負担する制度で、各種医療保険と合わせて使用することができる。例えば、健康保険では、それまでは通院は半額を自己負担しなければならなかったが、残りの半額が公費負担可能になったため、自己負担がゼロになった。

この通院医療費の公費適用について医療費支払別件数が『東京都の精神衛生』[200]という報告書に掲載がある。1980年度までの統計として、その承認件数合計の推移（図11）と医療費支払別の割合（図12）は次のようになっていた（施行は1965年10月1日のため同年度は省略した）。

図11より理解できるように、公費での通院という形式での精神科受療は1966年度から1980年度にかけて東京都では一貫した増加傾向をみせた。しかし、図12より内訳である医療費支払区分をみると、制度施行直後の1966年度に生活保護は5割超を占めていたが、通院医療費公費負担件数が増加するにつ

---

198)「第二十九条の規定〔措置入院〕により精神障害者を収容した精神病院の長は、その精神障害者の症状に照し入院を継続する必要がなくなったと認めるときは、都道府県知事の許可を得て退院させることができる。」

199)「都道府県知事は、第二十九条第一項の規定により入院した者（以下「措置入院者」という。）が、入院を継続しなくてもその精神障害のために自身を傷つけ又は他人に害を及ぼすおそれがないと認められるに至つたときは、直ちに、その者を退院させなければならない。」

200) 東京都衛生局［1981］。

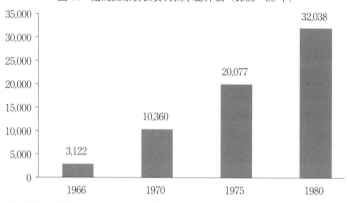

図11　通院医療費公費負担承認件数（1966〜80年）

東京都衛生局［1981：46］より作成。

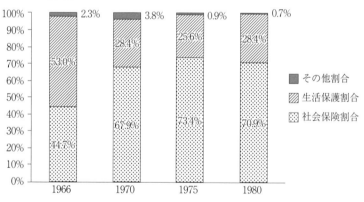

図12　通院医療費公費負担承認件数　医療費支払区分別割合（1966〜80年）

東京都衛生局［1981：46］より作成。

れて社会保険の割合が1970年・1975年・1980年に約7割と高くなった一方で、生活保護法は1970年度以降3割を切った。

　この結果は、先に入院患者の割合に占める生活保護法の患者が都内では1980年に約5割であったことを考えると、生活保護法による医療扶助は通院への公費ではなく、入院の利用に偏りがあったことがいえよう。

　本節ではまず『東京都衛生年報』を利用して、1960年・1970年・1980年における医療費支払別の在院期間を検証した。その結果、在院期間は長い順にお

およそ精神衛生法（措置入院）→生活保護法（医療扶助入院）→各種社会保険法（社会保険入院）となっていたが、1980年に関しては3年以上の入院では生活保護法によるものが最多となった。ただし、措置入院は在院期間が長い反面、入院者数が急減し1960年には全入院者の27％を占めていたのが1980年にはわずか1％となった。また、この間の在院患者数は1960年末が1万1849名（病床数は1万0567床）、1970年末が2万3348名（病床数は2万2296床）、1980年末が2万4446名（病床数は2万4642床）[201]と推移していた。

次に1965年の精神衛生法改正に伴って導入された通院医療費公費負担制度の承認件数の推移と、その医療費支払区分の内訳について『東京都の精神衛生』を利用して分析した。その結果、制度施行直後を除いて、生活保護法は通院に対する公費支出が社会保険よりも明らかに少なかった。このことより、入院件数と在院期間の医療費支払区分別の分析を踏まえるならば、生活保護法は同じ公費であっても、通院ではなく入院に支出されやすい構図があったことが明らかとなった。

以上のことは、少なくとも1960年代から1980年頃という精神病床の急増をみた時期において、生活保護法が適用された公費での精神科受療は、通院などを通じた地域での生活をサポートするというよりも、入院者数の増大と長期在院をもたらす可能性が高いことを意味していると考えられた。

そして、これらの東京都における結果を、先の図6の全国の推移とも合わせて検討すると次のように整理可能である。1950年代からいち早く生活保護法での入院は増加を見せるが、1960年代以降は精神衛生法、社会保険の入院も急増していく。しかし、精神衛生法は1970年代以降に急減し続ける。一方で社会保険での入院は堅調な増加となるが、社会保険での入院は在院期間が短く、入院数は多くなったものの病院内に蓄積されていくタイプの患者層は多くなかった。

すなわち、1950年代から1970年代という急激な精神病床入院増が起きた時代において、生活保護法は、最大の医療費支払財源であっただけでなく、長期入院化するリスクの高い患者層を最も多く抱える性格を形成していた。そして、生活保護法による医療費支払は、原則的に同意入院後に適用されるものだった

---

[201] 病床数は、1960年については『東京都衛生年報』、1970年と1980年は各年度『東京都の精神衛生』より。

ため、日本の戦後の高水準の精神病床ストックを構築する上で、同意入院と医療扶助の適用の組合せによる精神病床入院は、社会保険や精神衛生法による入院よりも枢要な役割を果たしたと考えられる。

5　国立武蔵療養所診療録にみる精神科特殊治療

(1) 国立武蔵療養所診療録の分析

前節では医療費支払区分別の在院期間を検証し、精神病床への生活保護法による医療扶助入院は、社会保険入院よりも在院期間が長いという結果が得られた。

本節では、精神病床入院に関する全国統計レベルでの分析を踏まえ、当時の個別の精神科病院においても同様の傾向が観察できるのかどうかについて実際の患者診療録（カルテ）を利用して検証する。

また、そこにおける精神科の特殊治療の実態を分析することで、医療費支払区分によって在院患者に対する治療行為に、量的・質的な差異があったかどうかについても検討を行う。

(2) 国立武蔵療養所

本節において利用する主な資料は、国立武蔵療養所（1945〜86年）の初期の時代に入所した患者の診療録（カルテ）である。国立武蔵療養所は、現在東京都小平市にある国立精神・神経医療研究センター（NCNP）病院の前身であり、その創設は、傷痍軍人武蔵療養所（1940〜45年）まで遡る。この傷痍軍人武蔵療養所は、日中戦争の激化を背景に、徴集が急増した日本兵の中に精神病発症者が続出したことを契機に設立された施設であり、軍人患者のみを受け入れる特殊な施設であった。また、同施設の特徴は、入院に際して除役、すなわち前線復帰が不可能と軍医に判断されることが条件になっており、主に病状が慢性化した患者を収容することが使命となっていたことである[202]。

こうした特殊な軍の医療施設であった傷痍軍人武蔵療養所が、戦後の1945年12月に改称され、一般患者も受け入れるようになって再出発したのが国立

---

202) 後藤他 [2016]。

武蔵療養所であった。ただし、すぐに病院の性格や患者構成が激変したわけではなく、実際に1950年代から1960年代頃の国立武蔵療養所には、まだ多くの元軍人公費患者が在院していた[203]。また、当時国立の精神科専門病院はわずかしかなく、例えば1955年末時点で、全国に260か所あった精神科病院中で国立は4か所[204]のみであり、割合ではわずか1.5％を占めるにすぎなかった。

そのため、国立武蔵療養所という病院の性格が、当時においても精神科病院の絶対的多数であった医療法人立・個人立とは異なっていた可能性はあり、その面では当時の精神科病院を代表するわけではない。

しかし、その一方で、国立武蔵療養所は特に運営的観点から採算を気にかけることが相対的に少なかったという特徴がある[205]。つまり、運営費の赤字分は国費で補塡されていたため、経営的な判断から病院運営が左右される余地が少なく、先行研究がしばしば民間の精神科病院に対し指摘していた営利主義的な見地から患者の退院を引き延ばして長期入院を志向する必要性が少なかったと考えられる。このことは、医療費支払区分別の在院期間を検討するうえで、療養所側の経営的な判断によっては在院期間が伸縮しない、例えば医療費徴収が確実に見込める生活保護患者だからといった理由で入院を引き延ばしたりするインセンティブがない、という分析上のメリットがあると考えられる。

以上のような特性をもっていた国立武蔵療養所であるが、NCNPに設置されたNCNPアーカイブズ会議による資料整備プロジェクトによって、貴重な診療録の物理的な保存措置や、デジタル化、データ入力がこれまで行われてきた（以下、関連資料は「NCNPアーカイブズ」）。その結果、2017年6月現在までにNCNPに所蔵が確認された、傷痍軍人武蔵療養所時代の入院患者817名分および、国立武蔵療養所の診療録1267名分、合計2084名分[206]の患者診療録のすべてのデジタル化とデータ入力が完了している[207]。なお、本研究は、病

---

203) 元軍人患者の割合は1960年に21.9％、1970年に14.6％だった（後藤他［2016：156］）。
204) 厚生省大臣官房統計調査部［1957：40］。
205) 例えば、1960年における国立武蔵療養所の経営状況として、支出が約1億4000万円なのに対し、「歳入目標額」は約7850万円、実際の収納額は約8700万円だった（国立武蔵療養所［1965：7-8］）。こうした支出超過は、資料が確認できる範囲だけでも1979年まで同様であり、その超過額は年を追って増加していた。
206) NCNPアーカイブズ会議が管理する診療録は戦後生まれが2084名中10名（全体の0.5％）であった。
207) 同プロジェクト（「NCNP所蔵・国立精神療養所関連資料のアーカイブズ整備──戦

歴を中心とした個人情報が含まれる診療録を利用するため、文部科学省・厚生労働省「人を対象とする医学系研究に関する倫理指針」に則り、NCNP倫理審査委員会での審査・承認を受けた。

(3) 国立武蔵療養所入所患者の医療費支払別入院期間の比較

本節で検証に利用した診療録の対象時期は、1950年から1955年までに国立武蔵療養所に1回目の入院をした患者で、かつ「精神分裂病」[208]の診断があったものである[209]。

また、同時代における国立武蔵療養所の医療費支払別の入所患者内訳は、記念誌から判明する1950年と1955年のものを抜き出すと、表21のようになっている。当然ながら、この表には「精神分裂病」(以下、統合失調症)の患者のみならず、その他すべての診断名がついた患者が含まれている。

なお、記念誌によれば、国立武蔵療養所は精神衛生法による措置入院患者は発足当初ほとんど受け入れておらず、1962年になるまで年度末時点での該当患者はゼロとなっていた。そのため、分析に利用した診療録には、措置患者は含まれていない。対象としたのは、前述のように患者の第1回入所時期が1950年から1955年までの統合失調症患者のもので、生活保護法による医療扶助入院患者14名、社会保険入院患者35名の計49名である。事例数が少ないのは、対象時期が5年間という短い期間であることの他に、診療録の中に医療費支払区分に関する統一性のある記載がなく、重要な手掛かりとした「生保」や「社会保険」の印字スタンプが表紙に押されていたものがわずかだったためである。

なお、対象時期を限定しなかった場合、統合失調症患者で「生保」のスタンプが押されているか、あるいはその他の情報から生活保護での入院であることがはっきりと分かった診療録の総数は41件、社会保険での入院であることが分かったものの総数は78件、両者合わせて119名分であった。また、すべて

時精神医療体制の基礎研究を中心に」、代表：竹島正)の遂行に際しては、公益財団法人三菱財団による研究助成を受けた。
208) 当時の一次資料の記述に従うことを優先したことに留意されたい。
209) 入所時期に1950〜55年という限定をかけたのは、相対的にサンプル数を多くとれるという物理的要件にも影響を受けている。ただし、この時期のうち2件は極端な超長期入院となっており、分析する内容である特殊治療に関する記録が後年に全く違う構造になってしまっていたため分析から除外した。

表21 国立武蔵療養所　医療費支払別入所患者数・割合（1950、55年）

年		元軍人患者の公費入院＊	自費	軽費（減額）	医療扶助	社会保険	免除	計
1950	患者実数	187	4	92	88	30	16	417
	割合	44.8%	1.0%	22.1%	21.1%	7.2%	3.8%	100.0%
1955	患者実数	152	59	169	159	132	11	682
	割合	22.3%	8.7%	24.8%	23.3%	19.4%	1.6%	100.0%

＊未復員者給与法、未帰還者援護法に関する項目の数字
国立武蔵療養所［1950：26-27］、国立武蔵療養所［1959：7］より作成。

の時代、診断名を合わせると、診療録の細部まで読み込まなくても医療費支払区分が判断できたのは総計253件であり、NCNPが管理する国立武蔵療養所期の診療録総数（1267件）の約2割にとどまった。

　この要因としては、当時の臨床現場においては医療費支払区分というものが、特別の重要性をもっていなかった、必ずしも特記すべき価値があるとみなされていなかったことが考えられた[210]。精神医療に関する公的統計やその歴史を記述した研究等は、医療費支払区分というものに着目してこなかったが、このことは治療行為の主体者である医師にとっても同様だったことが窺われるのである[211]。

　1950年から1955年までに入院した患者の医療費支払区分別の比較は、生活保護法による医療扶助入院患者と、社会保険での入院患者とのみで行い、それを示したのが表22である。

　表22からも判明するように、統合失調症患者で、1回目の入所時期をそろえて医療費支払区分別に患者を比較したところ、在院日数は平均で336日（約11か月）、中央値では465日（約15か月）、生活保護法での入院が社会保険での入院よりも長くなっていた。この結果は、本章第3・4節でも紹介した『患者調査』や『東京都衛生年報』の分析結果の傾向とも一致していた。

　つまり、分析対象数は少ないながらも一精神科病院であった国立武蔵療養所入院患者と、全国調査や東京都の精神科入院期間のパターンは類似しており、生活保護での入院は社会保険入院よりも長期化するという傾向が確認された。

---

210) あるいは、治療方針の決定に際して患者の社会的地位を基準にしたバイアスが生じないように意図的に排除されていた可能性もある。
211) 少し踏み込んだ考察をするならば、患者の医療費支払区分に対する意識の低さは、患者とその家族の社会経済的環境に対する関心の薄さとも同じと類推される。

表22 国立武蔵療養所への入院者中の統合失調症患者の医療費支払別集計（1950～55年1回目入院）

	生活保護での入院患者	社会保険での入院患者
患者数（男：女）	14（11：3）	35（27：8）
入所時平均年齢	31.6	27.8
在院日数（平均）	1,018	682
在院日数（中央値）	1,010	545

医療費支払区分が確実に判明したケースに限る。NCNPアーカイブズより筆者作成。

前述のように国立武蔵療養所が国立機関であり、病院の経営判断によって患者の在院期間が延長されるインセンティブが存在しないことを踏まえると、民間病院を多く含んだ在院精神障害者実態調査の分析と類似した結果になったことは、医療費支払区分が在院期間に与える影響の重要性を示唆していると考えられた。

(4) 医療費支払別での治療内容の比較検証

これまでの章において、精神病床入院の3類型により、病床には中核に社会防衛（措置入院）、治療（社会保険入院）、社会福祉（医療扶助入院）という機能的な差異があることについて論じてきた。そのため、ここでは前項で分析した国立武蔵療養所の同じ社会保険・医療扶助入院患者の診療録を利用して、その治療内容の量的・質的差異について検証を行う。

まず、国立武蔵療養所の診療録には、医師の手による病床日誌、処方箋、体温表、看護日誌という当時の精神科診療録として基本的な4種類の記録の他に、「特殊治療」と表題された文書も付属するのが一般的であった。「特殊治療」とは文字通り、特別な精神科治療を実施した際に記録していたものである。分析する対象時期である1950年代に入所した患者の診療録に登場する精神科特殊治療とは、電気痙攣療法、インシュリンショック療法、持続睡眠療法、クロールプロマジン療法、レセルピン療法、作業療法の6種類が主となっており、これにその他の治療が加わることもあった。

ここでは1956年に刊行された当時の精神科治療に関する概説書[212]から、

---

212) 髙尾［1956］。

表 23 1950 年代中期における精神科特殊治療の特徴

	方法	説明
電気痙攣療法	頭部への機器による電流通電	「実施法が非常に簡便で、副作用少なく、治療費は安く、看護容易で、しかも適応範囲が広い」
インシュリンショック療法	インシュリン皮下注射により低血糖状態にすることで意図的に昏睡状態を創出し、1時間程度継続	「外科の大手術と同じ治療手技及び危険性をもつものである。そのため本療法は熟練した医師及び看護婦が実施しなければならない」
クロールプロマジン療法	経口投与、注射、注射＋経口投与	「経口投与法が多く用いられる傾向にある」
レセルピン療法	経口投与、注射、注射＋経口投与	「クロールプロマジン療法に準ずる」
持続睡眠療法	ズルフォナール投与により、1日17〜22時間の睡眠	「本療法は熟練者が行うべき治療であり、治療にあたっては細心の注意を以て実施」

高尾［1956］より作成。

　前述の治療方法について簡単な説明を表23に示した。同表からも分かるように、電気痙攣療法は簡便で安価であった一方、意図的な昏睡状態を作り出すインシュリン療法は「外科の大手術と同じ治療手技及び危険性」があるという特性がみられた。また、「新薬クロールプロマジン及びレセルピンの登場により、精神医学領域における治療体系に大きな変革をみるに至った」という同書の序文にあるように、両薬は1952年に発見された当時としては先端的かつ画期的な療法で、普及しはじめて間もないという時代背景に留意が必要である。

　これら特殊治療が実施された場合、そのたびに診療録にその日付と内容が記入され、ほとんどの場合にその回数や合計日数がカウントされた。長期入院患者の場合、看護日誌や体温表などは毎日の記録が省略されて1週間ごとにまとめられたりすることも少なくなかったが、この特殊治療に関しては調査した範囲では長期入院者の場合であっても必ず記入され、遺漏のないように注意が図られていたことが窺われた。

　このような国立武蔵療養所の診療録の特徴があるため、精神科の特殊治療の実施状況や内容についてかなり詳細に把握することができる。よって、この特殊治療が医療費支払区分によってどのような違いがあるか、具体的には医療扶助入院患者と社会保険入院患者の間で治療行為が量的・質的に実際上の違いが

表 24　国立武蔵療養所　統合失調症患

	ID	性別	入院回数	1回目入所日	最終退所日	入院日数(A)	転帰	①持続睡眠	②電気痙攣	③インシュリン
社会保険入院患者	21-65	女	1	1953/3/24	1955/1/24	671	寛快		4	
	21-20	男	1	1952/7/8	1955/3/9	974	N/A	45	67	2
	21-23	女	1	1953/4/7	1955/10/6	912	軽快		34	52
	21-03	男	1	1955/3/21	1955/10/27	220	軽快	23	103	
	1-07	男	1	1953/2/5	1956/1/27	1,086	未治	12	44	177
	2-45	男	1	1955/7/4	1956/3/23	263	軽快		31	46
	1-22	男	1	1955/7/23	1956/6/6	319	全治			
	2-13	男	1	1955/10/28	1956/8/3	280	軽快		1	
	1-38	女	1	1955/8/5	1956/11/30	483	軽快	28		
	5-08	女	1	1951/11/13	1959/3/2	2,666	未治		30	45
	7-30	男	1	1955/2/27	1959/4/27	1,520	軽快		80	
				平均		854.0					
				中央値		671		実施率	36.4%	81.8%	45.5%
医療扶助入院患者	27-07	男	1	1952/4/23	1955/2/9	1,022	死亡			
	22-04	男	1	1952/4/22	1955/4/25	1,098	軽快		40	
	22-07	男	1	1953/5/12	1955/10/31	902	軽快	8		
	1-34	男	2	1951/4/13	1956/3/3	1,249	全治		71	
	2-17	男	1	1953/7/7	1956/3/31	998	軽快	31	32	
	1-17	男	1	1955/5/6	1956/6/19	410	全治	54	7	43
	2-25	男	1	1953/3/10	1956/7/30	1,238	軽快		14	55
	1-39	男	1	1952/12/12	1956/9/20	1,378	軽快		20	
	8-10	女	1	1951/3/31	1959/1/13	2,845	未治		44	
	7-44	女	1	1956/1/16	1959/8/11	1,303	軽快		12	
				平均		1,244.3					
				中央値		1,168		実施率	30.0%	80.0%	20.0%

NCNPアーカイブズより筆者作成。

あるかを分析した。その際、特に「治療率（特殊治療の実施日の合計日数／入院日数）」、「実施率（患者数／特殊治療実施種類数）」という分析項目を設け、これについても比較を行った。

　ただし、前述のように、クロールプロマジンとレセルピンという精神医療の世界において著名な画期的抗精神病薬は、どちらも 1952 年に発見され、日本では 1950 年代中頃に普及しだしたもので、国立武蔵療養所では両薬とも 1955 年から使用が開始されている[213]。そのため、特殊治療の内容や量を検証しようとした場合、1955 年以降の入院期間がある患者と、1955 年以前に退院した

者の医療費支払別特殊治療実施状況

④クロールプロマジン	⑤レセルピン療法	⑥その他	⑦その他2	⑧その他3	治療施行日数合計(B)	治療率(B/A)	利用特殊治療種類数
					4	0.6%	1
					114	11.7%	3
					86	9.4%	2
					126	57.3%	2
29	6				268	24.7%	5
		8 (コントミン療法)			85	32.3%	3
					0	0.0%	0
95					96	34.3%	2
	62				90	18.6%	2
70	36				181	6.8%	4
533	182	58 (肥胖療法)	31 (コントミン療法)	106 (CR療法)	990	65.1%	6
36.4%	36.4%	18.2%	9.1%	9.1%	平均	21.7%	2.7
					中央値	18.6%	2.0
					0	0.0%	0
					40	3.6%	1
					8	0.9%	1
					71	5.7%	1
					63	6.3%	2
	54				158	38.5%	4
					69	5.6%	2
					20	1.5%	1
177					221	7.8%	2
12	45				69	5.3%	3
20.0%	20.0%	0.0%	0.0%	0.0%	平均	5.8%	1.7
					中央値	5.5%	1.5

患者では正当な比較評価ができない。よって、ここでは1955年以降の入院期間がある患者のケースのみを検証した。

以上のような限定をつけた場合、1950年から1956年1月の間に入院した統合失調症患者中、生活保護での入院患者は1955年以降の退所事例で合計10件あり、そのうち3件が1955年、5件が1956年、2件が1959年退所となっていたため、社会保険入院患者についても同じ年である1955年（4件）、1956年

213）国立武蔵療養所［1960：5］。

(5件)、1959年(2件)退所の合計11件を抜き出して比較した。それが表24である。なお、作業療法についてはカウントの対象から除外した[214]。

その結果、入院期間は生活保護での医療扶助入院患者が社会保険入院よりも平均値で390日(約13か月)、中央値は497日(約16か月)長かった。入院期間中に行われた特殊治療実施日の割合を示す治療率は、社会保険入院患者が平均で21.7％、中央値で18.6％だったのに対し、医療扶助入院患者はそれぞれ5.8％、5.5％であり、いずれも医療扶助入院患者は社会保険入院患者の3分の1以下であった。

また、利用された特殊治療の種類数でも、社会保険入院患者の場合は平均で2.7種、中央値で2.0だったのに対し、入院期間が長い医療扶助入院患者は平均が1.7、中央値が1.5だった。つまり、医療扶助入院患者は入院期間中において行われた特殊治療の種類の数も社会保険入院患者よりも少なくなっていた。のみならず、どの特殊治療が行われたかを示す実施率(患者数／特殊治療実施種類数)をみると、医療扶助での入院患者に対して実施された特殊治療の多くは、実施コストの低い電気痙攣療法に偏りがみられ、治療技術を要したインシュリンショック療法、あるいは当時の先端治療薬であったクロールプロマジン投薬などは社会保険入院患者に多く行われていた。

以上から、1950年から1955年の間に国立武蔵療養所に入院し、1955年以降の入院期間がある医療扶助入院患者は、同じ条件の社会保険入院患者よりも全体的に入院期間は長い一方で、入院期間中は特別な治療を受けることなく過ごしている日々が多く、かつ実施された特殊治療の種類も安価かつ簡便な電気痙攣療法に偏っており、その他の療法は少なかったことが明らかとなった。厚生省社会局厚生課長などを歴任した黒木利克は、生活保護法での医療扶助入院について次のように書いている。「入院診療に要する費用のうち入院料のみに要する費用がその約七八％を占めている……医学的措置による純診療に要する報酬点数は、入院診療に要する総点数の約五分の一に過ぎず、他の五分の四は診療を受けるための生活的要素を持つものであるということである。この傾向は精神病において特に著しく……」[215]。

---

214) これは、作業療法が基本的には病状の安定した比較的軽症患者に行われるものであり、いわゆる症状に対して行われる治療とは異なるためである。
215) 黒木［1955b：11］。

一方で社会保険入院患者は、入院期間中に特殊治療が施されている日が多いだけでなく、実施された治療も電気痙攣療法の他に、インシュリンショック療法やクロールプロマジン療法など、治療の種類も多かったことが分かった。

(5)「1956 年在院精神障害者実態調査」個票にみる医療費支払区分別の治療

　ここまで、1950 年代の国立武蔵療養所の診療録を分析することで、医療費支払区分別に精神科特殊治療の量的・質的差異について検討してきた。これと同じように、本節では、1956 年に厚生省によって行われた全国疫学調査である「在院精神障害者実態調査」の個票から治療内容についての検討を行いたい。同調査は、1960 年に『在院精神障害者実態調査報告』という報告書[216]がまとめられており、ここでは同報告書を基礎に、NCNP が保管している個票のオリジナルを分析した。以下では、便宜上、この刊行された『在院精神障害者実態調査報告』のことを『報告書』と呼称することとする。

　同調査は、「精神障害者の在院及び退院の実態を知ること」（『報告書』序より）を目的に 1956 年に実施されたものであり、調査対象となったのは、「(1) 全国の精神病院（病室）に入院しているすべての精神障害者、及び (2) 全国の精神病院（病室）から退院した精神障害者」（同 7 頁）である。

　また、調査は標本調査によって行われ、これは全国の精神病院（病室）を『病院月報』に基づき経営主体別と許可病床数階級別によって 17 層に分け、さらにその各層から約 5 分の 1 で無作為抽出された。これらの施設に調査日（1956 年 7 月 15 日）現在入院しているすべての精神障害者、および 1956 年 1 月 1 日から 6 月 30 日までの間にその施設から退院した精神障害者が客体となった。よって、調査票は在院患者と、退院患者用にそれぞれ用意され、最終的に実際の調査対象となったのは 60 施設、在院患者 9066 人、退院患者 4651 人であった。

　この実態調査の個票には治療の種別についての記入項目が存在しており、利用された治療の種類（実施率）について医療費支払区分別の比較を行うことができる。なお、『報告書』では医療費支払別の治療の集計はされていないため、今回の個票の分析により初めて明らかになった。ただし、同個票からは、国立

---

216) 厚生省［1960］。

武蔵療養所の診療録で行ったような在院期間に占める治療実施日数は記されていないため、その割合（「治療率」）は分析できなかった。

分析対象としたのは、在院調査における統合失調症患者の800名分の個票から医療費支払区分別に抜き出した社会保険入院患者と、生活保護での入院患者、および措置入院患者である。その際、個票には「入院時の費用支払区分」と「現在の費用支払区分」が分かれていたが、作業の便宜上どちらの項目とも同一だった社会保険患者213名と、生活保護患者321名、措置入院患者98名（計632名）を対象とした。

なお、「在院精神障害者実態調査」の個票における精神科特殊治療の質問項目は、①電気痙攣療法、②インシュリン療法、③中枢性遮断剤療法（注：クロルプロマジンなど）、④持続睡眠療法、⑤精神外科手術、⑥精神療法、⑦癲癇の薬治療法、⑧進行麻痺についての特殊療法、⑨作業療法及びリクレエーション療法、⑩その他、となっていた。そのため、⑦⑧の癲癇及び進行麻痺を対象にしていた項目と、⑨作業療法、⑩その他は除外した。それを表したのが、表25および図13である。

本項で使用した、在院精神障害者実態調査の個票がNCNPに現存するのは、『報告書』本文中（16頁）に、調査の解析は「国立精神衛生研究所において行われた」とあるように、現在NCNPの一組織である精神保健研究所の前身である国立精神衛生研究所が調査解析に深く関わったことによる。また、『報告書』には患者名簿は都道府県において破棄されたとの記載があり、個票には患者の個人情報を特定する内容は含まれていなかった。ただし、同個票には専門調査委員名が掲載されている（『報告書』には委員名簿の附録あり）こと、また歴史的に貴重なものであること等に鑑み、NCNPでの倫理審査の承認を得て研究を実施した。

また、比較のため、先の国立武蔵療養所における治療内容を示した表24を基に作成したのが、図14である。

表25・図13より、1956年の在院精神障害者実態調査の個票を分析すると、電気痙攣療法においては社会保険入院、医療扶助入院、措置入院患者とも実施率にほとんど差がみられなかったが、インシュリンショック療法と抗精神病薬治療においては社会保険患者が医療扶助入院患者および措置入院患者よりも多くなっていた。一方で、精神外科、いわゆるロボトミーなどの前頭葉切除手術

表25　1956年在院精神障害者実態調査における統合失調症患者の治療内容

	電気痙攣療法	インシュリン療法	中枢性遮断剤	持続睡眠療法	精神外科	精神療法
各種社会保険法	190	76	65	7	10	8
（213人）	89.2%	35.7%	30.5%	3.3%	4.7%	3.8%
生活保護法	292	69	22	17	47	11
（321人）	91.0%	21.5%	6.9%	5.3%	14.6%	3.4%
精神衛生法	87	17	8	1	15	0
（98人）	88.8%	17.3%	8.2%	1.0%	15.3%	0.0%

NCNPアーカイブズより。

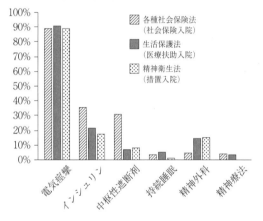

図13　1956年在院精神障害者実態調査における統合失調症患者の治療内容

表25より作成。

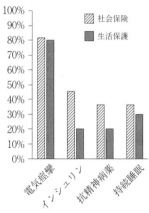

図14　国立武蔵療養所　統合失調症患者の特殊治療実施状況

表24より作成。1950年から56年1月に入所し、1955年以降も在院した患者。

に関しては、社会保険患者よりも医療扶助と措置入院患者に対する実施率が高かった。

そして、このような1956年の在院精神障害者実態調査の個票から明らかになった医療費支払区分別の治療内容についての分析結果は、図14に示した1950年から1956年1月までに国立武蔵療養所に入院した患者の治療内容とほぼ同様の傾向であることが分かった（ただし、武蔵療養所には措置入院患者が当時在院していなかった。また、持続睡眠療法については実態調査個票では生活保護での入院患者の方が多くなっていた）。

したがって、全国レベルでも、国立武蔵療養所という一精神科病院においても、実施された精神科特殊治療を検証した結果、生活保護での精神病床入院患者に対しては、簡便で安価な電気痙攣療法が多く行われていた一方で、インシュリンショック療法という高度な技能を有する治療や、クロールプロマジンなどの先端的投薬治療などは社会保険入院患者に多く行われていたことが明らかになった[217]。また、1956年の実態調査の個票の分析からは、生活保護での医療扶助入院と措置入院の治療の内容には類似性が観察された。

本節では、国立武蔵療養所の1950年代の診療録を主に利用して、医療費支払区分別に在院期間や精神科特殊治療に違いがあるかを検証した。在院期間と同様にまた、1956年の在院精神障害者実態調査の個票を利用して、医療費支払区分別に治療内容にも質的な差があるかを分析した。

その結果、国立武蔵療養所の診療録に表れた在院期間は生活保護での医療扶助入院が、社会保険での入院よりも平均で390日（約13か月）、中央値では497日（約16か月）長くなっていた。また、生活保護での精神病床入院の場合は、社会保険での入院よりも実施される特殊治療の種類が少なく、また簡便な電気痙攣療法の利用が多かった。一方で、社会保険での入院の場合はインシュリンショック療法やクロールプロマジン治療等を含む、当時としては高度および先端的な治療内容の実施数が多かった。こうした医療費支払区分別の治療の差は、全国調査であった1956年の実態調査の結果とも同等であった他、生活保護と措置入院の治療の傾向には類似性が高かった。

また、国立武蔵療養所の診療録について、入院期間中にどのくらいの頻度で特殊治療が行われたかも分析したが、生活保護患者の場合は入院期間中に特殊治療が行われる日数が社会保険入院患者の3分の1以下であったことが明らかになった。

このような国立武蔵療養所における医療費支払区分別の治療内容の差異であるが、同じような問題関心から行われた先行研究は管見の限りほとんど存在し

---

[217] 後藤他［2016］では、傷痍軍人武蔵療養所および国府台陸軍病院の入所患者に対する特殊治療を分析している。その結果、軍隊での階級が高位であるほど単価が高いインシュリンショック療法とカルジアゾール痙攣療法が多く、階級が低いほど安価な電気痙攣療法が有意に多かった。

ないが、第1章でも参照したように、鈴木晃仁の戦前期東京の1私立精神病院の診療録についての研究[218]が例外的に存在していた。筆者はこの鈴木の研究を踏まえた上で、当時の内務省『衛生局年報』の統計なども参照することで、戦前期の精神医療について次のように結論を記述していたが、ここに改めて再録したい。

> 戦前期日本における精神科入院は、先端的治療も受け短期間しか入院しない私費患者層と、長期入院し病院内で死亡する公費患者層という、機能の異なる入院患者の両輪によって行われていた。[219]

　これは戦前期の精神病床入院に関する考察であったが、戦後においても大きくは共通していたと想定され、むしろ戦前の医療費支払別の治療内容の構造差が戦後にそのままもち込まれたと考えられるのである。
　ただし、もちろん、本節で見出された1950年代半ば頃における医療費支払別の治療内容の相違という事実が、その後の1960年代以降の抗精神病薬の普及期かつ精神病床急増期においても同様だったかについては、本来検証が必要である。だが、現段階ではそれを可能にするような資料群がそろっていないという限界がある。とはいえ、公費による入院患者は本章で論述したように、1960年代以降においても社会保険よりも明らかに長期入院の傾向を示していた。そのため1960年代以降に、長期入院をしつつ高度な精神科特殊治療を重点的に受けることになったとは考えにくい。よって、1960年から1980年という時代においても、こうした医療費支払区分別の治療内容の差異は維持されていたと推定すべきであろう。
　以上により本章の分析から、相対的にみて社会保険での精神科入院は「治療」の機能を中核に含んでおり、一方で生活保護での入院には「治療」の機能よりも長期入院することそのものが目的となっていたといえるであろう。つまり、生活保護法という「公的扶助型」の医療費支払区分は、病床急増期においても「治療」型ではなく「社会福祉」型の機能をもっていたと考えられるのである。

---

218) 鈴木［2014］。
219) 本書第2章第3節。

第6章　生活保護法による医療扶助入院
―― 戦後の社会福祉型

1　経済措置の導入と医療扶助入院

　ここまで、精神科入院に観察される3種の医療費の支払中で生活保護法による入院が、戦後の精神病床増に主要な役割を演じてきたことを論じてきた。一方、先行研究では、第5章でも参照したように、特に1961年以降の一連の制度改革に伴う措置入院の急増を重視しており、そこに日本の精神医療の「公安主義」的特徴の証拠を見出していた。例えば、「精神衛生法は公安的精神障害者収容法だった」[220] というものや、再録ではあるが、1961年の「精神衛生法一部改正による措置入院の強化は、社会防衛を第一義的目的としている」[221]、「いわゆる経済措置が公認され、……大量の在院患者が措置入院患者すなわち公安の対象と化した」[222] などというものである。

　本節では、果たして本当にそうした解釈が妥当なものであったのか、その背景にはいかなる歴史的文脈があったのかを検証するため、1950年代における状況を確認した上で、1961年の精神衛生法改正および「経済措置」導入期の言説や統計を分析する。

　まず、具体的な検証に入る前に、1950年代の医療費支払別の入院患者の統計を確認しておきたい。なぜなら、この1950年代の支払区分別の入院患者分布の偏りが、1961年の精神衛生法改正と「経済措置」導入に深く関係しているからである。ただし、1950年代は統計データが不足しており全体像を正確に知ることはできない。わずかに、厚生省『衛生年報　1950-51』[223] に、例外的に

---

220) 岡田 [2002：204]。
221) 山下 [1985：18]。
222) 中山 [1980：122]。
223) 入院費別在院期間のデータもあり、それを集計するとやはり在院期間は長い順に、措置入院→生活保護法→私費・社会保険となっている。また、厚生省『衛生年報　1949』302-303頁にも同様の在院期間データが掲載されており、患者数・在院期間ともに1950、51年の傾向と同じとなっている。

表 26 医療費支払別精神病床入院者数（1950、51 年末現在）

1950	精神病院法	2,549	1951	精神衛生法（措置入院）	3,266
	精神病者監護法	315		生活保護法	10,658
	生活保護法	8,172		社会保険	4,242
	社会保険	2,891		私費	2,589
	私費	2,359		減免その他	826
	減免その他	696		総数	21,581
	総数	16,982			

厚生省『衛生年報 1950・51』286-287 頁より作成。

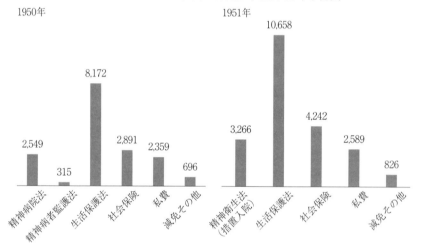

図 15 医療費支払別精神病床入院者数（1950、51 年末現在）

表 26 より作成。

1950 年[224] と 1951 年の支払区分別入院患者数の詳細な数値が掲載されている（表 26、図 15）。

　表 26、図 15 からも分かるように、1950、51 年という時期においても、生活保護法は精神病床入院の医療費財源として他よりも際立って多かった。1950 年の精神病院法と精神病者監護法による入院合計約 3000 弱、1951 年の精神衛生法（措置入院）、1950、51 年の社会保険は、生活保護法での入院のそれぞれ半分以下だった。では、1950 年代の精神病床入院での医療費支払として、いかな

---

[224] 精神衛生法は 1950 年 5 月より施行されているため、本来 1950 年末においては精神病者監護法、精神病院法は廃止されていたはずだが、同年報では「1950 年末現在」として両法の数字が掲載されているため、その表記に従った。

る要因が生活保護法での入院を他のものよりも多くさせていたのか。この点について、当時の各医療費支払方法に関する制度的な条件をみたい。

まず、私費・社会保険型については、1961年の国民皆保険化以前であり、社会保険の国民全体のカバレッジが低かった。特に社会保険での精神病床入院の1960年代以降の伸びをみると、1950年代の社会保険入院は被保険者の総数の少なさを主因として低く抑えられていたと考えるのが自然である。

次いで特別法型としての措置入院は、1950年の導入直後においては都道府県の措置予算がそもそも不十分であった。これに加えて1961年に精神衛生法が改正されるまで、生活保護法よりも都道府県の負担に対する国庫補助額が低かった。この国庫補助率の格差について、先述のように1950年の精神衛生法制定時においては、措置入院に対する国庫補助率は2分の1であったのに対し、生活保護法による医療扶助入院は10分の8であり、措置入院よりも補助率が高かった。都道府県としては、もともと措置入院のために用意された措置予算に制限があった上に、同じ精神病床入院であっても、措置入院よりも医療扶助入院の方が経済的コストが低かったのである。

この措置予算の不足や補助率の格差は、財政的に豊かでなかった戦後の都道府県財政上、措置入院自体を差し控えるという行動につながりやすかった。その他にも、措置入院の場合は、国または都道府県の設置した精神病院もしくは指定病院の病床でないと入院させることができず、こうした点でも運用が柔軟に行えないケースがしばしばあったとされる。

そのため、厚生省としても措置入院に該当する患者を入院させられない問題に対処する必要が生じ、措置入院に対応するための病床が足りない場合、もしくは措置予算が不十分である場合に限り、措置入院の要件に合致している患者であっても医療扶助での入院を認めることになった。これが正式な形で各都道府県に通知されたのが、1952年の厚生省社会局長・公衆衛生局長の連名通知（昭和27年10月25日、社乙発第146号）である[225]。こうして1950年代においては、都道府県の経済的事由ならびに、措置入院用の病床の慢性的な欠乏から、本来ならば措置入院となる患者が、措置入院ではなく医療扶助入院によって入院するという制度的なダブルスタンダードが生じることとなった。

---

225) この間の経緯は、実本［1952］を参照。

(1) 社会局の反発と「補足性の原理」

このような状況に対し、当時急増する医療扶助費の削減を大蔵省から迫られていた厚生省社会局[226]には、精神衛生行政に関して、生活保護法での入院医療費負担分が大きすぎるという不満が蓄積されていた。そのため、社会局が管轄する医療扶助の患者構成から精神障害者の分離を図ろうとする動きが1952年頃からあった。

この際に、根拠とされたのが、生活保護法の第4条のいわゆる「補足性の原理」だった。同4条とは、「他の法律に定める扶助は、すべてこの法律による保護に優先して行われるものとする」という規定である。つまり、生活保護法と同様の扶助の機能をもつ法律がある場合、生活保護法ではなく、その法律を優先的に適用せよ、という規定である。社会局は、これを根拠に精神障害者の公費での収容については、生活保護法ではなく精神衛生法が利用されるべきだと主張していたのである。

とりわけ社会局の担当事務官だった実本博次は、精神衛生法の措置入院には6項目にわたる「扶助的性格を明確に指摘することができる」、よって「精神衛生法と生活保護法との間に優先補足の競合関係が生ずる」[227]として、扶助は精神衛生法によって行われるべきだという社会局の理論武装を主導していた。実本による一連の論文の発表もあったためか、社会局は、措置入院を積極利用することで医療扶助から精神障害者を切り離すことを主張するようになっていった。例えば、日本精神病院協会（現日本精神科病院協会）の委員は、当時の社会局保護課の職員との面会時に言われたことを次のように書いている。

> 本来ならば精神衛生法が出来た以上、すべての精神病者に対しては精神衛生法が優先すべきものであるから、其の様に公衆衛生局で実施して貰いたいと思ふ。保護課としては現在生活保護法の費用のうち精神病者の為に支

---

[226] 生活保護費全体に占める医療扶助費の割合は1951年36％、1952年39％、1953年49％となった。これに対し大蔵省は、1953年に医療扶助の実施状況について全国で実態調査を行い、その結果を厚生省に示して削減について意見を出した。これを受けて厚生省は翌1954年に都道府県に対し結核性疾患及び精神病の入退院適用基準を通知し、医療扶助の適正化、つまり削減を行うよう求めた（副田［1995：66-67］）。

[227] 実本［1953：17］。

払つて居る金額は、全部公衆衛生局に引渡して仕舞つて、今後精神病者のことは一切手を切つて仕舞い度いと思つて居る[228]

　精神衛生法という特別法ができたのであるから、精神障害者に関する収容費用は社会局の管轄する生活保護法ではなく、公衆衛生局所管の精神衛生法によってカバーされるべきであると社会局職員は主張しているわけである。ここには多分に厚生省内部のセクショナリズムの問題もあったと思われるが、同じような言説は他の複数の社会局官僚も様々な雑誌媒体で繰り返しており、医療扶助での精神病床入院の多さが社会局内部で相当の懸案となっていたと思われる。例えば、社会局の事務官は、精神障害者が生活保護法によって多数処置されていることに露骨に嫌悪を示していた。

　　医療費増加の原因は結核と精神病の入院に存する……精神病についても精神衛生法が存在するものの、地方自治体の予算計上も意にまかせず、いきおいそのしわよせは生活保護法に転嫁され、その・し・り・ぬ・ぐ・いを余儀なくされているのが実情である。……いわゆる濫救の排除……に全力が傾注されなければならない。（傍点は原文）[229]

　このように、地方自治体の措置入院予算の不足から、生活保護が不当に利用されているという不満が社会局にはあったわけである。そして、以下の社会局保護課長の文章は、実本らと同じロジックで主張を述べた後、生活保護による精神障害者の医療扶助入院が多い原因と解決策に言及している。

　　この原因は、生活保護法における保護費についての国庫負担率が8割という高率であるのに対して、〔精神衛生法を含む〕公衆衛生関係の諸法規による救助費の国庫負担率が多くは5割以下という低率であるということにある。……これらの問題を解決するために最も簡単なことは、公衆衛生関係諸法規による医療救助事業に対する国庫負担率を生活保護法と同率に引き上げることだということが一般に主張されている。[230]

---

228) 藤井［1954：9］。
229) 柚木崎［1954：6-7］。

ここに書かれているように、1950年代を通じて存在していた生活保護法と公衆衛生法規たる精神衛生法との間の国庫補助率の格差を均衡化することが、生活保護法に大量に流れ込んで医療扶助費を圧迫していた精神障害者を切り離すための解決策なのだ、という主張が厚生省社会局からなされていたのである[231]。

以上から、1961年の精神衛生法改正による措置入院に対する国庫補助率の引上げ（10分の8へ）の背景に、生活保護行政を管轄していた厚生省社会局に蓄積されていた不満と願望があったことが分かるであろう。つまり、先の表26、図15に示したような精神病床入院全体に占める生活保護の際立つ多さと、特別法たる精神衛生法による措置入院の少なさという不均衡に対する不満であり、また医療扶助費圧迫の主因となっていた精神障害者（および結核患者）の分離という願望である。

重要なことは、少なくとも、措置入院の拡大と国庫補助増額を繰り返し主張していた1950年代の社会局系の官僚の文章には、措置入院強化によって社会防衛の達成を図りたいという姿勢はほとんど発見できないことである。社会局は、生活保護行政が担っていた財政負担を軽減する目的のためにこそ措置入院の強化を主張しており、そのためには措置入院の扶助的性格を強調し、生活保護法との間に機能の競合が存在する問題を指摘する必要があったのである。そのため、措置入院が社会防衛に特化することは、生保行政から精神障害者を切り離すためにはむしろ不都合であった。先にも引用した実本は、こう述べている。

> 公安の保持というが如きは、精神衛生法上当然に所期されるところの命題ではなく、これに反して〔精神衛生法は〕社会福祉の色彩が強いものである[232]

このように社会局系官僚である実本は、措置入院の公安主義的機能に対して

---

230) 黒木［1955a：25-26］。
231) この間の経緯については、岩永［2011：第3章］も参照。
232) 実本［1953：15］。

消極的な見解を示し、反対に福祉的機能に重点を置くことを主張していた。これは、生活保護法から精神障害者を分離するため、建前としても実態としても、措置入院には扶助的性格が強調されなければならなかったからである。これにより、精神衛生法と生活保護法との間に福祉機能の重複が生じ、「補足性の原理」が法的に成立する。こうして、措置入院が生活保護の受け皿になるよう論理が構築されていた。この主張を展開していた社会局こそが強力に措置入院拡大を求めていたのである。

(2) 1961年の精神衛生法改正と公衆衛生局長通知

　生活保護法の医療扶助による精神病床入院の突出した多さという現実の中で、1950年代における社会局官僚からの活発な問題提起があり、それを受ける形で1961年に精神衛生法の改正が行われた。法改正時における提案理由は国会では次のように説明されていた。

> 精神障害者の治療には、一般に、長期に入院して高額の医療費を必要とするため、十分な入院治療が行なわれず、また、患者世帯が貧困階層へ転落していく場合が多い実情であります。また、精神障害者は、自身を傷つけ、または他人に害を及ぼすおそれがあり、社会不安の一因ともなっているのであります。今回、精神障害者の医療費負担の軽減をはかるとともに、社会不安を除去する見地から、精神衛生法に定める都道府県知事の行なう措置入院の制度を強力に推進して、精神障害者の医療及び保護の徹底をはかろうとするのが、本改正法律案の目的であります。[233]

　このような1961年における精神衛生法改正理由の中には、社会局系官僚たちが主張してきた論理の採用がみられる。すなわち、措置入院の機能として、患者世帯の貧困階層への「転落防止」と「医療費負担の軽減」という社会福祉的目的が組み込まれ、「社会不安を除去」するという公安主義との折衷が図られたのである。
　1961年以降の措置入院の急激な量的増加が、日本の精神医療の公安主義的

---

233) 衆議院本会議、1961年4月7日、第27号、社会労働委員会理事永山忠則の発言より。

特徴の証拠とみなされることがしばしばあったことは先述の通りである。しかしながら、こうした先行研究では、先に示してきたような1950年代に蓄積されていた厚生省内部での議論、特に社会局が生活保護法の精神病者対策費用圧縮のために措置入院を拡張しようと活動していた文脈がほとんど考慮されていない。

もっとも、1961年以降における措置入院の強化に社会防衛的観点も強められていたのは事実である。枢要なのは、この改正が社会防衛の強化ばかりを目指したのではなく、主に貧困層への公費入院の拡張という福祉的側面の推進と共に行われたということである。生活保護での医療扶助入院が担っていた機能の代替となるような福祉的機能の実装化が措置入院にも目指されたというのが、1950年代の言説および改正法提案理由の文脈に基づく自然な解釈であるということである。

このことは、ほぼ同時に導入された「経済措置」の内容を素直に検討することでも首肯できる。この、「経済措置」の根拠となったのは、以下のような1961年9月16日の公衆衛生局長通知である。

> 精神病床の数及び措置予算の制約のため、措置要件該当者全部は措置し得ない現状であるので、措置対象者の選択を行う場合には次の方針によられたい。
> ①入院させることについて患者の保護義務者等の関係者が反対しており、同意入院を行なうことが不可能な場合には最優先的に措置に付すること。
> ②患者の保護義務者等の関係者が入院それ自体には賛成しているが経済的理由から措置を希望している場合には原則として所得の低い階層に属するものを優先すること、この際措置以外に利用できる制度（被雇者保険、国民保険等）によって入院した場合におけるその家計に及ぼす影響を考慮すること。[234]

この特に②に記した項目によって、いわゆる「経済措置」（経済的理由による措置入院）が公認され、患者世帯の経済的事情も勘案して、措置入院を運用

---

[234] 岡村［1999：68］。

できるようになったのである。

そして、こうした観点からの措置入院の拡大運用は、1963年5月17日の公衆衛生局長通知により一層促された。この通知により、「特に現在生活保護法で入院している患者のうち措置症状のある患者はすべて法第二九条の規定による適用患者とされること」[235]と指示され、生活保護法から精神衛生法での入院へと切り替えが進められていくことになったのである。

(3) 1961年以降の3類型別の病床推移

1961年以降、生活保護法での精神科入院を削減して措置入院の拡大を目指す動きが政策として遂行されていった。にもかかわらず、その後の推移をみると、精神病床入院に占める生活保護法での支払患者総数は、1963年以降には増加基調に戻ってしまい、1975年頃までそのスピードをほとんど緩めない。改めて1950年から1980年までの医療費支払別の精神病床入院の推移を図6の1950年以降を再掲した図16でみてみたい。

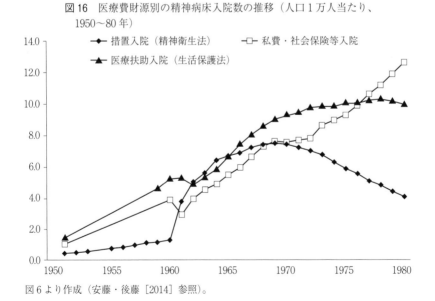

図16 医療費財源別の精神病床入院数の推移（人口1万人当たり、1950〜80年）

図6より作成（安藤・後藤［2014］参照）。

---

235) 中山［1980：123］。

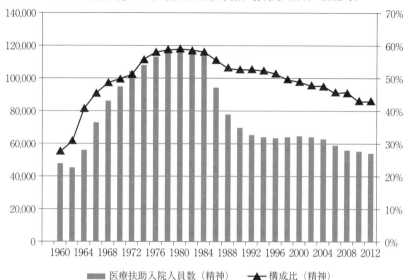

図 17 「精神病」での医療扶助入院人員数・構成比（1960～2012 年）

国立社会保障・人口問題研究所作成資料「入院・入院外別病類別医療扶助人員の年次推移」
(http://www.ipss.go.jp/s-info/j/seiho/seihoH26/H26-19.xlsx) より作成。

　図 16 より判明するように、精神衛生法改正に伴う国庫補助費の増額と、「経済措置」の運用を指示した公衆衛生局長通知があった 1961 年において、措置入院は確かに急激な上昇を果たしている。その一方で、私費・社会保険、生活保護法の医療扶助入院の双方が一時的に減少・停滞となっている。このことは、措置入院の拡大が、純増以外に、生活保護法からのみならず私費・社会保険からの患者の移管によっても生じていたことを示唆している。しかし、1965 年には措置入院の増加は早くも鈍化をはじめ、1970 年には減少に転じていった。その後、1970 年以降の入院増は、主に医療扶助入院と社会保険入院に主導されており、1950 年代同様に 1970 年代までの精神病床入院の急増を支え続けていったのである。

　同様に、医療扶助入院者中で精神病が占める割合も減少トレンドとなることは全くなかった。むしろ医療扶助入院中で精神病の割合は 1963 年に 37.1％となって結核を上回り、以降一貫して一般疾病を合わせた病名分類中でも最多となってきた。その後、1964 年には 40％を超え、1979 年に 58.8％となるなど、

現在に至るまで医療扶助入院全体の 40％ を下回ったことがなく、2012 年度においても全医療扶助入院の 43％ が「精神病」が理由となっている（図 17）。入院患者実数でも、「精神病」による医療扶助での入院数は 1963 年に 1 か月平均で 5 万人を超え（精神病床の総数は約 13 万 5000）、1972 年には 10 万人超（総精神病床数は約 26 万）となり「精神病」だけでその他一般疾病の合計を上回った。

(4) 長野県統計にみる医療費支払区分の移管

図 16 は、全国統計の精神病床入院の推移を示したものであったが、1961 年の精神衛生法改正や、公衆衛生局長通知の後に具体的にどれだけの患者移管が生じたのかについては知ることができない。そこで、ごく例外的に長野県が 1964 年までの医療費支払区分別に細かい患者移管の統計を掲載しているため、それをまとめた表 27 を参照したい[236]。

表 27 に示されているように、長野県における 1961 年以降の精神衛生法の患者数増加は、生活保護法からのみならず、社会保険からの移管も多いことが分かる。また、措置入院における新規入院（「本年中入院」）の数は 1961 年以降も際立って多かったわけではなく、年末時点での在院患者の増加は基本的に生活保護と社会保険からの移管によって生じていた。

1961 年以降の措置入院の急増が、新規入院の純増によって主に引き起こされていたわけでないことは、この長野県の統計からのみならず、以前に参照した図 5 の形態別の入院患者統計からも裏づけられる。新規入院、つまり入院の形態では、措置入院は最多であった同意入院と比較すると 10 万人単位で少なかったのである。

以上より、1961 年以降の措置入院の急増は、入院自体の純増ではなく、入院途中における私費・社会保険および生活保護法からの医療費支払財源の変更によって主にもたらされたことが明らかになったと考えられる。

(5) 1970 年代における「経済措置」

1961 年以降の措置入院の増加には、公衆衛生局長の通知や先の長野県の統計

---

[236] 1960 年のデータについては手に入れることができなかった。

表27　長野県における医療費支払区分別の入・退・在院精神障害者数、患者移管

年	支払区分	前年末現在	本年中入院	本年中退院	本年末現在	精神衛生法への移管	生活保護への移管	社会保険への移管	私費への移管	その他への移管
1959	精神衛生法	225	43	39	255					
	生活保護法	489	330	285	554	5		10		
	社会保険	737	1,316	1,237	779	18	34		4	3
	私費	23	42	44	10	3		12		
	その他	4	10	10	6		1			
	合計	1,478	1,741	1,615	1,604	26	35	22	4	3
1961	精神衛生法	271	95	91	984					
	生活保護法	758	399	318	600	368				
	社会保険	700	1,806	1,437	606	336	128			
	私費	8	20	16	6	4	1	1		
	その他	9	40	27	21	1				
	合計	1,746	2,360	1,889	2,217	709	129	1		
1962	精神衛生法	983	188	281	1,201		9	7		
	生活保護法	599	381	283	673	117		3		
	社会保険	606	1,893	1,507	736	187	78		4	
	私費	6	36	26	10	4	3	3		
	その他	21	48	25	19	19	6			
	合計	2,215	2,546	2,122	2,639	327	96	13	4	
1963	精神衛生法	1,201	278	381	1,308		8	17		
	生活保護法	673	471	225	924	78		4		
	社会保険	736	1,956	1,738	770	138	69		2	
	私費	10	25	22	6	3	2	4		
	その他	19	44	23	16	16	8			
	合計	2,639	2,774	2,389	3,024	235	87	25	2	
1964	精神衛生法	1,308	428	560	1,666		16	6		
	生活保護法	924	483	411	987	83		16		
	社会保険	770	2,098	1571	833	411	72			4
	私費	6	27	19	5	7	2			
	その他	16	43	30	21	11		1		
	合計	3,024	3,079	2,591	3,512	512	90	23		4

長野県衛生部［各年度］より作成。

からも明らかなように、生活保護法、そして社会保険からの患者の移管が大きく寄与していた。ここには、措置入院が「経済措置」として運用されていった結果、社会防衛型の機能のみならず、社会福祉型の機能も強めていった面があったと考えられる。

では、このような「経済措置」の適用は、1970年代ではどうであっただろうか。1973年の東北6県という限定があるものの、措置病床を有する全病院113

院に対して行われた調査に関する報告書[237]がある。同調査の結果によると、回答があったのは76院（回収率67％）で、公立・私立病院所属を問わず医師の92％が「患者の経済的事情を大なり小なり考慮に入れて要措置」とすると回答していた。同様に、「経済措置の色彩の濃い患者の、全措置患者に占める割合」は、公立病院が55％、私立病院が31％、全体では38％であった[238]。

以上のような結果を、特に1961年以降の全国の入院者の推移に対してそのまま当てはめることは妥当でないのはいうまでもない。とはいえ、1970年代初頭の東北地域において、措置入院患者の中には、患者の経済事情を相当に考慮した入院が無視できない規模で存在したことは間違いない。また、これと類似した状況が、全国的に生じていた可能性も十分に考えられるものといえよう。

少なくともこの報告書の結果からは、1970年代の措置入院においても、患者世帯の経済状況が考慮されて実行されることが一般的にあったことが明らかである。また、このことは、精神病床入院の3類型という分析枠組みにとっては、病床の機能は1つのみに還元されるのではなく他の機能を併存させうる、という含意の正当性を補強するものであろう。

(6) 1961年以降の措置入院急増の意味

措置入院に対する国庫補助率の増大ならびに経済措置の導入に至る厚生省内部の議論の過程、長野県の統計にみられる患者移管の実態、措置入院に際して患者の経済状況を考慮したとする医師が9割超であった東北6県の調査を上記にみた。そこからも理解されるように、1961年以降に生じた措置入院の急増について、公安的な機能を際立って強調することは誤解を生じさせると考える。同様に、これ以降の措置入院の増加の動きを、日本の精神医療が公安主義に偏向したと解釈する根拠とすることも事実の総体をいい当てていないといえる。

同時代における措置入院急増の内訳には、医療扶助や社会保険で入院してい

---

237) 佐藤・高階［1974］。
238) 佐藤・高階［1974：429］。なお、同論文では、こうしたいわゆる「経済措置」患者が多いにもかかわらず、こうした患者たちの一部が病院によっては外泊や院外作業などにおいて制限を受ける問題があると指摘されている。ただし、結果を参照すると、外泊では回答のあった病院の85％が措置患者の外泊を行っていると回答し、院外作業についても院外作業をしている病院全体のうち措置入院患者を院外作業に出していると答えた病院は69％となっており、こうした数値をどう解釈するかは一概にはいえないように思われた。

た患者からの大量移管があった。1961年以降の措置入院急増を社会防衛の強化と結びつけるには、少なくともこの支払区分の変更が、病床の機能や院内での処遇変更に直結したことが証明されなければならない。しかし、こうした検証を行っている研究は管見の限り存在しない。むしろ、こうした大量の患者移管の意味は、措置入院の中に社会防衛的機能が弱まり、社会福祉型・治療型の機能が多く包含されることになったと考えるべきであろう。

ただし、図16に示された病床の推移が示しているのは、複数の機能が濃厚に混在した「社会防衛型」の措置入院は継続的には伸長しなかったということである。すなわち、「社会福祉型」・「治療型」の機能は、やはり本質的にはそれぞれ公的扶助・社会保険での医療費支払が代表するものであり、最終的にはこの類型に還流していったと理解できる。

特に公的扶助＝生活保護法による入院は、社会局系の官僚たちの議論やその後の公衆衛生局長通知にみられたように、措置入院の拡張によって減少させることを企図されていたが、この成果は目立ったものとならなかった。むしろ、生活保護での入院数は、すなわち1970年代後半までをトータルでみると最も強力な量的推進力をもっていたのである。同時代における精神病床入院の増加を最も支えていたのは、生活保護法での入院と1950年代から「社会福祉型」の機能であったということである。なお、この「社会福祉型」としての生活保護法による精神病床入院の多さは、1964年における精神衛生法の改正が精神衛生審議会に諮問された際も議論され、医療扶助の適用を受けずとも同意入院そのものに対する公費入院の導入が検討されたが、最終的には実現しなかった[239]。

第5章にみたように、生活保護法によって精神病床入院の入院医療費が支払われる体制となっていたのは、救護法の仕組みが戦後にそのまま継承されたからである。「社会福祉型」の入院の基となった救護法（さらにその前史は恤救規則等）は、戦前期においてはごくわずかな量的意味しかもっていなかったが、ここまで繰り返し述べてきたように戦後においては爆発的に増加し、度重なる抑制や改革の試みによっても変えることのできない制度構成になったのである。

同時に、精神病床入院における生活保護法の精神衛生法に対する量的優位性を支えていたのは、当時の厚生官僚が考えていたような、1950年代に存在し

---

239) 岡田［2002：224］。

ていた都道府県に対する国庫補助率の格差だけでは説明が不可能だということが判明した。つまり、措置入院と医療扶助入院の国庫補助率が同一になった1961年以降においても、医療扶助入院の増加のペースはほとんど変わることがなく、医療扶助から措置への切換えは長期的には進むことができなかったのである。よって、同意入院－医療扶助のセットによる精神病床入院のメカニズムには、国庫補助率の不均衡による財政的インセンティブを上回る、独自の入院増をもたらす駆動因があったということである。

そして、これを背後で強く促進していたのが、後述する精神障害者世帯を取り巻く貧困だったと考えられる。患者世帯の経済的貧困は、保険の人口に対するカバレッジが低く、病床が少なかった時代においては精神科入院のハードルになっていたが、戦後の生活保護法の制度的拡大は、こうしたがをはずしていき、「社会福祉型」入院を膨張させていったのである。

2　患者世帯の貧困

(1)『精神衛生実態調査』（1954、63年）による支出調査

上記では、生活保護法による医療扶助での精神病床入院の増加が、1961年の精神衛生法改正による国庫補助率の均衡化、「経済措置」の適用による措置入院の拡大運用によっても止めることができなかったことをみた。本節では、ここにはいかなる要因があったのかについて検討するため、1954年と1963年に行われた精神衛生実態調査の報告書から考察する。

まず、厚生省は、各疾病分野の医療政策を一新するために、1950年代から1960年代を中心に基礎データ収集を目的とした各種疾病の実態調査を実施した。主だったものだけでも、1953（昭和28）年の第1回結核実態調査、1957年成人病実態調査・歯科疾患実態調査、1958年がん実態調査、1961年循環器疾患実態調査などがあり、1954（昭和29）年に行われた精神衛生実態調査は結核調査と共に初期のものにあたる。当時の公衆衛生局長は、同調査を次のように評している。「精神衛生対策を革新的に進展させるために極めて有意義なものであり、精神衛生対策上知るべき諸事象の解明の第一歩を印したものと云うべきであろう」[240]。

同調査の結果、推定された全国の精神障害者数は130万人（精神病45万人、

表28 診断別、世帯人員1人当たり月額実支出階級別の精神障害者数（1954年精神衛生実態調査）

	総世帯数	2000円未満の世帯	2000〜3000円の世帯	3000円以上の世帯
全精神障害者	1.48	2.05	1.46	1.10
精神病	0.52	0.63	0.58	0.39
精神薄弱	0.66	1.11	0.57	0.41
その他	0.30	0.31	0.31	0.30

前田［1954：18］より転載。

精神薄弱58万人、その他27万人）、有病率は14.8（人口1000対）、「要収容治療」とされた者は46万人[241]であった。このように同実態調査は、その後の精神衛生政策立案に大きな意味をもったが、「精神衛生対策上知るべき諸事象の解明の第一歩」とあることからも示唆されるように、同調査の第一義的な目的は「わが国における精神障害者数を推定する」ことであり、「精神障害の種類、精神障害者に対する処遇の状況、必要とする措置」についての調査が主であった。

そのため、この第1回の精神衛生実態調査は、患者の社会経済的バックグラウンドに関する調査項目は限定的であったが、収入区分別のデータとして表28のような結果が掲載されている。この表から、支出区分が低い世帯になるほど精神障害者が多い傾向が窺われた。

そして、精神障害者に対する全国一斉調査としては第2回目となる精神衛生実態調査が1963年に行われた。同調査はより「社会経済的背景」に着目したもので、調査項目も増え、刊行された報告書[242]も1954年のものに比べてかなりの大部となっている。結果としては、全国の精神障害者数は124万人（精神病57万人、精神薄弱40万人、その他27万人）、有病率は12.9（人口1000対）、「要収容治療」とされた者は35万人であった。その他、発見された精神障害者の社会経済状況についての調査結果は、次のようになっている。

農業・漁業地区、商業工業地区、その他の地区と3区分された有病率では、農業・漁業地区が人口1000人対でみると16.8人で、商業工業地区の11.5人、

240）厚生省公衆衛生局［1959］、尾村偉久(ひでひさ)公衆衛生局長による序より。
241）すでに入院している患者を含む（以下同）。
242）厚生省公衆衛生局［1965］。

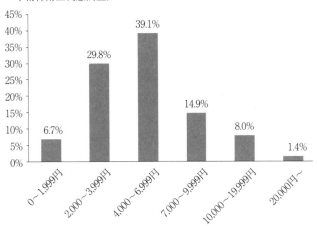

図18 1人当たり月額支出階級別 精神障害者有病率構成比(1963年精神衛生実態調査)

厚生省公衆衛生局[1965:370-371]より作成。不詳分を除外して計算。

その他の住宅地区の11.0人よりも高かった。また、6大都市、その他の都市、郡部に3区分した場合でも、有病率は6大都市が最も少なく郡部が最も高かった。この他にも、1人当たり支出階級別の精神障害者構成比は、図18のようになっていた。

同実態調査と同年の、被保護世帯の1人当たり消費支出の平均は5883円[243]であり、これを図18と比較すると、最小に見積もっても全国の在宅精神障害者の37％以上、おそらくは50％以上が被保護世帯人員の消費支出以下の生活を送っていた。要するに、全精神障害者世帯の半数以上が、生活保護水準以下の経済状態だった可能性が高かったことになる。このことからも、精神障害の分布は社会経済状態と相関関係をもっており、貧困階層に有病率が高くなっていたことが第1回調査に続き、第2回目の精神衛生実態調査によっても改めて明らかとなった。

以下では、この実態調査に関する報告書の記述部分を検討する。まず、貧困世帯に患者が多く発生していたという結果を受けて、調査報告書は「低収入階層において精神障害者の有病率がたかく、収入が増すのにつれてけん著に有病

---

243) 岩永[2011:182]。

率が低くなってゆく」[244]と書いている。また、この事実を基にして、貧困対策としても精神医療政策を推進する必要を述べているのである。

> 貧困と精神障害の関係は、何れが因であり、何れが果であるかというより、何れも因となり果となって、相互に悪循環を繰り返す関係にある……したがって、精神障害者対策は精神障害そのものに対する施策と貧困に対する施策の両者とが相まってはじめて悪循環をたちきり、効果をあげることができると考えねばならない。[245]

このように、1963年の精神衛生実態調査の最も重要な結論とは、精神障害者対策が、医療政策のみとしてではなく、貧困に対する社会政策的な中身をもたなければならない、というものだったといえる。

なお、同調査に際する、厚生省その他の「関係者の意気込みは大変なものがあり、かつて結核実態調査が結核行政の飛躍台となったように、この調査をてことして、陽の目をみていない精神衛生を公衆衛生の前面に押し出し、精神障害者の医療福祉対策を一挙に推進したいという意気込みであった」[246]という。このようにして行われた1963年の精神衛生実態調査が、その後の精神衛生行政にどう直接的に反映されたかについては慎重な検討が必要ではあるが、1964年に約15万だった病床数は、15年後の1979年には2倍となり30万床を超したのである。

(2) 全家連による家族世帯の年収調査

上記では1954年と1963年に行われた精神衛生実態調査の報告書に掲載された患者家族世帯の経済状況および、その考察をみた。以下では、1985年に全国精神障害者家族連合会（全家連）が患者本人とその家族に対して行った大規模な調査の一部を参照したい[247]。この全家連の調査では、家族の年収についての質問も行っており、患者世帯の経済状況を知ることができる。その結果を表

---

244) 厚生省公衆衛生局［1965：77］。
245) 厚生省公衆衛生局［1965：79］。
246) 大谷［1966：31］。
247) 岡上他編［1988］。

表29　精神障害者家族の年収（1985年、全家連調査）

200万円未満	41.4%
200～400万円未満	29.4%
400万円～	12.1%
わからない	5.3%
無回答	11.8%

岡上他編［1988：58］より作成。

29として転載した[248]。

表29に示されているように、全家連の調査では年収400万円以下の精神障害者世帯が約7割となっていた。完全に同等の比較とはならないが、同年における全国勤労者世帯の平均実収入は444.8万円[249]だった。

なお、全家連の調査は、全家連という組織の構成員のみを対象としており、全精神障害者世帯を代表していない可能性を考慮しなければならない。特に、全家連による「制度の利用状況」という調査結果をみると「生活保護」の利用は入院のケースで9％となっている[250]。しかし、同年の生活保護法での精神科入院患者は約11万人で、入院患者総数約34万人に対し割合としては約32％となっていた[251]。

つまり、生活保護を受給していた精神障害者世帯は、全家連という家族会組織に参加していなかった割合が高かったことが推定される。このことは、一般的に考えるならば、全家連の構成員である家族の収入分布を全患者世帯の平均値よりも相対的に高く押し上げたはずである。表29の年収分布は、生活保護受給世帯をより多く含む全患者世帯を対象としたならば、もっと下層に分布したものになったと考えられるのである。

以上より、全家連の調査が行われた1985年の時点においても、精神障害者世帯の多くは、経済的な困窮状況にあったと考えられる。1954年・1963年の精神衛生実態調査の結果と同じく、1985年の全家連の調査からも理解されるよ

---

[248] オリジナルの結果表では、年収区分はより詳細に分割されていたが、再集計してここでは3つにした。
[249] 総務省統計局「1世帯当たり1か月間の実収入及び実支出（勤労者世帯）－全国」『家計調査年報』より。http://www.stat.go.jp/data/chouki/zuhyou/20-06.xls
[250] 岡上他編［1988：59］。
[251] 入院患者は『病院報告』、生活保護での入院患者数は『社会福祉業務報告』より。

うに、戦後日本における精神病床入院の急激な増加の背後には、分厚い貧困患者世帯の広がりが社会的与件として存在していたと推測するのが自然であろう。

すなわち、1950年代以降に生じた生活保護での入院の堅調な増加と、1961年以降の「社会福祉」的な色調を濃くした措置入院の拡大とは、患者世帯の広範な貧困が影響を与えていた可能性が高いだろうということである。1950年代から1970年代という病床急増期において、生活保護法という医療費支払による「社会福祉」型の精神病床入院が多かったということは、当時の日本社会の精神障害者世帯の多くに広がっていた経済的困窮状態がその主要な原因となっていたと考えられるのである。

3 医療扶助入院の制度的優位性

(1) 世帯分離

前節までに、経済措置の導入によって急激に増えた措置入院数には、多数の支払区分の変更によって社会防衛的機能のみならず福祉的・治療機能が色濃く混合していたことをみた。また、精神病床入院中の社会福祉型としての生活保護法の量的優位性について考察してきた。

この生活保護法による精神病床入院であるが、1960年代以降に度々行われた生活保護法そのものの制度改変によっても、入院が促進されてきたことが分かっている。本節では、そうした制度改革のうち、特に世帯分離規定に関するものを取り上げる。その理由は、精神障害者世帯も当然対象となった世帯分離によって生活保護での入院の拡張が可能になったからである。

生活保護法では、扶助の決定に際し世帯単位を原則にするため、世帯の家計が保護基準を上回っている場合は生活保護を受けることはできない。だが、特別な理由が認められる場合は、世帯員を分離することで保護の対象に組み込むことができた。ここで想定しているのは、精神障害者がいる世帯で、世帯としてはそこまで貧しくなく、本来であれば生活保護を受給することができないが、患者を世帯分離することで患者に医療扶助入院を適用するケースである。

世帯分離規定の推移については牧園清子の重要な先行研究[252]があるが、例

---

252) 牧園［1999］。

表30 医療扶助受給開始世帯数（入院・疾病分類・単身世帯別）（9月分、1972～80年）

年	疾病分類	総数	単身世帯	単身世帯割合
1972	総数	8,151	3,781	46.4%
	精神病	1,991	1,383	69.5%
	結核	327	180	55.0%
	悪性新生物	643	174	27.1%
	その他	5,190	2,044	39.4%
1974	総数	6,083	3,084	50.7%
	精神病	1,798	1,266	70.4%
	結核	248	135	54.4%
	悪性新生物	380	99	26.1%
	その他	3,657	1,584	43.3%
1980	総数	5,677	3,156	55.6%
	精神病	1,703	1,246	73.2%
	結核	112	64	57.1%
	悪性新生物	345	112	32.5%
	その他	3,517	1,734	49.3%

各年度『生活保護動態調査報告』より作成。1976・78年度については、当該統計が掲載されていない。

えば1961年の「保護の実施要領」の改正により、「6箇月以上入院を要する者が出身世帯員のいずれとも生活保持義務関係[253]にない場合」[254]は、世帯分離可能になった。つまり、半年以上の入院の見込みがあれば、保護基準を上回る家庭であっても、患者を世帯分離し医療扶助入院とすることができるようになった。

さらに、1971年には精神病患者等の入院患者について、「出身世帯に配偶者が属している精神病患者であって入院期間がすでに1年をこえ、かつ、引き続き長期間にわたり入院を要する場合（世帯分離を行わないとすれば、その世帯が要保護世帯となる場合に限る）」[255]も世帯分離が可能になった。配偶者の場合は、生活保持義務関係が生じ世帯分離のハードルが高かったのであるが、この要件も緩和されたということである。1971年の改正の場合は、医療費支払として例えば社会保険で1年以上入院していた患者が、生活保護での支払いに切

---

253) 生活保持義務関係とは、配偶者間と、未成熟の子に対する親の義務に相当し、扶養義務よりも強い生活を保持させる義務のことである。
254) 牧園［1999：57］。
255) 牧園［1999：60］。

表31　要件別世帯分離件数（1986〜94年）

年	総数	6か月以上要入院（生活保持関係者なし）		精神病患者等	
		実数	百分率	実数	百分率
1986	30,520	10,250	33.6%	1,220	4.0%
1988	20,310	5,290	26.0%	670	3.3%
1990	15,030	3,530	23.5%	430	2.9%
1994	12,320	1,840	14.9%	220	1.8%

牧園［1999：129］より作成。

り替えることを可能にしたと考えられる。

　そして、1970年代以降にならないと統計が存在しないが、医療扶助入院が開始されていた世帯中、単身世帯の数・割合を抜き出したのが表30である。

　表30からも、精神病で医療扶助入院が開始された世帯は、他の疾病に比較して単身世帯の割合が高くなっているのが分かる。ここには生活保護法の実施要領の改正によって世帯分離を適用されたケースが相当数あったと考えるべきであろう。また、やや時代が後になるが、1986年以降にはこの世帯分離を行った要件の内訳が厚生省資料（『被保護者全国一斉調査（個別調査）』）から明らかになっており、それを表したのが表31である。

　表31からも分かるように、精神病患者等および、生活保持関係者のいない6か月以上要入院者中の一部が、世帯分離を行って精神病床入院を行っていた。つまり、生活保護での公費入院が、世帯分離によって可能になった患者がいたということである。このように、世帯分離は生活保護での精神病床入院を促進した効果があったといえる。

　ただし、同時に、世帯分離を経た後の医療扶助での精神病床入院の適用数は、医療扶助での精神病床入院全体からみるとごく一部にすぎなかったことも明らかであろう。例えば1986年では、世帯分離後の入院は、1220人に6か月以上要入院のカテゴリーの一部を加えたものであり、漏れていたかもしれないケースを多く見積もっても5000人はいなかったと思われる。これは、同年の精神病床への医療扶助入院総数約9万5000人からすると非常に限られた数字であった。

(2) 入院形態面

　先にみたように、生活保護法の制度改革の中で度々行われてきた世帯分離の対象の拡大が、精神病床入院にも影響をもっていたことが明らかになった。しかしながら、こうした生活保護法の運用については、世帯分離以外に入院形態についても着目する必要がある。

　措置入院の適用に際しては、2人以上の精神衛生鑑定医によって、医療および保護のため入院させないと患者に自傷他害のおそれがあるという診察結果の一致が必要だった。一方で、医療扶助の適用は通常同意入院の結果として行われていたが、同意入院の場合は精神病院長が「医療及び保護のため入院の必要があると認め」た上で保護義務者の同意があればよく、自傷他害のおそれは条件から外れており、なおかつ精神衛生鑑定医の診断自体も不要であった。

　同意入院は家族からの希望の下に行われるのが一般的であり、そのため、業務上においても診断の条件においても、措置入院よりも適用要件のハードルが低かったのである。にもかかわらず、入院が患者にとって強制力をもつという点では、同意入院も措置入院も同じであった。

　つまり、精神衛生法の措置入院と、同意入院という入院形式を経て行われた生活保護法の医療扶助入院を比較すると、入院に際するプロシージャや行政的な運用面において、後者が利用されやすい制度設計になっていたのである。なお、精神衛生鑑定など複数の手続きを踏まなければならない措置入院よりも、同意入院が行政側に選好されていたことについては次節に改めて触れる。

　以上より、1950年代における生活保護法の医療扶助入院に牽引された精神病床増のパターンは、同意入院の運用のしやすさによっても導かれたと推論可能となる。そして、次節においてはこの1950年代の後期である1959年に作成された、同意入院を中心とした一次行政資料を分析し、実際の同意入院の運用実態、ならびにその患者・家族の生活実態について考察を行っていく。

4　神奈川県における行政文書の特性

(1)「保護申請綴」の意義

　ここまで、同意入院－医療扶助による精神病床入院メカニズムが、戦後の精神病床ストックの構築に重大な影響を与えてきたことを論じてきた。本節にお

いては、神奈川県立公文書館に所蔵されている『昭和三十四年　精神障害者診察保護申請関係綴　第一号、第二号』(BH6-512、BH6-513、以降は「保護申請綴」と呼ぶ) を利用して、1959年中に神奈川県が関わった精神障害者の同意入院による精神病床入院について分析を行う。なお、戦後の精神衛生行政に関する行政文書は、公文書館に保管があったとしても研究利用が困難なことが多いが、神奈川県立公文書館は申請資料の個人情報すべてにマスキング処理を施して閲覧可能にしてくれるため、ここでの分析が可能となったものである。

この「保護申請綴」は、後述するように、その構成において家族を中心とした保護義務者による同意入院の申請と、医療扶助が適用された精神病床入院についての資料を中心としており、運用に関する質的分析を可能とする一次資料といえる。これまでの先行研究では、地方自治体が作成した行政文書を利用した同意入院に関する研究は存在しないため、本書がその最初のものになると思われる[256]。

(2)「保護申請綴」の標本特性

「保護申請綴」の分析に入る前に、当時の神奈川県の精神医療の諸状況が、全国的にみてどのような位置にあったのかを俯瞰しておきたい。厚生省の統計によれば、1959年末における全国の精神病床数は8万4971床であり、うち神奈川県は3519床 (4.1%) となっていた。この数字は、千葉県の3246床に近く、東京都の9796床、大阪府5472床、福岡県4895床、北海道4474床に次ぐ全国で5番目の規模だった[257]。

また、神奈川県の統計[258]によれば、1959年の10月時点での県内の精神病床数は3550床となっており、生活保護での入院患者は1432名 (38.9%)、社会保険は1504名 (40.8%)、措置入院は456名 (12.4%)、私費212名 (5.8%)、減免71名 (1.9%)、その他9名 (0.2%) で合計3684名だった[259]。この医療

---

[256] 本節は、後藤・安藤 [2015] を基にしている。
[257] 厚生省大臣官房統計調査部編『衛生年報　昭和34年』厚生省衛生局、1961年、259頁。
[258] 神奈川県民生部社会福祉課 [1960:52-53]。
[259] カッコ内のパーセンテージは入院数に対する割合。なお、病床数よりも入院患者数の合計が高くなっているが、これは当時の病院は基本的に大部屋の和室が多く、届け出された病床数よりも患者が多く入れられていたことを意味しており、神奈川県のみならず全国的な傾向であった。

表32 医療費支払区分別在院患者数（1956年全国調査、1959年神奈川県調査）

支払方法	全国（1956年）		神奈川県（1959年）	
	実数	百分率	実数	百分率
総数	9,066	100.0%	3,684	100.0%
生活保護	3,983	43.9%	1,432	38.9%
社会保険	2,839	31.3%	1,504	40.8%
措置入院	1,322	14.6%	456	12.4%
自費	772	8.5%	212	5.8%
その他	150	1.7%	80	2.2%

厚生省［1960］、神奈川県民生部社会福祉課［1960：20、53］より作成。

費支払内訳について、1956年に行われた全国規模の在院精神障害者の実態調査（以下、「在院調査」[260]）をみてみると、次のようになる。調査実数9066名、生活保護3983名（43.9％）、社会保険2839名（31.3％）、措置入院1322名（14.6％）、全額自費772名（8.5％）、その他150名（1.7％）であった。この両者を表にしたのが表32である。

表32から分かるように、調査年に若干のずれがあるとはいえ、1959年における神奈川県の精神病床入院患者の医療費支払の割合は、在院調査と比較してもそれほど大きな差はなかったといえ、神奈川県が全国と比して特別な精神病床入院の構造をもっていたとは考えにくい。

次に、個票の特性についてである。「保護申請綴」は、神奈川県が関与した精神障害者の入院に関する資料群で、対象時期は1959年1月から12月まで、取り扱われた患者の総数は154名である。この個票154例の特性を、1956年の在院調査と比較しながら分析する。まず「保護申請綴」の男女比率は59.1：40.9であるのに対し、在院調査では61.4：38.6とほぼ同じである。また「保護申請綴」と在院調査の年齢階級割合も似通っており、例えば35〜39歳の年齢階級割合は保護申請綴が11.0％、在院調査は11.8％であった[261]。一方で、診断別割合も概ね似かよっているものの、「保護申請綴」では「麻薬・アルコー

---

260) 厚生省［1960］。
261) なお「保護申請綴」の平均年齢は約36歳であるが、在院調査では平均年齢は不明である。

ル中毒」が 13.3％ と、在院調査の「中毒性精神障害」の 2.3％ と比べて相対的に多いなどの違いは存在した。しかし全体的な傾向としては、「保護申請綴」の精神病患者と厚生省の在院精神障害者の平均的な属性は類似しており、「保護申請綴」の個票は 1959 年当時の在院精神障害者の一般的特徴と大きな乖離はないと考えられる。

その上で、この「保護申請綴」の特徴は、一連の行政上の対応がすべて精神衛生法第 23 条である「診察及び保護の申請」に関わる文書によって開始されていることである。

また、「保護申請綴」の文書中に「医療扶助申請中」、あるいは「医療扶助にて入院決定」など直接的に医療扶助に言及がなされているのは 88 件（約 57％）となり、全 154 名に対し半数を超えている。この 88 件以外にも、その他文書中に医療費負担能力がなしと記入されているものも少なくなく、保護申請綴は、同意入院後に生活保護での医療扶助入院となったケースが中心となっている。

(3) 1959 年時点の精神衛生法第 23 条下の同意入院であることの特性

「保護申請綴」はすべて精神衛生法第 23 条の申請によって開始されていることを前述したが、この第 23 条は次のような条文となっている。

> 第二十三条
> 　精神障害者又はその疑のある者を知つた者は、誰でも、その者について精神衛生鑑定医の診察及び必要な保護を都道府県知事に申請することができる。
> 　2　前項の申請をするには、左の事項を記載した申請書をもよりの保健所長を経て都道府県知事に提出しなければならない。
> 　　一　申請者の住所、氏名及び生年月日
> 　　二　本人の現在場所、氏名、性別及び生年月日
> 　　三　症状の概要
> 　　四　現に本人の保護の任に当つている者があるときはその者の住所及び氏名
> 　3　虚偽の事実を具して第一項の申請をした者は、六月以下の懲役又は二万円以下の罰金に処する。

この第23条の規定により「保護申請綴」には、精神障害者の疑いのある者についての精神衛生鑑定医による診察もしくは保護を望む、患者以外の「申請者」がすべての事例において存在する。後に詳述するように、この申請者の多くは親族であり、すべて最終的に精神病院への同意入院となり、そして医療扶助の適用となったケースが大部分である。また、保護義務者が当初は入院に反対であっても、最終的には同意入院になったケースのみが綴じられている。

　とはいえ、本来この第23条による「診察及び保護の申請」は必ずしも同意入院にのみ帰着するわけではなく、「申請を受けた都道府県知事は、必要があると認めれば精神衛生鑑定医を派遣して診察させ、場合によっては公権力をもつて強制的に措置入院させること」[262]となっていた。よって、この「申請綴」は、最終的には保護義務者による同意が得られたものに特化した文書群だと判断できる。

　さらに、留意すべき点として、同意入院自体は第23条を経由せずに第33条（保護義務者による同意）により直接実施されることが可能であった。また吉川武彦が示すように、精神衛生法第23条下の「医療及び保護の申請」は、1961年の精神衛生法改正以降は措置入院へとつながる割合が急増し、その後第23条に基づく申請自体が減少していった[263]。その意味で1959年時点での「保護申請綴」は同意入院の全体というよりも、その特殊なあり方を示した統計である可能性がある。

　しかし第一に、1953年の時点においては全国の同意入院の約3割程度が第23条経由と考えられ[264]、規模的には少なくない精神病患者が「保護申請綴」の標本の患者と類似したプロセスで同意入院へ至ったと推定される。第二に、「保護申請綴」における医療扶助申請率は約57％であり、前掲図16の統計か

---

262) 公衆衛生法規研究会編［1977（初版1976）：52］。
263) 吉川［1980：137］。
264) 1953年の厚生省『衛生年報』（260-261頁）において、第23条での申請件数は全部で1万3245件だった。このうち「鑑定を受けた者」中で「精神障害者と鑑定された者」の措置入院とはならなかった「その他」の8088名と、申請件数総数から「鑑定を受けた者」を引いた2867名（後年の『衛生年報』の同項目調査の「調査により鑑定の必要がないと認めた者」に該当し、「保護申請綴」ではこの該当者が多く同意入院となっていた）を合計した1万0955名が、一般からの申請により同意入院に至ったケースが多いと考えられる数字である。これは図4の同意入院患者総数の約3割弱に相当する。

ら示唆される 1951 年および 1959 年から 1970 年代初頭までの同意入院に占める医療扶助入院の割合である約 55〜64％[265]と大きく乖離はしていない。この割合は措置入院の急増があった 1961 年以降においても維持されていたことから、「保護申請綴」における同意入院や同意－医療扶助入院は、1950 年代から 1960 年代にかけての同意入院あるいは同意－医療保護入院の標本としての一般的妥当性はあるものと考えられる。

(4)「保護申請綴」に表れる行政手続き

　この保護申請綴では、1 人の患者について所轄保健所によって多少の違いが存在しつつも、大体同じフォーマットに従った文書が複数作成され、その内容はおおよそ次のようである。

① 　神奈川県知事に対し、「精神障害者の医療及び保護の申請について」という精神衛生法第 23 条に基づいた申請書が、親族等の申請者によって作成される。申請書は一旦保健所長を経由して県に届けられる。
② 　この申請を受けて管轄保健所が行った調査結果が、神奈川県衛生部長に対し報告される。
③ 　衛生部長らが知事に対し、「□□保健所長よりの進達があったので調査した結果つぎのとおりであるので精神衛生法第三十三条による同意入院として」回答してよいかを尋ねる文書が申請書に添付される。
④ 　衛生部長が、保健所長と、福祉事務所長もしくは民生安定所長に対し、医療及保護の申請に対する回答として当該患者の同意入院を指示する文書が作成される。また、その文書には、経済的事由により医療費負担能力がない場合については生活保護法を適用するようにとの注意書きが毎回必ず添えられている。

では、最初にこの①の申請書につき、説明したい。この文書は、申請者の氏

---

265) この約 55〜64％という数値は、1951 年および 1959〜70 年代初頭までの医療費財源別の入院統計を用いて、医療扶助入院数／（医療扶助入院数＋社会保険・私費入院数）から計算されている。すなわち自由入院が当時少なかったため、医療扶助入院と社会保険・私費入院の合計値が同意入院の値に近いと仮定した上での試算値であり、一定程度の幅をもって理解する必要がある。

図19 精神衛生法第23条による医療および保護の申請書見本（1959年、神奈川県立公文書館所蔵）

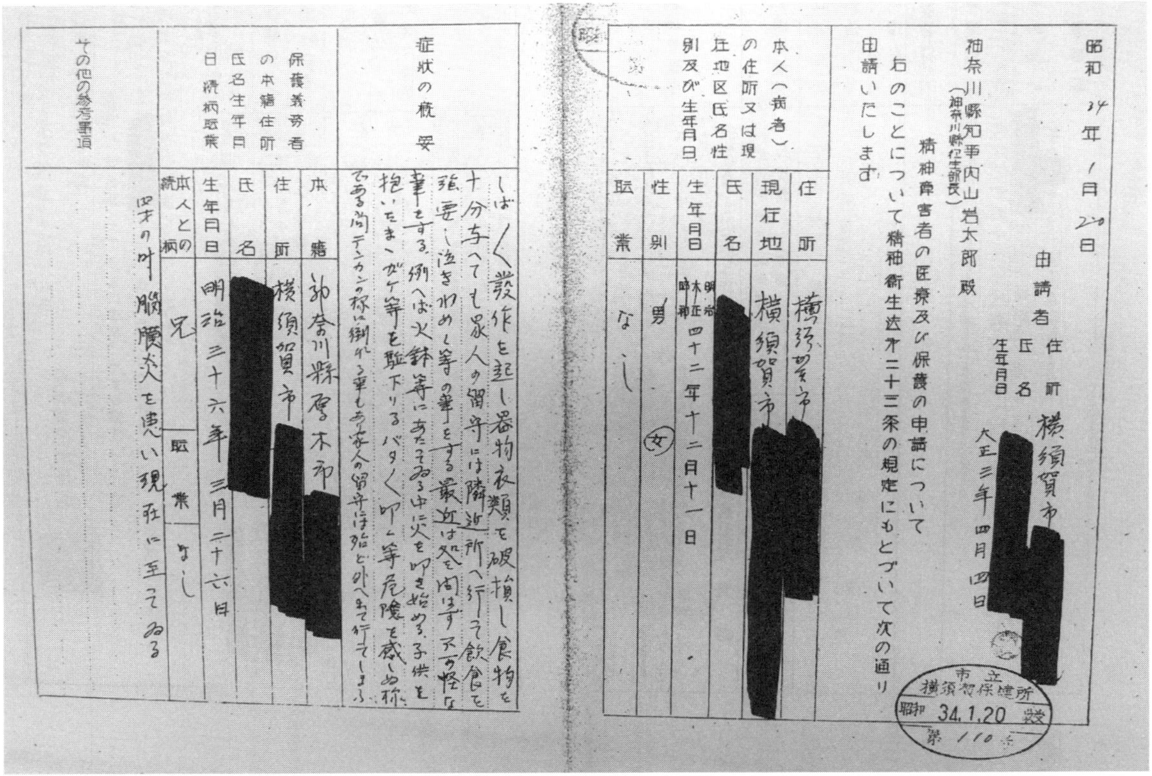

名、住所、生年月日と共に、病者の情報、症状の概要、保護義務者の情報、その他の参考事項からなっている。オリジナルは図19のようなものである（黒塗り部分は、神奈川県立公文書館の職員によるマスキング作業によるものである）。

次に④について説明する。この文書は、前記のように、神奈川県衛生部長名で、管轄保健所長と、福祉事務所長もしくは民生安定所長に対し、2通作成される。その内容は一部を除いてほぼ全く同文となっており、「精神障害者の医療及保護の申請について（回答）」として、申請者の住所氏名、患者の住所・氏名・生年月日の欄の後に、次のように書かれている。

　　　□月□日づけ□保発第□□号により申請のあつた右について保護義務者が入院治療に対して同意しているので精神衛生法第二十七条による精神鑑定には該当しない。従つて法第二十九条による措置入院（知事が強制権を発動し強制収容）の対象とならないので、法第二十二条による保護義務者の義務を履行させ、法第三十三条によつて同意入院として取扱いされたい。
　　なお、本人及保護義務者が経済的理由により医療費の負担能力のない場合は生活保護法の定める規定にもとづいて取り計うことになつているのでその旨保護の実施機関について何分宜しくお取計い願いたい。

　　精神衛生法施行について留意事項
　　　厚生省発第一一八号昭和二十五年六月十九日
　　　　厚生事務次官通ちょう
　　生活保護法による医療扶助と公衆衛生法規との関係について
　　　昭和二十九年十二月二十日　二九保護第一四四二号
　　　　民生部長　衛生部長　通ちょう

なお、オリジナルは以下の図20のようになっている。

この文章からも理解されるように、保護義務者による入院への同意により、行政上のプロシージャとして、第27条による精神衛生鑑定が不要になり、自動的に措置入院の適用とはならず、第33条による同意入院として保健所等に取扱うよう求めている。これは、県としては精神衛生鑑定＋措置入院の2つの

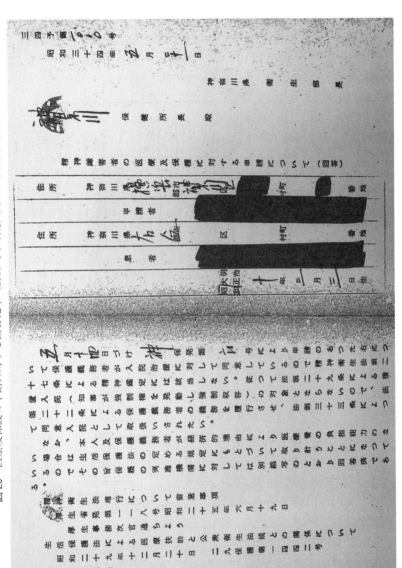

図20　医療及保護の申請に対する回答見本（1959年、神奈川県立公文書館所蔵）

手続きを省略できたということである。また、最後にわざわざ、経済的理由がある場合は、生活保護の適用を取り計らうよう指示し、関連規定についても留意を促している。

次に、最も重要な情報を得られるのは②の保健所による調査結果である。この調査結果に関する文書により、患者やその家族などについての様々な情報が把握可能になる。調査の内容項目として共通しているものは、申請者・保護義務者・本人についての氏名、住所、生年月日、続柄、職業、患者の治療履歴（発病経過）、症状の概要、調査時の本人の所在、外見上の症状の区分、入院についての同意の有無（反対の場合はその理由）、医療費の負担能力等である。その他、保健所や患者ごとに違いがあるのは、1か月収入金額・世帯月収、世帯構成員、調査結果による総合意見等であり、これらは保健所によって記入欄があるものとないものがある。

5　同意入院と家族の意向

(1)「保護申請綴」の分析結果概要

以下は、主に上記②の保健所による調査により明らかになる、154名の患者の情報について集計した結果である。一部先述の部分と重複するが、まず154名の内訳は、男91名、女63名であった。平均年齢は36.2歳、中央値は33歳で、最高齢は80歳男性（病名記載なし）、最年少は12歳の小学5年生男児（先天性梅毒の疑い）であった。

保健所の調査資料などに病名の記載があるのは83件で、精神分裂病が55件（66.3％）、麻薬・アルコール中毒が11件（13.3％）、精神薄弱が8件（9.6％）、進行麻痺が5件（6.0％）、その他の躁うつ病や癲癇・老人性精神病は4件（4.8％）であった。

医療扶助申請等の記述が明記されているのは、154件中で88件（57.1％）であった。

精神障害者の医療および保護の申請者は、両親・子供・配偶者の直系親族が75件（48.7％）、兄弟等の傍系親族が24件（15.6％）、民生委員が17件（11.0％）、警察が7件（4.5％）、保健所職員・福祉事務所長・ケースワーカー等が14件（9.1％）、隣人や知人が10件（6.5％）、医師が2件（1.3％）、検察官が2

件（1.3%）、判読不能が3件（1.9%）だった。また、保護義務者として親族がおりながら、申請者が親族以外の民生委員や隣人等だったケースは25件（16.2%）だった。

　保護義務者の同意については、親族等による同意は120件（77.9%）、市区町村長による同意は17件（11.0%）、記載なしおよび判別不能は4件（2.6%）、当初は入院に反対もしくは消極的であったが最終的に同意をしたのは13件（8.4%）であった。この13件中、入院に反対の理由として、入院費用などの経済的問題に言及しているのは10件（76.9%）であった。また、この13件中、申請者が親族ではない民生委員や隣人等であったのは9件（69.2%）であった。

(2)「保護申請綴」の事例分析

　世帯月収の調査を行ったことが分かるケースで記入があったのは30件であった。うち24件はそれぞれ月収額が記入され、6件は月収「なし」と記入されていた。また、この24件中で医療扶助の申請もしくは適用がなされているのが分かるのは17件であり、残りの7件には直接そうした記載はなかった。しかし、その7件中1件の世帯月収が18万円であった他は、最大で2万5000円（7人世帯）程度であり、文書においてもいずれも「生活困窮」「医療費負担能力なし」などと書かれており、医療扶助の適用についての直接的な記述が文書にはなくとも、実際にはおそらく医療扶助となったと思われるものである。

　ここでは、同意－医療扶助入院のケースを検証するために、医療扶助の申請もしくは適用が記入されている17件についてのみ統計を参照するが、それを表にしたのが表33である。平均世帯人員数は5.18人、世帯月収平均は1万3211円、平均年齢36.0歳となった。また、1人当たりの収入額では2550円であった。親族以外が「診察及び保護の申請」者であったのは5名であり、うち4名が民生委員であった。すべての保護義務者が、患者の入院について、保健所による調査の時点で同意していた。本人に職業があったのは3名であり、残り14名は無職であった。経済状況に関連する具体的な記述は、例えば、「S33より失職。わずかな仕送りで生活。病者の父母・実兄は結核で死亡。タクシー運転手として借金して車を買うもうまくいかず、相当苦しむ。」、「生保受給者。入院中。S23年5月頃より肺結核で静養中、精神障害をおこし入院。」などとなっていた。

表33 医療扶助の申請・適用が明記されている精神障害者世帯（17例）の詳細

	世帯人員数（本人含む）	世帯月収合計(円)	年齢	患者性別	申請者の続柄（患者からみて）	保護義務者の続柄	発病時	申請者職業	本人職業	病名（記載がある場合のみ）	入院経歴の有無	同意の有無	自殺未遂・家人等への暴力の有無
1	2	2,000	18	女	父	父		無職	織物内職		×	○	
2	2	3,250	57	男	民生委員	妻		旅館業	無職		○	○	○○○
3	5	15,000	43	女	民生委員	母		民生委員	無職			○	○○○
4	2	15,000	57	女	夫	夫	S26	大工	無職		×	○	○
5	5	12,400	18	女	父	父		古物商	無職		○	○	
6	11	20,000	32	女	兄	兄	S 26	駐留軍要員	無職	精神分裂病	○	○	○○
7	7	27,000	61	男	妻	妻		日雇	無職		○	○	○
8	4	4,000	21	男	近隣者	父	生来	農業	無職		×	○	
9	3	9,000	25	男	民生委員	実父		農業	無職	精神分裂病	○	○	○
10	9	5,000	28	男	兄	兄		農業	農業		○	○	○
11	8	39,000	26	女	叔父	叔父		民生委員	無職		○	○	
12	6	13,000	21	男	解読不能	父	S29	解読不能	無職		○	○	○○
13	3	7,000	32	女	民生委員	解読不能	S27.3	民生委員	無職		○	○	
14	4	22,000	37	女	夫	夫	S34.6	洋服修理	無職	精神分裂病	○	○	○○
15	6	16,000	20	男	母	母	S31	農業	農業		○	○	
16	9	10,000	35	男	母	弟	S31ごろ	無職	農業	精神分裂病	○	○	○
17	2	4,940	80	男	妻	妻		無職	無職	精神分裂病、生来てんかん		○	
平均	5.18	13,211	36								64.7%	100.0%	64.7%

後藤・安藤［2015］より。空欄は記載がなかったことを意味する。

次に、保健所調査による患者の暴力行為についての明確な記述は、154件中67件（43.5％）となっていた。また、この67件中、家族（直系親族・傍系親族）が保護申請者であったのは、59件（88.1％）となっていた。暴力行為の具体的内容は、「妻への暴行が顕著」、「妻に暴行」、「家人に対する乱暴が度々」、「多量に飲酒しては妻に乱暴働いております／暴行癖がある」、「時折、発作的に大声をあげ、家の中でも外でもかまわず火をもやす」、「狂暴性行動に危険性を帯びている。周りの人が落ち着いて生活できないので即時入院を希望している」、「きつねを退散させる手段として昼夜を問わずマッチを使用する。強度ではないが、きつねのお告げといいつつ包丁を振り回す」、「家の者に対しては鎌を持って暴れまわる。父親に対して、早く死ねなどと口走り乱暴をはたらく。衣類は、自分のものでも家族のものでも見境なく鎌で切り裂く」などとなっていた。

同じように、保健所による調査での近隣住民についての直接的な言及があるものは、154件中51件（33.1％）となっていた。具体的には、「隣家に行き、ご飯の要求、裸にて外を徘徊。隣人は犯罪を恐れて駐在に連絡」、「恐怖心、警戒心特に強く、落ち着きない態度を常にもつ。時としてゲラゲラ大笑いし、何も聞き入れてくれず、家人はもちろん近所の人も手こずっている」、「アパートの住人が悪口を言っていると言って、サンダルをぶつけたり水をかけたりしている。近隣住民はそれを恐れている」、「近所の娘さんが結婚すると、俺の妻をとったと刃物を振り回して婚家へ暴れこみ近所の無関係の者が被害にあっている」などとなっていた。

(3)「保護申請綴」の考察

以下では、「保護申請綴」にみられる154例について1956年の在院調査と比較しながらその特性を分析する。まず、性別と年齢について、「保護申請綴」は全国の在院精神障害者と同様の傾向を示しており、平均年齢が30代半ばすぎで男性が多いという「保護申請綴」の患者像は、在宅での患者の生活を家族や地域が許容できなくなる属性の一面であると考えられた。

次に診断別の割合でもだいたい同じとなっていたが、「保護申請綴」は麻薬・アルコール中毒が13.3％と、在院精神障害者の「中毒性精神障害」の2.3％と比べて相対的に多かった。これは、神奈川県に特徴的だった可能性と共に、

麻薬・アルコール中毒の場合、入院期間は短い一方で、急性期に家族に対する暴力行為が激しいものになることが多いことと関係している可能性も考えられ、家族側に一時的な同意入院の需要が強いことが推測された。例えばあるケースでは、「平常は普通であるが、酒を飲むと酒乱になり、家族を殺すと言って追いかけたり、家の柱を鋸で切断して警察に保護された」[266]とあった。

　精神障害者の医療および保護の申請者の内訳については、比較対象となるものが存在しない統計であると考えられる。本項目は、精神衛生法第23条による申請の際に記入されるものであるが、同条の件数の統計は、1960年以降は厚生省大臣官房統計調査部が編集する『衛生行政業務報告』（それ以前は『衛生年報』）に、第24条「警察官通報」、25条「検察官通報」、26条「矯正施設の長からの通報」と共に掲載されるようになる。しかし、『衛生行政業務報告』では、第23条の統計は「一般からの申請」という形でまとめられるため、その内訳に家族だけでなく、隣人や民生委員、医師、警察や検察官等[267]からの申請までも広く含まれてしまい、その統計の意味を正しく読み取ることが困難である。先の「保護申請綴」の結果をみると、申請者の内訳として直系および傍系親族の合計が約65％であり、残りの約35％を民生委員、保健所職員等、隣人・知人、警察・医師等が占めていた。

　このことは無論、全国的にも同様の傾向だったとは即断できないものの、精神衛生法第23条による申請には、親族以外の第三者からのものが無視できない割合で含まれていたと考えるのが自然である。親族以外の申請者としての民生委員（全体の11％）や、保健所職員・福祉事務所長・ケースワーカー等（9.0％）の存在は、患者とその家族に対する「行政」的な介入とも捉えられる。一方で、隣人や知人（6.5％）というのは、地域社会が患者を許容できなくなった事例ともいえるだろう。

　次に、保護義務者の同意については、市区町村長による同意が11％だったのを除くとすべて親族となっていた。また、保健所による調査で当初は保護義務者が同意入院に反対・もしくは消極的だったが最終的には同意したケースは

---

[266] 神奈川県文書『昭和34年　精神障害者診察保護申請関係綴』第2号』（BH6-513）整理番号136。
[267] 第24条には「警察官通報」、第25条には「検察官通報」が用意されているが、第23条は警察官及び検察官からの申請を妨げるものではない。

約8％あり、その約80％が入院に伴う費用の支出が可能かどうかを懸念していたためであった。これらは医療扶助入院により、経済的負担がかからないことが判明したことで同意に変わったと考えられる。さらに、これらの医療費負担を懸念して患者の入院に反対・消極的だったケースでは、約7割が親族以外からの第三者によって第23条の申請が出されており、世帯の経済状況が芳しくない場合、患者の病状が進行しても医療費の問題から入院をためらう家族が少なからず存在したことを示唆している。

　世帯月収については、総理府統計局の家計調査[268]と比較する。同調査による1959年における都市勤労者世帯1か月間の家計収支をみると、平均世帯人員数は4.41人、実収入は3万6873円、1人当たり収入額では、8361円であった。これと、「保護申請綴」に医療扶助の申請もしくは適用が記入されている精神障害者世帯17件の数値との関係を比率で表すと、精神障害者世帯は全国の都市勤労者世帯平均に対し、世帯人員数で117％、世帯収入は35.8％、1人当たり収入額は30.5％となる。また、患者の平均年齢が36歳であることからも、一般世帯であれば男性は主たる家計維持者、女性ならば家庭生活の中心となって活動する年齢層であり、それが17名中14名が無職であることの影響は大きかったと思われる。このようなケースにおいては、同意入院と生活保護のセットによる社会福祉型と想定される精神病床入院は、その世帯・家族にとっては、患者のケアにかかる負担を軽減したのは間違いない。

　患者の暴力行為については、43.5％に明確な記述があり、「保護申請綴」全体の半数近くにのぼった。また、この内で家族が保護申請者だったものが88％という高率となっており、申請者全体に占める家族の割合の約65％をかなり上回っていた。このことから、家族・親族への患者による暴行が、家族が患者との生活を断念し、入院を望む大きなきっかけとなっていたことが考えられた。

　また、地域住民に関する情報が記載されていたのは「保護申請綴」の全体の約3分の1となっており、これらはほぼ例外なく患者の存在に対しネガティブな記述として判断可能だった。近隣住民に代表される地域社会は、精神障害者の存在に迷惑や危険を感じていたと思われるケースも少なくなく、中には刃物を持ち出すなど状況的には措置入院に該当するであろう事例もあった。こうし

---

[268] 東洋経済新報社編［1991：109］。

た近隣住民からの苦情や視線が、家族や民生委員を中心とした保護申請と、その後の同意入院につながったこともしばしばあったことが窺われる。

(4)「保護申請綴」総括

　神奈川県立公文書館に所蔵されている『昭和34年　精神障害者診察保護申請関係綴　第1号、第2号』(BH6-512、BH6-513)に登場する154例のケースについて分析した。

　その結果、精神衛生法第23条による患者の「保護申請」により同意入院を行う行政手続きでは生活保護の医療扶助費での申請の検討が内在化されていたこと、同意入院となるケースとして30代以上・無職・男性・家族への暴力という患者が多く、地域住民への迷惑行為などがあったと思われること、同意入院患者の多くの世帯は経済的困窮の問題を抱えており医療扶助申請を行うことが比較的一般的であったことなどが明らかとなった。

　これらの分析結果から、1950年代から1970年代の精神病床入院において量的中心を占めていた同意入院の背景には、主に、身内にしばしば暴力をふるう30代以降の無職の患者を抱え、また近隣住民からも白眼視されるなど、患者との共同生活に耐えきれなくなった貧困世帯の家族の需要を読み取ることができるだろう。そして、このような同意入院患者に対し、医療扶助の適用が行われていた。つまり、こうした貧困世帯の入院需要に対し、精神衛生法は同意入院という家族が主導できる入院形態を用意し、生活保護法は自己負担がゼロとなる公費給付を行ったのである。こうした精神科入院の機能として、家族に対する社会福祉的な側面が観察できるであろう。

　このようにして生活保護法という公的扶助制度は、精神衛生法の同意入院（精神保健法以降は医療保護入院）と連動して利用されることで、精神障害者の入院と精神病床の増加に重大なインパクトをもったのである。付言すべきこととして、こうした同意‐医療扶助入院の入院プロセスの中に、国家による社会防衛的・治安的要素を明確に見出すことは基本的には困難だということである。

終 章

　現在、日本の精神保健医療福祉における政策課題が、過剰な病床数の削減と在院期間の短縮であることに異を唱える論調はほとんどないといってよい。21世紀に入って以降、同領域の進むべき方向性については、地域精神医療をベースにするというコンセンサスが各方面で形成されている。

　しかし、そもそもなぜ、このような国際的な標準から逸脱した、入院に傾斜した精神医療供給の構造が現代日本には存在しているのか。先行研究はこの点について十分に説得的な議論や考察を展開してきたとは言いがたいし、医療関係者たちもこの問題に主要な関心を向けることは少ない。

　このため本書は、現代の政策課題の根幹である大規模病床ストック数と長期在院に特徴づけられる戦後日本の精神医療供給が、いかなる構造的要因をもって形成されてきたのか、ということについて、多様な一次資料を利用しつつ、20世紀初頭から1980年頃までという長期の時間軸で考察してきた。

　その方法として、筆者が主張する精神病床入院の3類型という理論的分析枠組みから、日本の精神医療史を再構成することを試みた。この3類型とは、精神病床入院が歴史的に包含してきた社会防衛、治療、社会福祉という機能を、それぞれ特別法、私費・社会保険、公的扶助という医療費支払区分に操作的に対応させたものである。

　精神病床入院の3類型の解釈において重要なのは、序章の理念図（図3）に示したように、各類型には重複する部分が存在することである。特別法、私費・社会保険、公的扶助に分類される医療費支払区分は、社会防衛、治療、社会福祉という中心的機能との対応が規定されているが、これは常に完全な一対一の対応となるわけではない。むしろ、その他の機能を併存させることも多いというのが前提となっている。そして、この重複部分は、時代や制度改変等で拡縮するのが特徴である。

　このようなパースペクティブの導入により、精神病床・精神科入院の長期的

推移を3類型のバランスの変動の歴史として考察することが可能になる。以下では、本書で得られた知見を、時期別に簡単にまとめたい。その際に、3類型別の推移として最も長期の時間軸で示した図21を参照する。

(1) 20世紀前半期の精神病床

日本の精神病床供給の歴史にとって、精神病者監護法（1900（明治33）年）の第6条（およびその実施要領である明治三十三年六月三十日勅令第二八二号）に定められた市区町村長を運用主体とした監置の導入は、画期となる出来事であった。同条は、精神障害者に対する行政主導による日本最初の全国レベルでの収容体系であり、かつ同条により精神病床への公費投入（公費監置）が制度化されたからである。この際に採用された患者収容の運用手続きは、強制性・公費負担・知事の最終承認といった法的構成において、戦後の精神衛生法以来の措置入院の原型を成していると考えられ、後の時代に対する影響も大きなものだった。

また、1919年に制定された精神病院法での公費入院中には、元々は精神病者監護法第6条の患者が多数移管されていたことを本書では明らかにした。これらの公費収容について、法文のみならず、当時の行政文書やその他一次資料の分析から、その内実が社会防衛型の機能を中核にもった入院として整理されることを論じた（第1章）。

同時期には、別種の流れとして、私費で短期の入院を行う治療を主目的としていた患者層も存在していた（第2章）。大正・昭和初期には、マラリア発熱療法のような最新医療を提供する精神病院も増加し、治療のために精神病院に短期入院する行動パターンをもった有資産患者層が一定の規模で形成されていたのである。

1932年より施行された救護法による精神病床入院は、当時の行政文書の分析（第3章）等を行うことにより、極貧階層の患者に対する救貧的な意味合いをもった社会福祉型の入院機能があったことが確認された[269]。救護法での収容救護が歴史的に肝要である点は、量的には少ないものの、原則として、拘禁的措置が前提でないこと、家族の申請、資産調査、公費支出等があったことであ

---

[269] 第3章でも触れたように、厳密には恤救規則（1874～1931年）などによる「施療」と呼称された形式による入院が、さらにその前史としてわずかに存在していた。

終章　173

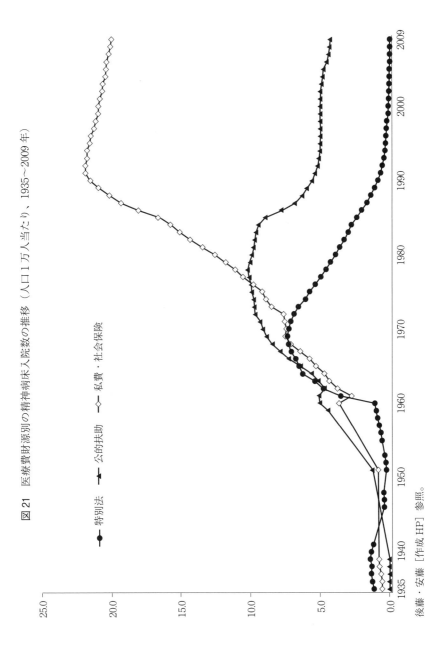

図21　医療費財源別の精神病床入院数の推移（人口1万人当たり、1935〜2009年）

凡例：●特別法　▲公的扶助　◇私費・社会保険

後藤・安藤［作成HP］参照。

る。これらが、戦後の精神衛生法下の同意入院と、生活保護法の医療扶助を適用した精神病床入院の前史となったと考えられるのである。

以上のように、遅く見積もっても日本では1930年代には、社会防衛型、治療型、社会福祉型と区分できる入院・病床機能が制度的に確立し、精神病床入院の3類型が完成したと把握できた。

図21に示したように、精神病床入院の3類型に従うと20世紀前半期における日本の精神病床入院は、主に精神病者監護法と精神病院法の適用を受けた特別法による公費入院が多数を占めており、次いで私費・社会保険での入院、そして多くはなかったとはいえ救護法による公費入院も登場した。その上で、約2万4000を最大値とした20世紀前半期日本における精神病床数を捉えなおすと、特別法 – 社会防衛型の入院が最も多く、その次に私費・社会保険 – 治療型、最も少なかったのが公的扶助 – 社会福祉型の入院であった。

つまり、20世紀前半期の日本の精神病床入院は、社会防衛型の入院機能を中核に成立しており、それに続いて治療型、そして残りの部分を社会福祉型が埋めていたといえるのである[270]。

(2) 1950年代から1980年頃までの精神病床

序章にみたように、1950年代から1980年前後の時期こそが、戦後日本の高水準の精神病床ストック形成期であり、今日にまで続く30万床の成立過程を分析する上で枢要な意味をもっている。この点を考察するに際し、民間病院を含めた精神病床における公費患者割合が、ほぼ20世紀を通じて5割前後と高率で推移していた（序章第4節）事実に改めて着目したい。この公費患者は、1950年代半ばから1980年前後の病床急増期においても当然ながら大きな割合であったが、図21（および図7）に示されているように、とりわけ生活保護法による入院患者が総計では最重要の位置を占めていたのである。

具体的にみていくと、まず大きな動きとして、1950年に精神医療に関わる

---

[270] 19世紀末まで遡ると、例えば、1890年の全国精神病床数は約700床（岡田［2002：180］）程度で、同年末の東京府巣鴨病院には96名の施療患者（加えて12名の自費患者）がいた（呉［1912：63-64］）。1890年頃の巣鴨病院には、精神病の無籍行旅人や満期釈放の在監囚が公費収容されていた（松沢病院医局［1925：6］）ため、富田［1992］がいうように少なくとも当時唯一の公立病院であった巣鴨病院は、主に社会福祉（救貧）型と社会防衛型の2つの機能を備えていたと考えられる。

総合的な法律として、措置入院や同意入院など新しい制度を多数実装していた精神衛生法が成立した。一方で、図21に示されているように、1950年代の入院は、新しく導入された特別法での医療費支払（措置入院）の運用はわずかなものにとどまり、生活保護法（公的扶助）での入院が最多となっていた。1961年以降には、特別法の一時的な急伸とその後の減少、社会保険の堅調な増加、そして公的扶助による量的な膨張を経験した（第5章）。強調されるべきと思われるのは、1961年に国民皆保険が達成されたにもかかわらず、その1960年代を含め、1977年になるまで精神科入院で最も多かったのは、社会保険での患者ではなく、生活保護法による入院患者だったことである。

3類型の視点に置き換えるならば、1950年代の精神病床入院は社会福祉型を中心に成立しており、1960年代には社会防衛型、治療型、社会福祉型のいずれのタイプにおいても大きな拡張が生じた。しかしながら、社会防衛型は1970年頃を境に急速な減少トレンドへと転回し、その間社会福祉型は中核として伸び続け、治療型もそれに続いたこととなる。

こうした量的側面に加え、生活保護法による入院は、社会保険での支払いによる入院よりも、長期在院化の傾向が一貫して観察された[271]。一方で、データには限界があるが、社会保険での入院は比較的に短期で、かつ入院中に受ける精神科特殊治療の種類も生活保護での入院患者よりも多かった（第5章第5節）。

これに加えて、この時期の精神病床・精神科入院の大半は、家族の入院承認を得た同意入院によって開始されており（第5章第2節、図4、図5）、医療費支払として医療扶助が適用されたケースも大半がこの同意入院を経て行われたと考えられる。

このことから、公的扶助セクターを通じた社会福祉型の入院は、家族による入院同意を経た非自発的入院として開始され、1950年代から1980年頃に医療費支払区分として量的に最多（第5章第2節）であったのみならず、長期在院

---

[271] Okumura et al. [2018]。同論文は、生活保護法の医療扶助という医療費支払区分に着目した全国の個票ベースの研究であり、近年においても精神科入院患者数と生活保護受給者の割合が重要な関係をもつことを明らかにしている。これまでの関連する先行研究では、相対的に医療費支払区分は注目されてこなかったが、こうしたソリッドな現代の研究によっても医療費支払区分のうち、特に公的扶助型の支払いが入院の量に重大な影響を与えていたという本書のパースペクティブは補強されると考えられる。

化（第5章第3〜5節）を伴いやすく、精神科特殊治療を受ける機会も少なかったといえる。

　つまり、これまで先行研究で重視されてきたような社会防衛型の機能は、戦後の精神病床急増に与えたインパクトとしては最も小さく、最大の供給源であったのは社会福祉型の機能であったということである。また、社会保険の政策的な拡充により、治療型の入院も時代を経るごとに大きな割合を占めるようになっていったと考えられるのである。

　以上、精神病床入院の3類型のパースペクティブにより、1950年代半ばから1980年頃に形成された、日本の精神病床・精神科入院の特徴である大規模な病床数と長期在院傾向は、家族による入院同意を経由した社会福祉型の入院によって最も牽引されて構築されてきたことが明らかとなったといえよう。

(3) 1980年代以降の精神病床

　1980年代以降の病床推移は、本書における具体的な分析対象とはなっていない時期である。よって、実証性の面でやや問題を抱えていることは否めないものの、そのアウトラインを述べつつ、3類型の視点から解釈できる範囲で考察しておきたい。

　まず、精神病床数そのものの推移は、1979年に30万床を突破して後、1980年代以降は微増微減の動きを示したにとどまったと総括できる（図2参照）。ただし、2012年頃より減床スピードが上がってきており、そのペースが今後も加速していくのであれば、日本の精神病床数・入院数は大きなターニングポイントを迎えることになるだろう。

　これに対して、図21の3類型の枠組みの推移から読み取れることは、まず1970年頃より始まり2000年前後に人口1万人当たりで1人以下になるまで続いた特別法－社会防衛型の明確な減少基調である。そして、1985年頃から1992年頃までに生じた公的扶助－社会福祉型の半減およびその後の安定性の獲得と、それに反比例して増大の動きを示した社会保険－治療型の傾向が発見できる。

　特別法（措置入院）に関しては、第6章第1節においても言及したが、措置入院の急増自体が1961年以降に極めて政策的かつ政治的な要因によって引き起こされたものであった。よって、この一時的なリフトアップの効果の消失に

より、基本的には自然減少が生じたとみなせる。ただし、2000年前後以降の精神病床入院に占める特別法[272]の割合は、前例のないレベルの少なさであり、戦前期を含め過去とは異なる構造的な意味の変化が起きたことが示唆されている。

次いで、公的扶助 - 社会福祉型の1985年頃から1992年頃までの減少と、社会保険 - 治療型の増加であるが、まず政治的にはオイルショック後の1980年代に開始される、いわゆる「福祉見直し」政策の影響が大きいと考えられる。1985年頃はバブル景気の始まりの時期であり、こうした好景気の要因もあっただろうが、生活保護の適用者数の減少は精神医療の領域のみでなく、全制度的に急激に発生しており、政策的な保護の抑制や自立の推進が特に強く行われたことと無関係ではないはずである。

一方、措置入院の減少基調は終始安定した動きとなっており、この時期の公的扶助と社会保険の両極端な動向は、全く影響を与えていない。また、全体での病床・入院者数の傾向に大きな変化がないことから、精神科入院中の患者の生活保護から社会保険への支払区分の移管が生じ、かつ新規入院においても医療扶助適用の差し控えと社会保険利用の勧奨が起きたことが推測できる。

以上、1980年代以降の精神病床入院の推移を整理するならば、特別法による社会防衛型の入院の量的インパクトの完全な喪失と、治療型入院の主流化[273]、そして社会福祉型の低位安定化であると総括できるだろう。

(4) おわりに

ここまで20世紀日本の精神病床入院の推移について、改めて3類型の視点から振り返った。繰り返しであるが、精神病床入院の3類型のパースペクティブによって得られた最大の成果は、20世紀後半期に生じた高水準精神病床スト

---

[272] 本来、ここには医療観察法による入院分も加えてしかるべきであるが、今回の作業では行っていない。

[273] 社会保険による入院が主流化したとはいえ、近年の入院患者の高齢化（2015年の精神病床に占める65歳以上の高齢者率は55.7%で、一般人口の高齢化率である26.7%の2倍以上。厚生労働省社会・援護局障害保健福祉部精神・障害保健課、国立精神・神経医療研究センター精神保健研究所［2015：II.2.（2）］）などを考えると、国民健康保険や後期高齢者医療の自己負担限度額の少ないカテゴリーの入院患者が多くなっているはずであり、こうした層の社会保険での入院においては、治療型よりも社会福祉型の機能が拡張していると考えられる。

ックが、家族の入院承認（同意入院）を経た、公的扶助（生活保護法の医療扶助）セクターからの社会福祉型入院に最も主導されて構築されたことが明らかになったことだと考えられる。

　この理由には、生活保護法が特に1960年代以降に制度的な拡大を経たことと共に、患者・家族の経済的負担がないため経済面から退院へのインセンティブが効かないことや、生活保護法の医療扶助入院の運用に対する様々な促進要因、家族の意向が反映されやすい同意入院（医療保護入院）という制度的要素、そして民間病院の営利的動向等があったと考えられる。重要なのは、各要因が相補的に生活保護法での医療費支払‐社会福祉型の入院と長期在院化を促進していたということである。

　そして、患者世帯の経済的困窮が、生活保護法適用の条件になっていたのはいうまでもない[274]。患者世帯を広範に覆っていた貧困こそが、病床急増期である1950年代から1980年頃における、生活保護法を利用した精神科入院増大の最も重大な社会経済的与件であったと考えられる（第6章第2節）。だが、この精神疾患と貧困の問題は、これまで不自然といってよいほど注意が払われてこなかった。

　1954年と1963年に全国を対象に行われた精神衛生実態調査の結果は、患者世帯を覆っていた貧困を強く示唆していた。だが、その事実は学問的[275]にも社会一般[276]からも広い認知を得られなかったのである。この1963年の精神衛生実態調査以来現在に至るまで半世紀以上にわたって、患者世帯の具体的な経済状況に関する全国的調査は行われていない[277]。罹患期間が一般に長い精神疾患では、家計状況が家族と本人の生活実態に極めて大きな影響を与えるに

---

274) 裕福な世帯から、入院する患者のみを世帯分離して、生活保護の適用になるようなケースは貧困とは必ずしも結びつかない。しかし、その量は精神科入院の全体からするとごくわずかであったと考えられ（第6章第3節参照）、患者世帯が一般人口に比しても貧困であったことは十分に推定される（第6章第2節参照）。

275) 美馬達哉は、精神疾患と精神医療を対象として扱う人文社会学が、社会階層と精神疾患に関する議論をほとんど紹介してこなかったことを指摘し、日本の精神医療の改革を主張してきた人物たちのバックグランドからみて「奇妙ともいえる欠落」であると書いている（美馬［2016：49］）。

276) 大谷藤郎は、精神病の問題が「貧困」と結びついているという「肝心の啓発数字が世に知られなかった」ことを嘆いている（精神保健福祉行政のあゆみ編集委員会編［2000：170-171］）。

もかかわらずである[278]。

　もう1つ、社会福祉型入院が多かった理由として、本文では明示的に言及してこなかったが、日本社会におけるケアラーとしての家族をめぐる、一見すると相反する問題を無視することはできない。欧米と比較して日本においては、世帯内の障害者や高齢者、幼児などについて、家族が強いケアの責任を負う傾向があるといえる。宗像恒次はこのことについて、次のように書いている。

> 精神障害者に対する保護や世話は家族・親族の肩にかかっており、伝統的にそれが強く期待されてきた。……アジア社会にはこうした社会的期待が根強く存在する。個人の自律性（autonomy）や独立性（independence）を重視する欧米社会では、一般に成人となった者の世話を担う社会的義務はない。アジア社会では……その責任を果たさなければ、社会的に非難され、家族の方も罪意識をもつ。[279]

> 自分たちの患者のケアに懸命に努力する気持ちのある家族でも、否、そういう気持ちのある家族であればあるだけ、そのケアに疲れきり、燃えつきてしまいかねない。[280]

　このような日本的な家族のケアの在り方は単に規範的、理念的なものだったわけではない。制度としても、20世紀前半期の精神病者監護法であれば監護義務者、戦後精神衛生法であれば保護義務者、その後は保護者（精神保健法、精神保健福祉法）[281] などとして、患者のケアや治療、監視等について各種の法律上の責務が家族に課されていた。

---

277) この理由の1つに、患者や家族が疫学調査に反対してきたという点がある（暉峻［1987］など）。ただし、全国精神障害者家族連合会の会員を対象とした1985年の調査（第6章第2節参照）など個別の調査は存在し、そうした調査からも精神障害者世帯の貧困の問題は現在も大きく変化していないのではないかと予想される。

278) 患者本人と家族を広く取り囲んできた貧困の問題が直視されずに臨床が実践され、政策や研究が遂行され続けてきた理由や非合理性そのものも改めて問い直される必要があるだろう。また、社会福祉学などの研究領域においても、これだけの規模の医療扶助入院が存在した精神医療について、より真摯な問題意識の定立と、研究上のコミットメントがあってしかるべきだったはずであろう。

279) 宗像［1990：14］。

280) 宗像［1990：19］。

日本におけるこうした文化的規範・社会的期待・制度的義務により家族は、ケアを必要とする患者と濃密で閉鎖的な関係性を形成しやすく、時に自らの個人的自由を大幅に制限されてなお、患者のために生活を犠牲にすることを選択するし、また選ばざるを得ない状況に追い込まれることが少なくない。

　しかしその一方で、家族には、病人、老人、障害者などを世帯の内側から外部に押し出そうとする斥力が備わっているのも事実なのである。この斥力の遂行は、家族にとって苦渋に満ちた決断であるが、ケア責任を強く家族に課す社会において、その重みに耐えかねて家族そのものが崩壊しないための機能を本質にもつ。

　また、ケアの物理的負担そのものでなくとも、精神障害者への地域の差別感情や排他的姿勢も、家族の患者に対する斥力を強化するだろう。精神病床への患者の長期入院は、家族が地域での日常生活において障害者を世帯内に抱えることに伴うスティグマから逃れることを可能にしてきたとも言えるのである[282)]。

　重要なことは、少なくとも20世紀後半期の日本の家族は、患者のケアに関して様々な負荷を課せられていた一方で、世帯内の障害者を弾き出そうとする斥力を制度によって後押しされてきた側面もあることである。医療費が公費で負担される社会福祉型の入院制度[283)]や、非自発的入院に際して家族に権限を与える仕組み（同意入院・医療保護入院）[284)]などは、それを最も端的に表現しているだろう。

---

281) 精神保健福祉法の改正により2014年4月以降、日本では保護者制度は廃止されたが、患者にとっての非自発的入院形式である、医療保護入院に際する同意権者としての地位は家族に残った。日本精神科病院協会の調査では、保護者制度廃止後の2014年4月から同9月30日までに実施された医療保護入院者の同意者の内訳は、配偶者（23.1％）、父母（30.6％）、子・孫等（25.2％）、兄弟姉妹（15.3％）、市町村長（3.9％）、その他で、家族等が占めた割合は95％に近かった（日本精神科病院協会［2015：4］）。

282) ハンセン病罹患経験者の超長期収容の問題でも、家族が抱えるこの斥力について同様の議論が展開できるはずである。

283) 公的扶助・医療扶助が、患者の入院に傾斜して制度化されたことで、ある意味で社会福祉は、家族が患者を切り離すツールとなってしまった側面がある。公的扶助としての生活保護は、地域で患者が暮らすことに対する支援としての形態もありえたはずだが、少なくとも精神医療では、入院による患者の社会的排除として機能した面が否定できない。

284) ドイツやスウェーデン、イタリア、イスラエルといった国では、精神障害者の非自発的入院に際して家族・親族は申請者として認められていない。非自発的入院は、多くの国では医師が申請し、司法が可否を判断している（Kallert［2007］）。

このことを踏まえれば、同意入院などを通じて家族に主導された戦後における膨大な数の精神科入院とは、世帯から患者を排出しようとする、この斥力の現実的な結果として発現したとも一面では捉えることができるのである。また、こうした斥力の実行は社会経済的余力の乏しい世帯で多くなされたと考えられる。これは、家族に課されていた世帯内の障害者のケアという倫理的・制度的・慣習的制約が、公的扶助の増進（および社会保険の拡充）によって解放されていったことを意味しているであろう。

　また、しばしば世論の攻撃対象となりやすい生活保護予算であるが、精神病床入院へ投入されてきた莫大な公費が政治的、かつ社会的に問題化されたことはほぼなかったことについても着目するべきである。なぜなら、こと精神障害者のケアに関しては、公費をもって家族のケア責任を病院に積極的に代替させる道を受容したと解釈できるからである。

　以上のことは、精神障害者本人と同様、あるいはそれ以上に、「家族の救済」のためにも多額の公費支出が正当化されてきたようにみえる。戦後日本社会に現出した大規模な精神科入院と長期在院とは、表面的には精神医療や病院、疾病の問題でありながら、最も本質においては、精神障害者を世帯から病院に移すことで家族を長期にわたるケア義務やスティグマから解放し、それにより残余の家族の維持を図る意味も込められていたと考察できるのである。

　そのため、実は、日本の大規模精神病床数と長期入院の問題は、国際的標準からの乖離を批判すればよいというほど単純なものではない。家族に世帯内の精神障害者のケアを強く課す社会において、患者の長期入院が家族にとっての救済となる側面を無視できないからである[285]。

　もし、社会福祉型の機能をそぎ落としていき在院期間の短い治療型の病床への転換をこれまで以上に推進するのであれば、社会福祉型の病床がもっていた機能が、地域で十分に代替されなければならない。そして、この際に、ケア義務のベクトルを、病院から家族に振り向けなおし、そのサポートをするという方向は、歴史を振り返ったときにリスキーなものであろう。

---

285) 同様の問題は、決して精神疾患にとどまるものではない。高齢者、幼児、障害者、ひきこもりといった領域にまで共通する家族のケア責任の重みは、文化的、歴史的に複雑な背景と構造をもって成立してきており、精神医療の領域においてのみ問題解決が可能なものではない。

以上のように、戦後日本において展開してきた精神医療をめぐる精神病床供給・精神科入院の構造は、まさにこうした日本社会における倫理的規範や制度的義務をめぐる家族の内部の力学を無視しては説明できないように思われる。しかしながら、終章に示したこうした論点は、本書によっては実証性のレベルでまだ明言できるようなものではなく、あくまでそうした解釈の蓋然性が高くそれを基に議論を展開できるという段階である。これらのことについては、筆者の今後の課題としたい。

文　献

一次資料

川崎市公文書館所蔵　精神医療・精神障害者関連文書

「精神病者監護法（精神病院法）関連史料　簿冊・文書名別」については、史料名、文書番号、文書名、患者名、調査依頼元役所名は原則的に川崎市公文書館における管理形式のままであり、その他の項目は筆者が追記したものである。「救護法関連史料　簿冊・文書名別」は整理番号、登録番号は川崎市公文書館の管理形式であり、「精神医療、患者に関係する文書番号」の列のみ筆者が作成したものである。

　以下は、本論において直接的に利用した文書以外にも、何らかの形で精神病に関連する文書が含まれていたすべての文書を抜き出したものである。ただし、関連する簿冊とそこに含まれる文書群は膨大であり、漏れがある可能性は否めない。

「精神病者監護法（精神病院法）関連史料　簿冊・文書名別」

　資料番号、文書分類、文書枚数、文書中戸籍謄本枚数は、筆者が追記したものである。

史料名	資料番号	文書番号	文書分類	文書名	患者名・調査依頼元役所名	文書枚数	文書中戸籍謄本枚数
大正十四年　恤救書類　第一種（A18）	1	4号	監置	精神病者取扱費請求書　不詳啞者女	啞者女	3	0
	2	19号	監置・請求	精神病者□□□郎ノ件	□□□郎	3	0
	3	39号	監置・請求	精神病者重□	重□	7	0
	4	53号	監置・請求	精神病者□□□子ノ件	□□□子	13	0
	5	58号	被・資産および扶養者調査依頼	精神病者□□夫ノ件	横浜市	2	0
	6	67号	義務調査依頼	精神病者□□次ノ件	川崎市役所	5	0
	7	72号	監置・請求	精神病者□□□さノ件	□□□さ	9	0
	8	76号	被・資産および扶養者調査依頼	精神病者□□□□郎ノ件	東京府豊玉郡□□町役場	4	0
	9	79号	被・資産および扶養者調査依頼	精神病者□□□メノ件	横浜市役所	2	0

分類	No.	番号	種別	件名	宛先/人名	数	数
恤救書類 第一種 大正十五年 (A22)	10	2号	被・資産および扶養者調査依頼	精神病者□□□保ノ件	東京府荏原郡□□町	3	0
	11	4号	被・救護施設等質問	精神病者行旅病者救護状況ニ関スル件	門司市長	2	0
	12	8号	被・資産および扶養者調査依頼	精神病者□□□夫ノ件	横浜市	2	0
	13	17号	被・資産および扶養者調査依頼	精神病者□□□郎ノ件	横浜市	2	0
衛生書類 昭和八年 (A131)	14	1号	監置・請求	精神病者取扱費請求ノ件	□□□□郎	22	0
	15	23号	監置・請求	同上	□□造	25	1
	16	49号	監置・請求	同上	□□□郎	24	7
	17	74号	被・資産および扶養者調査依頼	精神病者ニ関スル件回答	大阪市	2	
	18	76号	被・救護施設等質問	精神病行旅病人癩患者収容ニ関スル件回答	高松市役所	4	
	19	80号	監置・請求	監置精神病者死亡報告	□本□	23	
	20	104号	義務者願書など	委託患者引取方照会	□□□□シ	2	
	21	106号	病院作成文書	精神病患者引渡書	□□□□シ	1	
	22	107号	義務者願書など	精神病患者救護願	□□□サ	1	
恤救書類 昭和八年第一種 (A133)	23	1	監置	私費脳病患者入院ニ関スル件	□崎□	4	
	24	2	被・資産および扶養者調査依頼	精神病者扶養義務者調査ノ件	八王子市役所	4	
	25	3	被・資産および扶養者調査依頼	戸籍謄本請求並資産状態調査ノ件	県立芹香院	4	
	26	4	被・資産および扶養者調査依頼	戸籍謄本請求並資産状態調査ノ件	県立芹香院	4	
	27	5	被・資産および扶養者調査依頼	戸籍謄本請求並資産状態調査ノ件	県立芹香院	2	
	28	6	被・資産および扶養者調査依頼	繰替金徴収ノ件	浅草区長	6	
	29	7	被・資産および扶養者調査依頼	精神病者扶養義務者調査	滝野川区役所	3	
	30	8	被・救護施設等質問	精神病者監置室ニ関スル件	鹿児島市長	2	
	31	9	監置・請求	精神病者監護費請求書	□□政	16	2
	32	10	監置・請求	精神病者監護費請求書	□□助	72	13
	33	11	監置・請求	精神病者監護費請求書	啞者女	31	
	34	12	監置・請求	精神病者監護費請求書	□□□郎	23	3
	35	13	監置・請求	精神病者監護費請求書	□□助	27	5
	36	14	監置・請求	精神病者監護費請求書	□□造	29	9
	37	15	監置・請求	精神病者監護費請求書	□原□	30	10
	38	16	監置・請求	精神病者監護費請求書	□□吉	23	2
	39	17	監置・請求	精神病者監護費請求書	□□吉	40	2

文献 185

40	18	被・資産および扶養者調査依頼	精神病者扶養義務者ニ関スル件	滝野川区役所	6	0
41	19	被・資産および扶養者調査依頼	戸籍謄本請求並資産状態調査ノ件	県立芹香院	4	0
42	20	被・資産および扶養者調査依頼	戸籍謄本請求並資産状態調査ノ件	県立芹香院	5	0
43	21	被・資産および扶養者調査依頼	戸籍謄本請求並資産状態調査ノ件	県立芹香院	4	0
44	22	被・資産および扶養者調査依頼	戸籍謄本請求並資産状態調査ノ件	県立芹香院	6	0
45	23	被・資産および扶養者調査依頼	精神病者扶養義務者調査ノ件	目黒区役所	4	0
46	24	請求	監置精神病者監護費請求	横浜脳病院	12	0
47	25	被・資産および扶養者調査依頼	戸籍謄本並ニ資産調査ノ義ニ付回答	県立芹香院	5	0
48	1	監置・請求	精神病者□崎□監護費用請求書	□崎□	18	1
49	2	監置・請求	精神病者□宮□□費用請求書	□宮□□	15	0
50	3	監置・請求	精神病者□藤□費用請求書	□藤□	39	2
51	4	監置・請求	精神病者□田□□費用請求書	□田□□	35	3
52	5	監置・請求	精神病者□井□□監置料徴収ノ件	□井□□	20	4
53	6	被・資産および扶養者調査依頼	精神病者□□□リニ関スル件回答	□□□リ	3	0
54	7	被・資産および扶養者調査依頼	精神病者扶養義務者調査ノ件	□野□	3	0
55	8	その他	委託監置精神病者本県代用精神病院入院ノ件	神奈川県警察部長	4	0
56	9	被・資産および扶養者調査依頼	精神病者監護義務者調査ノ件	浅草区役所	2	0
57	10	監置・請求	精神病者□□□寿費用請求書	□□□寿	30	3
58	11	監置・請求	精神病者□□□つ費用請求書	□□□つ	50	2
59	12	監置・請求	精神病者□□□郎費用請求書	□□□郎	27	4
60	13	監置・請求	精神病者□□□吉費用請求書	□□□吉	40	5
61	14	監置・請求	精神病者□□□ヨ費用請求書	□□□ヨ	21	4
62	15	監置・請求	精神病者□□□代費用請求書	□□□代	21	2

恤救書類　昭和九年第一種（A169）

	63	16	監置・請求	精神病者□□□重費用請求書	□□重	25	8
	64	17	監置・私費	私費脳病患者依託入院ニ関スル件	□□吉	14	0
	65	18	監置・請求	精神病者□□□ツ費用請求書	□□ツ	20	6
	66	19	監置・請求	精神病者□□□郎費用請求書	□□□郎	18	1
	67	20	被・資産および扶養者調査依頼	戸籍謄本請求並資産状態調査ノ件	□□□治	5	0
	68	21	その他	精神病者監護費徴収ノ件	川崎市衛生課長	1	0
	69	22	被・資産および扶養者調査依頼	戸籍謄本請求並資産状態調査ノ件	□□□松	6	0
	70	23	監置・請求	精神病者□□□郎費用請求書	□□□郎	12	2
	71	24	監置・請求	精神病者□□□雄費用請求書	□□雄	16	3
	72	25	監置・請求	精神病者□□□松費用請求書	□□松	19	2
	73	26	監置・請求	精神病者□崎□費用請求書	□崎□	23	7
	74	27	監置・請求	精神病者□□□吉費用請求書	□□吉	15	2
衛生書類　昭和十一年　2/4（A247）	75	1号	監置・請求	監置精神病者□□□く請求書	□□□く	28	2
	76	―	監置・請求	オリジナルの目次ではこの患者1人分の文書がスキップされている	□□□ヨ	32	2
	77	2号	監置・請求	監置精神病者□□□吉請求書	□□吉	27	5
	78	3号	監置・請求	監置精神病者□□繁請求書	□□繁	33	6
	79	4号	監置・請求	監置精神病者□□□ル請求書	□□ル	48	7
	80	5号	監置・請求	監置精神病者□□□サ請求書	□□サ	52	4
衛生書類　昭和十一年　3/4（A248）	81	5号つづき	監置・請求	監置精神病者□□□サ請求書	□□サ	35	8
	82	6	監置・請求	監置精神病者□□□助請求書	□□助	24	4
	83	7	監置・請求	同上	□□□治	32	6
	84	8	監置・請求	同上	□□□助	67	13
		9	監置・請求	同上	□□次	20	2
		10	監置・私費	脳病患者私費入院ニ関スル件	□□□ル	24	
	85	11	被・資産および扶養者調査依頼	精神病者□□□義務者調査ノ件	東京市浅草区長	6	

文献　187

86	12	被・資産および扶養者調査依頼	精神病者扶養義務者□□□	東京市向島区役所	4	
87	13	被・資産および扶養者調査依頼	同□□□ニ関スル件	岡山県久米郡	7	3
88	14	被・資産および扶養者調査依頼	資力調査ノ件□□□他五名		3	
89	15	被・資産および扶養者調査依頼	資産状態調査ノ件□□□		12	5
90	16	被・資産および扶養者調査依頼	精神病者入院取下願□□□		4	
91	17	その他	精神病者監護申請ニ戸籍謄本添付ノ件		1	
92	18	被・資産および扶養者調査依頼	精神病者扶養義務者調査ノ件		5	
93	19	被・資産および扶養者調査依頼	精神病者扶養義務者調査ノ件		3	
94	20	被・資産および扶養者調査依頼	精神病者扶養義務者調査ノ件		2	
95	21	被・資産および扶養者調査依頼	精神病者扶養義務者調査ノ件		3	
96	22	被・資産および扶養者調査依頼	精神病者扶養義務者調査ノ件		3	
97	23	被・資産および扶養者調査依頼	精神病者扶養義務者調査ノ件		3	
98	24	被・資産および扶養者調査依頼	精神病者扶養義務者調査ノ件		3	
99	25	被・資産および扶養者調査依頼	精神病者扶養義務者調査ノ件		3	
102	1	監置	脳病患者□□□入院ニ関スル件		13	
103	2	監置	脳病患者□□□入院ニ関スル件		22	
104	3	監置	脳病患者□□□入院ニ関スル件		23	
105	4	監置	脳病患者□□□入院ニ関スル件		17	
106	5	被・資産および扶養者調査依頼	扶養義務者調査ノ件	東京市品川区長	3	
107	6	被・資産および扶養者調査依頼	精神病者扶養義務者資力調ノ件	大阪市此花区長	4	
108	7	監置・請求	精神病者□□□監護費請求書		25	3
109	8	被・資産および扶養者調査依頼	精神病者扶養義務者調査ノ件	八王子市長	8	
110	9	その他	精神病者ノ取扱ニ関スル件	岐阜市役所	3	

恤救書類　昭和十三、十五年（A406）

	整理番号				旧所管課	
	111	10	被・資産および扶養者調査依頼	精神病者□□□ニ関スル件	麻布区役所	3
	112	11	被・資産および扶養者調査依頼	精神病者扶養義務者調査ノ件	世田谷区	6
	113	12	監置・請求	脳病患者□□□退院ノ件		13
	114	13	被・資産および扶養者調査依頼	精神病者扶養義務者調査ノ件	世田谷区	5
	115	14	監置・請求	脳病患者□□□退院ノ件		21
	116	15	被・資産および扶養者調査依頼	精神病者扶養義務者調査ノ件	世田谷区	7
	117	16	被・資産および扶養者調査依頼	精神病者入院費納入義務者其他調査ノ件	大阪市南区	3
	118	17	その他	精神病者監置ニ関スル件	和歌山市社会課	3
恤救書類 昭和十三、十五年（A406） 追加の乙文書	119	1	被・資産および扶養者調査依頼	精神病者扶養義務者調査ノ件	荒川区長	2
	120	2	被・資産および扶養者調査依頼	同	大正区長［大阪市］	2
	121	3	被・資産および扶養者調査依頼	精神病院入院費納入義務者資力調査ノ件	北区長［大阪市］	4
	122	4	被・資産および扶養者調査依頼	精神病者扶養義務者調査ノ件	荏原区長	2
	123	5	監置・請求	精神病者委託費廃止ニ関スル件		10
	124	6	被・資産および扶養者調査依頼	精神病院入院費納入義務者資力調査ノ件	北区長［大阪市］	4
	125	7	被・資産および扶養者調査依頼	扶養義務者調査ノ件	品川区長	4
	126	8	被・資産および扶養者調査依頼	戸籍謄本請求義務者調査ノ件	芹香院	2
	127	9	被・資産および扶養者調査依頼	精神病者扶養義務者調査ノ件	荒川区長	4
	128	10	被・資産および扶養者調査依頼	精神病者扶養義務者調査ノ件	豊島区長	4

「救護法関連史料　簿冊・文書名別」

「精神医療、患者に関係する文書番号」の項目は、筆者の追記分である。

整理番号	登録番号	完結年度	簿冊名	旧所管課	精神医療、患者に関係する文書番号
A 109	S07-永18	昭和07	社会事業書類　5の4	社会課	15、20
A 140	S08-永27	昭和08	社会事業書類　11の5	社会課	4
A 146	S08-永33	昭和08	社会事業書類　11の11	社会課	31
A 174	S09-永22	昭和09	救護関係書類	社会課	51、61、74、77、79、82、89、92
A 175	S09-永23	昭和08・09	社会事業書類　2の1号	社会課	2、17、18、34、42

A	176	S09-永24	昭和09	社会事業書類 2の1	社会課	28号の直後
A	177	S09-永25	昭和09	社会事業書類 2の2	社会課	5、22、26
A	178	S09-永26	昭和09	社会事業書類 6の1	社会課	25、27、52、53、59
A	179	S09-永27	昭和09	社会事業書類 6の2	社会課	52、87
A	183	S09-永31	昭和09	社会事業書類 6の6	社会課	11、15、27、35、48
A	209	S10-永20	昭和10	社会事業書類 9の1	社会課	3
A	210	S10-永21	昭和10	社会事業書類 9の2	社会課	57、71
A	212	S10-永23	昭和10	社会事業書類 9の4	社会課	16
A	215	S10-永26	昭和10	社会事業書類 9の7	社会課	84、85、93、94、102
A	216	S10-永27	昭和10	社会事業書類 9の8	社会課	79
A	217	S10-永28	昭和10	社会事業書類 9の9	社会課	5、10、31、38、48
A	250	S11-永25	昭和11	社会事業書類 10の1	社会課	3、27、49、51、72
A	251	S11-永26	昭和11	社会事業書類 10の2	社会課	11、64
A	252	S11-永27	昭和11	社会事業書類 10の3	社会課	2、3、6
A	254	S11-永29	昭和11	社会事業書類 二号救護 10の5	社会課	32、51
A	255	S11-永30	昭和11	社会事業書類 10の6	社会課	40
A	296	S12-永25	昭和12	社会事業書類 弐号救護 2の1	社会課	16、24
A	297	S12-永26	昭和12	社会事業書類 弐号救護 2の2	社会課	15、45、63
A	302	S12-永31	昭和12	救護関係書類	社会課	24、26、36、39、40、41、47
A	333	S13-永26	昭和13	救護関係書類 2冊の1	社会課	12、20、33
A	334	S13-永27	昭和13	救護関係書類 2冊の2	社会課	74、77、103、129、135
A	336	S13-永29	昭和13	救護関係書類	社会課	11、12、15、18、19、20、26、31、41、63
A	376	S14-永25	昭和14	救護関係書類	社会課	54
A	404	S15-永15	昭和15	救護関係書類 2冊の1	社会課	16
A	405	S15-永16	昭和15	救護関係書類 2冊の2	社会課	66、67
A	417	S16-永07	昭和16	保護事業書類	社会課	31、37
A	425	S17-永07	昭和17	保護事業関係書類	社会課	(注)文書番号がつけられていない

神奈川県立公文書館所蔵　精神医療・精神障害者関連文書

神奈川県立公文書館蔵『昭和34年　精神障害者診察保護申請関係綴』第1号（BH6-512）
神奈川県立公文書館蔵『昭和34年　精神障害者診察保護申請関係綴』第2号（BH6-513）

統計関係資料

大阪市救護事務協議会編. (1937). 『救護事務提要』. 大阪市救護事務協議会.
大阪府立中宮病院. (1927). 『大正15昭和元年大阪府立中宮病院概況報告書』. 大阪府立中宮病院.

大阪府立中宮病院．(1934)．『自昭和五年至同八年大阪府立中宮病院概況報告書』．大阪府立中宮病院．
神奈川県総務部統計調査課．(1935)．『昭和8年　神奈川県統計書』．神奈川県．
神奈川県民生部社会福祉課．(1960)．『被保護精神障害者実態調査』．神奈川県民生部社会福祉課．
神奈川県立芹香院．(1936)．『神奈川県立芹香院概況要覧　第3号』．神奈川県立芹香院．
菅修．(1937)．「本邦ニ於ケル精神病者並ビニ之ニ近接セル精神異常者ニ関スル調査」．『精神神経学雑誌』41(10)：23-114．
厚生省．(1960)．『昭和31年　在院精神障害者実態調査報告』．厚生省．
厚生省公衆衛生局．(1959)．『精神衛生実態調査報告　昭和29年』．厚生省公衆衛生局．
厚生省公衆衛生局．(1965)．『わが国における精神障害の現状——昭和38年精神衛生実態調査』．厚生省公衆衛生局．
厚生省公衆衛生局精神衛生課監修．(各年度)．『我が国の精神衛生』．厚生問題研究会（1982年より厚生環境問題研究会）．
厚生省公衆衛生局精神衛生課編．(各年度)．『わが国の精神衛生』．厚生省公衆衛生局精神衛生課．
厚生省公衆保健局．(1947)．『衛生年報　昭和16年-20年』．厚生省公衆保健局．
厚生省人口局編．(各年度)．『衛生年報』．厚生省人口局．
厚生省大臣官房統計調査部編．(各年度)．『衛生行政業務報告』．厚生省統計協会．厚生大臣官房統計調査部．
厚生省大臣官房統計調査部編．(各年度)．『衛生年報』．厚生省．
厚生省大臣官房統計調査部編．(各年度)．『患者調査』．厚生省大臣官房統計調査部．
厚生省大臣官房統計調査部編．(各年度)．『社会福祉行政業務報告』．厚生省大臣官房統計調査部．
厚生省大臣官房統計調査部編．(各年度)．『生活保護動態調査報告』．厚生省大臣官房調査部．
厚生省大臣官房統計調査部編．(各年度)．『病院報告』．厚生省大臣官房統計調査部．
厚生労働省社会・援護局障害保健福祉部精神・障害保健課、国立精神・神経センター精神保健研究所．(2004)．『精神保健福祉資料　平成14年度6月30日調査の概要』．
厚生労働省社会・援護局障害保健福祉部精神・障害保健課、国立精神・神経医療研究センター精神保健研究所．(2011)．『精神保健福祉資料　平成23年度6月30日調査の概要』．
厚生労働省社会・援護局障害保健福祉部精神・障害保健課、国立精神・神経医療研究センター精神保健研究所．(2014)．『精神保健福祉資料　平成24年6月30日調査の概要』．
厚生労働省社会・援護局障害保健福祉部精神・障害保健課、国立精神・神経医療研究センター精神保健研究所．(2015)．『精神保健福祉資料　平成27年度6月30日調査の概要』．
厚生労働省大臣官房統計情報部編．(各年度)．『衛生行政報告例』．厚生統計協会．
国勢院編．(1921)．『日本帝国統計年鑑　第40回』．国勢院．
国立武蔵療養所．(1950)．『十周年の概況』．国立武蔵療養所．

国立武蔵療養所. (1959). 『国立武蔵療養所年報　第2号』. 国立武蔵療養所.
国立武蔵療養所. (1960). 『国立武蔵療養所年報　第3号』. 国立武蔵療養所.
国立武蔵療養所. (1965). 『国立武蔵療養所年報　第4号』. 国立武蔵療養所.
東京市社会局編. (1936). 『救護法に依る被救護世帯調査　昭和10年度』. 東京市.
東京都. (各年度). 『東京都衛生年報』. 東京都.
東京府編. (1924). 『東京府統計書　大正10年』. 東京府.
東京府巣鴨病院. (1912). 『明治44年東京府巣鴨病院年報』. 東京府巣鴨病院.
内閣統計局編. (1914). 『日本帝国統計摘要. 第28回』. 内閣統計局.
内務省衛生局. (各年度). 『衛生局年報』. 内務省衛生局.
内務省衛生局. (1937). 『精神病者収容施設調』. 内務省衛生局.
長野県衛生部. (各年度). 『長野県衛生年報』. 長野県衛生部.
日本統計協会編、総務省統計局監修. (2006). 『新版日本長期統計総覧』. 日本統計協会.
兵庫県総務部調査課編. (1940). 『兵庫県統計書　昭和13年　上』. 兵庫県総務部調査課.
福岡県編. (1933). 『福岡県統計書　昭和6年　第1編』. 福岡県.
福島県. (1888). 『身代限寒賞恤救棄児行旅死亡人ニ関スル令達類集』. 福島県.
松沢病院医局. (1925). 『東京府立松沢病院ノ歴史』. 松沢病院.
癩予防協会. (1935). 『癩予防施設概観』. 癩予防協会.

二次文献

Cohen, Pamela S. (1995). 'Psychiatric Commitment in Japan: International Concern and Domestic Reform'. "Pacific Basin Law Journal", Vol. 14(1): 28-74.
Edwalds, Robert M. (1964). 'Functions of State Mental Hospital as a Social Instituion'. "Mental Hygiene", Vol. 48: 666-671.
Gottheil, Edward, Richard Winkelmayer, Phyllis Smoyer, and Ralph Exline. (1991). 'Characteristics of Patients Who Are Resistant to Deinstitutionalization'. "Hospital & Community Psychiatry", Vol. 42(7): 745-748.
Kallert, Thomas. (2007). 'Differences of Legal Regulations Concerning Involuntary Psychiatric Hospitalization in Twelve European Countries: Implications for Clinical Practice'. "International Journal of Forensic Mental Health", Vol. 6(2): 197-207.
Nakatani, Yoji. (2000). 'Psychiatry and the Law in Japan History and Current Topics'. "International Journal of Law and Psychiatry", Vol. 23(5-6): 589-604.
OECD. (2014). "Making Mental Health Count: The Social and Economic Costs of Neglecting Mental Health Care". OECD.
OECD. (2015). "OECD Reviews of Health Care Quality: Japan 2015: Raising Standards". OECD.
Okumura, Yasuyuki, Nobuo Sakata, Hisateru Tachimori, and Tadashi Takeshima. (2018). 'Geographical Variation in Psychiatric Admissions among Recipients of Public Assistance'. "Journal of Epidemiology", September 22, 2018: 1-8.
Salzberg, Stephan. (1991). 'Japan's New Mental Health Law: More Light Shed on Dark Places?'. "International Journal of Law and Psychiatry", Vol. 14: 137-168.

Suzuki, Akihito. (2003). 'A Brain Hospital in Tokyo and Its Private and Public Patients, 1926-45'. "History of Psychiatry", Vol. 14(3): 337-360.

Trieman, Noam. Julian Leff, and Gyles Glover. (1999). 'Outcome of Long Stay Psychiatric Patients Resettled in the Community: Prospective Cohort Study'. "BMJ", Vol. 319: 13-16.

青木延春. (1937). 「私宅監置ノ実状ニ就イテ」. 『精神神経学雑誌』41(11): 95-106.

青山陽子. (2000). 「精神病者の家族の役割――「精神病者監護法」における管理システム」. 『解放社会学研究』14: 116-133.

赤倉貴子. (2003). 「大正8年「精神病院法」運用過程における問題点」. 『六甲台論集 法学政治学篇』50(1): 1-24.

安藤道人・後藤基行. (2014). 「精神病床入院体系における3類型の成立と展開――制度形成と財政的変遷の歴史分析」. 『医療経済研究』26(1): 27-42.

猪飼周平. (2010). 『病院の世紀の理論』. 有斐閣.

板原和子. (2010). 「戦前の大阪府における代用精神病院の増加について」. 『大阪体育大学短期大学部研究紀要』11: 1-11.

岩尾俊一郎・生村吾郎. (1995). 「精神病院の発生が社会に与える影響――府県統計書・帝国統計年鑑の分析を通じて」. 『病院・地域精神医学』36(3): 361-369.

岩永理恵. (2011). 『生活保護は最低生活をどう構想したか――保護基準と実施要領の歴史分析』. ミネルヴァ書房.

宇都宮みのり. (2010). 「精神病者監護法の「監護」概念の検証」. 『社会福祉学』51(3): 64-77.

大阪市民生局保護課. (1963). 『大阪府・市における精神障害入院患者の実態と2~3年の生態学的考察』(民生局報告第115号). 大阪市民生局保護課.

大島巌・岡上和雄. (1992). 「家族の社会・心理的条件が精神障害者の長期入院に及ぼす影響とその社会的機序」. 『精神医学』34(5): 479-488.

大谷藤郎. (1966). 『地域精神衛生活動指針』. 医学書院.

岡上和雄・大島巌・荒井元傳. (1988). 『日本の精神障害者――その生活と家族』. ミネルヴァ書房.

岡上和雄・京極高宣・高橋一・寺谷隆子編. (2006). 『精神保健福祉士の基礎知識 下 3訂』. 中央法規.

岡田靖雄. (1964). 『精神医療』. 勁草書房.

岡田靖雄. (2002). 『日本精神科医療史』. 医学書院.

岡田靖雄・小峯和茂・橋本明編. (2011). 『編集復刻版 精神障害者問題資料集成 戦前編 第3巻』. 不二出版.

岡田靖雄・小峯和茂・橋本明編. (2016). 『編集復刻版 精神障害者問題資料集成 戦前編 第12巻』. 六花出版.

岡田靖雄・吉岡真二・金子嗣郎・長谷川源助. (1965). 「私宅監置の運命」. 『精神医学』7(6): 22-28.

岡村正幸. (1999). 『戦後精神保健行政と精神病者の生活』. 法律文化社.

小野尚香. (1993). 「京都府立「癲狂院」の設立とその経緯」. 『日本医史学雑誌』39(4): 477-499.

風間朋子. (2011).「社会保障制度の担い手としての精神障害者家族——精神病者監護法を中心に」.『人間の福祉』25：1-13.
加藤正明監修. (1990).『精神保健実践講座8　精神保健行政と生活保障』. 中央法規出版.
川上武. (1965).『現代日本医療史』. 勁草書房.
川村貞四郎. (1926).「精神病者ノ取扱」.『警察研究』3（岡田靖雄・小峯和茂・橋本明編. (2011).『編集復刻版　精神障害者問題資料集成　戦前編　第4巻』. 六花出版, 所収).
北原糸子. (1979).「都市における貧困と狂気——東京府癲狂院の成立をめぐって」. 津田秀夫編『近代国家の解体と近代』. 塙書房.
吉川武彦. (1980).「精神衛生統計」. 懸田克躬編『現代精神医学大系23C　社会精神医学と精神衛生』. 中山書店.
京都市社会課. (1935).『京都市に於ける精神病者及その収容施設に関する調査』. 京都市社会課.
呉秀三. (1912).『我邦ニ於ケル精神病ニ関スル最近ノ施設』. 東京医学会事務所.
呉秀三・樫田五郎. (1918).『精神病者私宅監置ノ実況及ビ其統計的観察』. 内務省衛生局.
黒木利克. (1955a).「生活保護法による医療扶助」.『公衆衛生』17(4)：23-27.
黒木利克. (1955b).「医療扶助の現況と問題点」.『社会事業』38(8)：10-14.
黒田研二・稲福重夫・辻美子・丸山創・多田羅浩三. (1984).「精神科入院患者の在院期間と関連する諸因子」.『日本公衆衛生雑誌』31(6)：241-249.
桑原治雄. (1997).「これからの精神保健福祉の展望のために」.『社会問題研究』47(1)：1-65.
公衆衛生法規研究会編. (1977).『精神衛生法詳解　第2版』. 中央法規出版.
厚生省社会局保護課. (1981).『生活保護三十年史』. 社会福祉調査会.
厚生省大臣官房統計調査部. (1957).『昭和30年　病院年報』. 厚生省.
河野稔明・白石弘巳・立森久照. (2015).「精神科病院の長期在院患者の退院動態と関連要因」.『精神神経学雑誌』117(9)：713-729.
河野稔明・白石弘巳・立森久照・小山明日香・長沼洋一・竹島正. (2012).「精神科病院の新入院患者の退院動態と関連要因」.『精神神経学雑誌』114(7)：764-781.
後藤基行. (2011).「日本におけるハンセン病「絶対隔離」政策成立の社会経済的背景——戦前期統計からの考察」.『年報社会学論集』24：97-108.
後藤基行. (2012a).「戦前期日本における精神病者の公的監置——精神病者監護法下の患者処遇」.『精神医学史研究』16(2)：126-133.
後藤基行. (2012b).「戦前期日本における私立精神病院の発展と公費監置——「精神病者監護法」「精神病院法」下の病床供給システム」.『社会経済史学』78(3)：379-402.
後藤基行. (2016).「解説　川崎市公文書館所蔵・戦前期精神障害者関係資料の概要と歴史的意味」. 岡田靖雄・小峯和茂・橋本明編.『編集復刻版　精神障害者問題資料集成　戦前編　第12巻』. 六花出版.
後藤基行・安藤道人. (2015).「精神衛生法下における同意入院・医療扶助入院の研究——神奈川県立公文書館所蔵一次行政文書の分析」.『季刊家計経済研究』108：60-73.
後藤基行・安藤道人. (作成HP).「精神医療データベース」. https://sites.google.com/

site/seishiniryo

後藤基行・中村江里・前田克実．(2016)．「戦時精神医療体制における傷痍軍人武蔵療養所と戦後病院精神医学――診療録に見る患者の実像と生活療法に与えた影響」．『社会事業史研究』50：143-159．

小山進次郎．(1951)．『改訂増補　生活保護法の解釈と運用』．中央社会福祉協議会．

近藤祐．(2013)．『脳病院をめぐる人びと――帝都・東京の精神病理を探索する』．彩流社．

済生会．(1911)．『大日本施薬院小史』．済生会．

佐口卓．(1964)．『医療の社会化』．勁草書房．

佐藤時治郎・高階憲司．(1974)．「措置入院をめぐる諸問題検討委員一次報告書」．『精神神経学雑誌』76(6)：425-437．

実本博次．(1952)．「生活保護法の医療扶助における補足性の問題（一）――特に精神衛生法及び結核予防法との関係について」．『社会事業』35(12)：16-21．

実本博次．(1953)．「生活保護法の医療扶助における補足性の問題（四）――特に精神衛生法及び結核予防法との関係について」．『社会事業』36(4)：12-17．

鈴木晃仁．(2014)．「脳病院と精神障害の歴史――昭和戦前期の精神病院における患者デモグラフィと治療の構造」．山下麻衣編『歴史のなかの障害者』．法政大学出版局．

精神保健福祉行政のあゆみ編集委員会編．(2000)．『精神保健福祉行政のあゆみ』．中央法規．

精神保健福祉士養成セミナー編集委員会編．(2005)．『精神保健学　第2巻　改訂第3版』．へるす出版．

仙波恒雄・高柳功・樹神学・浅井邦彦・小峯和茂・河崎茂・J. Bertolote・J. Orley（1996）．「精神科医療施設の特徴に関する国際比較」．『病院・地域精神医学』39(1)：7-10．

仙波恒雄・矢野徹．(1977)．『精神病院――その医療の現状と限界』．星和書店．

副田義也．(1995)．『生活保護制度の社会史』．東京大学出版会．

高尾健嗣．(1956)．『電気ショック療法と精神科治療の実際　第2版』．医学書院．

高野六郎．(1934)．「精神病者に対する施設の概況」．『精神衛生』1(7)：75-88．

滝沢武久．(2014)．『検証　日本の精神科社会的入院と家族――精神科長期入院者とその家族について歴史的考察とその実態』．筒井書房．

寺脇隆夫．(2007)．『救護法の成立と施行状況の研究』．ドメス出版．

暉峻淑子．(1987)．「精神衛生実態調査の人権侵害」．『法学セミナー』（増刊　総合特集シリーズ）37：132-133．

東京都衛生局．(1981)．『東京都の精神衛生』．東京都．

東洋経済新報社編．(1991)．『昭和国勢総覧　3巻　第1版』．東洋経済新報社．

富田三樹生．(1992)．『精神病院の底流』．青弓社．

中川清．(1997)．「救護法の社会政策的意義」．『経済学論叢』49(2)：1-33．

中山宏太郎．(1980)．「精神衛生法の諸側面」．大谷実・中山宏太郎編．『精神医療と法』．弘文堂．

長山泰政．(1934)．「精神病者の院内療護」．『精神衛生』8：199-211．

日本精神科病院協会．(2015)．『「精神保健福祉法改正後の医療保護入院の実態に関する全国調査」報告書』．日本精神科病院協会．

野上憲彦・金長寿他. (1975). 「精神科医療に於ける長期在院の研究 (第 1 報)——国立肥前療養所入院患者実態調査」. 『九州神経精神医学』21(2): 125-134.

橋本明. (2005). 「精神病者私宅監置に関する研究——呉秀三・樫田五郎『精神病者私宅監置ノ実況及ビ其統計的観察』を読み解く」. 『愛知県立大学文学部論集. 社会福祉学科編』53: 149-168.

橋本明. (2006). 「大分県公文書館所蔵『昭和十五年　監置精神病者に関する綴』解題」. 『愛知県立大学文学部論集　社会福祉学科編』54: 99-149.

橋本明. (2010). 「精神医療における場所の歴史」. 橋本明編『治療の場所と精神医療史』. 日本評論社.

橋本明. (2011). 『精神病者と私宅監置』. 六花出版.

樋上貞男. (1955). 『精神衛生法事務提要』. 医学通信社.

広田伊蘇夫. (1981). 『精神病院——その思想と実践』. 岩崎学術出版.

広田伊蘇夫. (2004). 『立法百年史——精神保健・医療・福祉関連法規の立法史』. 批評社.

藤井綾彦. (1954). 「所謂第二種病院等の問題」. 『精神病院』2: 7-13.

藤田利治. (2004). 「保健統計からみた精神科入院医療での長期在院にかかわる問題」. 『保健医療科学』53(1): 14-20.

藤田利治・竹島正. (2006). 「精神障害者の入院後の退院曲線と長期在院にかかわるリスク要因についての患者調査に基づく検討」. 『精神神経学雑誌』10(9): 891-905.

藤野豊. (1990). 「「昭和大礼」と民衆の生活・健康——『昭和御大礼衛生記録』を中心に」. 『昭和大礼記録資料解説』. 不二出版.

古屋龍太. (2015). 『精神科病院脱施設化——長期在院患者の歴史と現況、地域移行支援の理念と課題』. 批評社.

前田正久. (1954). 「数字でみた精神障害者——精神衛生実態調査から」. 『厚生の指標』1(15): 17-20.

牧園清子. (1999). 『家族政策としての生活保護——生活保護制度における世帯分離の研究』. 法律文化社.

松下正明. (2011). 「精神病者監護法」. 加藤敏・神庭重信・中谷陽二・武田雅俊・鹿島晴雄・狩野力八郎・市川宏伸編. 『現代精神医学事典』. 弘文堂. 597-598.

美馬達哉. (2016). 「精神医学のバイオポリティクス」. 石原孝二・河野哲也・向谷地生良編『精神医学と当事者』. 東京大学出版会.

宗像恒次. (1990). 「精神障害者に対する医療と福祉の統合」. 『精神科 MOOK』26: 13-27.

山下剛利. (1985). 『精神衛生法批判』. 日本評論社.

山下剛利. (1987). 「精神衛生法の戦後史」. 『法学セミナー』(増刊　総合特集シリーズ) 37: 206-213.

柚木崎次郎. (1954). 「生活保護法における医療扶助の問題点」. 『社会保険旬報』398: 6-7.

吉岡真二. (1964). 「精神病者監護法から精神衛生法まで」. 精神医療史研究会編. 『精神衛生法をめぐる諸問題』. 病院問題研究会.

吉岡真二. (1982). 「私宅監置調査の現代的意義」. 『日本医史学雑誌』28(4): 33-46.

吉原健二・和田勝. (2008). 『日本医療保険制度史　増補改訂版』. 東洋経済新報社.

あとがき

　本書の刊行はもとより、筆者の研究者としてのキャリアの実質的な始まりは、2011年の3月だったといえる。博士課程の大学院生となってから、進むべき研究の方向性に悩んでいた頃である。当時住んでいた横浜の家からほど近い川崎市公文書館に、本書で重要資料として利用している、戦前期の精神障害者に関わる一次資料が大量に所蔵されているのを確認したのである。3時間あまりだったか、簿冊を1冊ずつ確認していくうちに、そこに書かれている内容が、これまでの先行研究の定説とは異なる内容を含んでいることだけはおぼろげに理解できた。その後、気分転換も兼ねて文書館を出て寒空の下のベンチに座ったときの胸の高鳴りと、自分の能力であれほどの一次資料を使って研究を成就できるのだろうかという困惑した感情を鮮明に覚えている。本書の一部（特に第1章から第3章）は、あのときの記憶に対する総括のようなものにもあたるだろうが、これが資料の妥当な解釈や提示の仕方であったかは、第3者の検証と批判をまちたい。

　本書は、2015年度に一橋大学大学院社会学研究科に提出した博士論文「日本における精神病床入院の研究――3類型の制度形成と財政的変遷」をベースに、大幅な改訂と、書き下ろしの稿を加えたものである。以下に、本書のもととなった初出論文一覧を改めて掲載する。ただし、これらの論文は、多数の追記・修正により大幅な改訂となったものや、本書をまとめるにあたりごく部分的に参照したにすぎないものもある。

　　序章　書き下ろし
　　第1章　「戦前期日本における精神病者の公的監置――精神病者監護法下の患者処遇」『精神医学史研究』16(2)：126-133頁、2012年（単著）、「戦前期日本における私立精神病院の発展と公費監置――「精神病者監護法」「精神病院法」下の病床供給システム」『社会経済史学』78(3)：

379-402 頁、2012 年（単著）

第 2 章　同上、『社会経済史学』論文

第 3 章　「日本におけるハンセン病「絶対隔離」政策成立の社会経済的背景——戦前期統計からの考察」『年報社会学論集』24：97-108 頁、2011 年（単著）

第 4 章　同上、『社会経済史学』論文

第 5 章　「精神病床入院体系における 3 類型の成立と展開——制度形成と財政的変遷の歴史分析」『医療経済研究』26(1)：27-41 頁、2014 年（安藤道人氏との共著）

第 6 章　「精神衛生法下における同意入院・医療扶助入院の研究——神奈川県立公文書館所蔵一次行政文書の分析」『季刊家計経済研究』108：60-73 頁、2015 年（安藤道人氏との共著）

終章　書き下ろし

　本書の研究遂行に際しては、下記の研究助成からの支援をいただいた。各種研究助成団体に改めて感謝申し上げる。

医療経済研究機構：医療経済研究機構研究助成「日本の精神医療における病床供給・在院期間の歴史分析——長期入院・大規模収容の研究」研究期間：2012 年 10 月～2013 年 9 月（代表者：後藤基行）

日本学術振興会：科学研究費助成事業（若手 B）「戦後精神病床入院の社会政策史研究——公的支出形態の 3 類型の視点から」研究期間：2014 年 4 月～2016 年 3 月（代表者：後藤基行）（JSPS 科研費 26870885）

家計経済研究所：家計経済研究所研究振興助成事業「公的支出形態の 3 類型から見た戦後日本の措置入院および同意入院の研究」研究期間：2014 年 4 月～2015 年 3 月（代表者：後藤基行）

三菱財団：平成 26 年度三菱財団助成金「NCNP 所蔵・国立精神療養所関連資料のアーカイブズ整備——戦時精神医療体制の基礎研究を中心に」研究期間：2014 年 10 月～2016 年 9 月（代表者：竹島正）

日本学術振興会：科学研究費助成事業（若手 B）「日本の精神病床入院システムの実証研究と政策科学研究——歴史的アーカイブズ構築と共に」

研究期間：2016 年 4 月～2019 年 3 月（代表者：後藤基行）（JSPS 科研費 16K21662）

日本学術振興会：研究者養成事業（特別研究員 PD）「日本における精神病床入院メカニズムの実証研究——3 類型化の視点から」研究期間：2016 年 4 月～2019 年 3 月（代表者：後藤基行）（JSPS 科研費 16 J00469）

　これらの研究助成は、論文など刊行物の研究成果につながったのみならず、貴重な一次資料の保存やアーカイブズ整備を行う上で不可欠のものであった。また、本書の出版に当たっては以下の助成を受けた。

日本学術振興会：平成 30 年度科学研究費助成事業　研究成果公開促進費（JSPS 科研費 JP18HP5172）

　本書は、競争的資金を獲得することで着実な資料保存・アーカイブズ整備を進めつつ、研究も行う、という 2 つの目的が遂行可能であることを示したとも思われる。特に人文社会科学系の研究者にとって、医療機関が所蔵する診療録などの個人情報が含まれる資料はとりわけ研究利用が困難だったが、「人を対象とする医学系研究に関する倫理指針」に則った倫理審査を関係機関で通過することで、こうしたハードルを乗り越えられることが分かってきた。人文社会科学系研究者が診療録（とりわけ精神科のそれは各医療機関が長期に保存する傾向にある）のようなソリッドな 1 次資料へのアクセスを制度的に得ていくことで、医療史研究は飛躍的に発展する可能性を秘めていると考えられる。

　そして最後に、いうまでもないことであるが、本書の執筆過程はもちろん、これまでの筆者の研究キャリアにおいて、多くの方々からご協力やご指導をいただいてきた。すべての方の名前を挙げることは難しいが、改めて関係者に心からの感謝を申し上げ、特にお世話になった方について記させていただきたい。

　まず、博士課程進学以来長きにわたって指導をいただいた猪飼周平先生について触れたい。博士課程進学時の私は、研究の方向性などから当初所属した研究室の変更を望んでおり、研究領域が近く論文に感銘を受けた猪飼先生の下で研究したいと思っていた。しかし、博士課程での指導教官変更はごく稀であり、前任教員に対する不義理であるのみならず、受け入れ側としてもそのような院

生を指導するのはリスクの多いものである。にもかかわらず、猪飼先生は、その磊落(らいらく)な人柄通りというべきか、私の修士論文を読んでから、存外にあっさりとした感じで「いいよ」といってくれたのである。そして「君には研究者になる素質はあると思う」とも。おそらく先生は忘れているかもしれないが、あのときの前向きな言葉が、研究に行き詰ったときにどれだけの励ましになったか分からない。ただし、猪飼先生の指導とは、しゃべりだすと止まらなくなる先生の話を、質問をはさみながら小1時間から2時間ひたすら聞くというのが基本であった。しかし、その口から出てくる言葉は、自らの熟考を経た独自の鋭いものばかりで、研究とはこれほど自由にものごとを考えてよいものなのだ、その自由な思考こそが新しい研究を切り開くのだという思いをもったことを覚えている。先生の勝手気ままなマシンガントークほど、自らの研究に資したものはないであろう。そんな猪飼研究室からの第一号の博士号授与者となったのは、私のひそやかな誇りである。院生時代に抱いた野心がどれほど達成できたかは甚だ心もとないが、本書は、あのときの「いいよ」に、誕生の種子がまかれたのだという感を深くしている。

　また、現在のアドバイザーである慶應義塾大学の鈴木晃仁先生からは、研究上のアドバイスはもちろん、私自身のことを考えた深謀遠慮からの助言や提案を度々頂戴し、その優しい人柄と合わせ、自分のキャリアに重要な導きをもたらしてくれた。鈴木先生の研究の関心のもち方は常に国際的であり、私自身のドメスティックに偏りがちな発想の狭隘(きょうあい)さの問題に日々気付かせてくれる存在である。また、鈴木先生が私に与えてくれた研究イベントや関連するプロジェクト、同僚や指導者たちとの出会いのチャンスは極めて多く、それらがなかったとしたらどれほどの損失であったか恐ろしいほどである。

　2013年から2年間、国立精神・神経医療研究センター（NCNP）精神保健研究所において上司であった竹島正先生（現川崎市精神保健福祉センター所長）は、政策・医学研究の領域では珍しいといえるがアーカイブズへの理解が深く、NCNPで資料館計画がもち上がったときに、どこの馬の骨かも分からない私を研究員として招き入れてくださった。竹島先生は、医学・政策研究を軸とする研究機関にあって、医学や行政のカルチャーにも疎く様々な面で未熟な私の扱いに苦労したはずだが、その辛抱強い指導と見守りもあり、人文社会科学を専門とする私としては大変得難い経験を積ませていただいた。医学系研究では当

たり前すぎる前提である共同研究の大きな可能性に気付いたのは、竹島先生の導きに負うところが大きい。

立教大学の安藤道人（みちひと）氏とは、修士課程時代からの同期であるが、同氏には共著論文執筆の際などに厳しくも常に良質なコメントや指導をもらってきた。慶應義塾大学で研究室をシェアしている中村江里（えり）氏からは、手つかずの精神科診療録をゼロから整理してきた時代から現在まで様々な支援をもらっている。学会や研究会で度々ご一緒させていただく愛知県立大学の橋本明先生、専修大学の廣川和花先生、立教大学の高林陽展（あきのぶ）先生には、高水準の医学史研究とはどうあるべきかという点から常に刺激を受けてきた。広島大学原爆放射線医科学研究所の久保田明子先生は、アーカイブズに関し多くの助言と実務協力をしてくださったほか、無類のお酒好きということで、酒豪具合はとてもかなわないが、いつもよき話し相手となってくださった。

本書の基礎の一部になった診療録をはじめとした、アーカイブズ整備に協力していただいた多数の大学院生などの諸氏にも改めて感謝申し上げたい。10名を優に超える彼らの協力がなければ、本書は実証部分においてかなりの縮小が免れなかった。中でも、その初期に多大な貢献をもらい、現在も関係する領域で仕事を一緒にすることのある東京大学の山田理絵氏の名前を代表として挙げさせていただく。

また、一橋大学の石居人也（ひとなり）先生、宮地尚子（なおこ）先生、渡辺雅男先生、白瀬由美香先生には授業や論文査読、ゼミ等において特にご指導をいただいた。国立精神・神経医療研究センターにおいては和田圭司先生、山之内芳雄先生、大塚俊弘先生（現川崎市）らに各方面からのご配慮とご協力をいただいた。

そして、直接の指導をいただいたわけではないが、医学史家である岡田靖雄先生の著作は、常に研究上の参照先であった。批判的な文脈でのレファレンスとなることが多かったが、しかし、日本において他疾病に比較して精神疾患が突出して豊潤な医学史研究をもつ理由は、先生の業績と蒐（しゅうしゅう）集された資料なくして語りえないことを改めて実感している。岡田先生がどのように本書を評価されるかというのは、筆者の最も恐ろしくも最も拝聴したい点である。

その他、国立精神・神経医療研究センター図書館の職員の方々には、大量の論文収集など、いつも暖かい協力をいただいた。一橋大学経済研究所附属社会科学統計情報研究センターは、博士課程1・2年時に大変お世話になったが、

その所蔵する統計資料の豊富さとクオリティに、研究に際して利用されるべき一次資料のリアリティを学んだ。一橋大学附属図書館、とりわけその雑誌棟では、研究に悩んでいたとき、背の高い書架の長い列に強い心理的な圧迫を感じたのを思い出す。本書刊行は、あのときの心苦しさの記憶を少しは和らげてくれるように感じる。川崎市公文書館、神奈川県立公文書館には、資料閲覧や個人情報のマスキング処理、資料の復刻刊行などで格別のお手間をいただいた。東京都公文書館、国立国会図書館、早稲田大学中央図書館など各地文書館・図書館にもお世話になった。

そして、本書の出版は、東京大学出版会の住田朋久氏のご助力に負うところが極めて大きい。詳細な事実関係の指摘から大幅な修正指示まで、多くの有益なコメントをいただいた。本書刊行にとって、住田氏の伴走は不可欠なものであった。また、東京大学の石原孝二先生には、研究プロジェクトでお世話になるとともに、ご多忙の中、合間を縫って原稿に細かくコメントをいただいた。ご指摘を十分に反映できなかった部分もあるが、改めてあのような労を取ってくださったことに感謝したい。

最後に、本書執筆を常に応援してくれた両親、叔母、姉家族、妻あき、義両親、そして2人の子供たちに、本書刊行を報告できることを心から嬉しく思う。故人となった祖母も喜んでくれよう。本書執筆中、妻のあきは、仕事を続けながら、園児という手のかかる年齢で、すこしばかり繊細な兄・真基仁と、走り回っていることの多い弟・友基哉の子育てに尽力してくれた。私自身もできる限り子育てや家事を担ったつもりだが、執筆や研究、出張を理由に度々責任を丸投げしてきた。本書の刊行が、少しでもその労に報い、家族の笑顔につながれば幸甚である。

2018年9月、未明のスターバックス用賀店にて

後藤基行

索引

人名索引

あ 行

青木延春　　21, 22, 25
青山陽子　　22
赤倉貴子　　66
芥川龍之介　　59n
安藤道人　　14, 114n
猪飼周平　　6, 16
生村吾郎　　15
板原和子　　49
岩尾俊一郎　　15, 16n, 17
岩永理恵　　16
宇都宮みのり　　23
宇野浩二　　59n
エドワルズ, R　　6
大谷藤郎　　178n
岡上和雄　　6, 10, 11
岡田靖雄　　9, 10, 12, 50, 66
岡村正幸　　11
小野尚香　　66
尾村偉久　　148n

か 行

風間明子　　22
樫田五郎　　21
川上武　　10
川村貞四郎　　34
北原糸子　　66
呉秀三　　21, 22, 24, 65n
呉皆子　　65n
黒木利克　　126

黒田研二　　108, 109
桑原治雄　　12n
河野稔明　　109
Cohen, P. S.　　14
後藤基行　　14, 24

さ 行

佐口卓　　10
Salzberg, S.　　14
実本博次　　136
鈴木晃仁　　15, 17, 53, 58, 108, 131
菅修　　49n
副田義也　　16

た 行

竹島正　　120n
寺脇隆夫　　6
富田三樹生　　15, 17, 66, 175n

な 行

中山宏太郎　　14, 17, 103
永山忠則　　139n
長山泰政　　60
野上憲彦　　108

は 行

橋本明　　18, 24, 66
樋上貞男　　22
広田伊蘇夫　　104
藤田利治　　109

ま　行

牧園清子　152
美馬達哉　178n
宗像恒次　179

や　行

山下剛利　22, 50, 103

吉岡真二　9, 10, 22
吉川武彦　17, 103, 159
吉原健二　16, 54

わ　行

ワーグナー＝ヤウレック，J　59n
和田勝　16, 54

事項索引

アルファベット
NCNP（国立精神・神経医療研究センター）　19, 118, 119
──アーカイブズ　119
OECD（経済協力開発機構）　1

あ　行

委託患者　66n, 81, 82, 89
委託監置　23, 28, 46, 96
医療の社会化　9-12, 17, 23
インシュリンショック療法　122, 123, 127, 130
営利主義　4, 9, 11, 13, 17, 119
王子脳病院　19, 58, 59

か　行

神奈川県立公文書館　14, 19, 89, 156, 170
仮監置　31-33, 35
カルテ　15, 58, 118
川崎市公文書館　18, 19, 29
患者移管　89, 143, 145, 146
監護義務者　25, 26, 28, 34, 40, 42, 52, 69, 70, 179
救護法　16, 18, 41, 65, 67, 69-71, 73-75, 80, 84, 85, 92, 97, 146, 172, 174
狂暴性　34, 35, 167
クロールプロマジン　122-124, 127, 130

ケア負担　7, 63, 74, 80
経済協力開発機構（OECD）　1
経済措置　102, 133, 140, 144, 145
警察　27, 28, 32, 33, 35, 75, 168
警視庁訓令　28, 29
結核　60, 87, 91, 105, 137, 142, 153
公安主義　4, 9, 103, 133, 139, 145
公的監置　24-26, 28, 29, 33, 45, 50-52
公費監置　22, 23, 25, 35, 41, 42, 52, 81, 88, 92, 172
公衆衛生局（厚生省）　104, 135, 137, 140, 141
厚生省社会局　135-140, 146
厚生労働省　1
抗精神病薬　124, 128, 131
行旅病人及行旅死亡人取扱法　26, 65, 67
高齢者　177, 179, 181
極貧　65, 83, 85, 173
国民皆保険　54, 107, 135
国立精神衛生研究所　19, 128
国立精神・神経医療研究センター（NCNP）　19, 118, 119
国立武蔵療養所　19, 118, 119, 122, 126, 100
国庫補助　46, 49, 67, 93, 102, 135, 138, 142, 147

さ 行

在院精神障害者実態調査　19, 127-130
作業療法　122, 126, 128
3類型（精神病床入院の）　3, 8, 85, 122, 145, 171, 174, 176, 178
資産調査　40, 42, 52, 69, 74, 82, 174
私宅監置　9, 10, 18, 21-25, 28, 32, 43, 44, 52, 87
持続睡眠療法　122, 123, 129
社会委員　69, 73, 75, 82
社会局（厚生省）　135-140, 146
社会不安　104, 139
社会福祉型　6-8, 18, 19, 63, 65, 97, 144, 146, 147, 169, 172, 174-176, 178
社会防衛型　6-8, 18, 25, 49, 52, 63, 85, 97, 144, 174-176
収容救護　18, 41, 67, 68, 70, 71, 74, 79, 80
恤救規則　65-67, 85n, 146
傷病軍人武蔵療養所　118, 119
昭和大礼　36, 37
進行麻痺（脳梅毒）　59, 128, 164
診療録　17-19, 53, 118-131
巣鴨病院　66, 92
スティグマ　180, 181
施療患者　65, 66
生活保護法　12, 16-18, 67, 80, 84, 85, 100, 105, 112, 114, 117, 131, 133, 139, 142, 146, 152, 155, 170, 174, 175, 178
精神衛生鑑定医　98, 155, 158, 159
精神衛生実態調査　147, 148, 150, 178
精神衛生法　2, 25, 49, 52, 97, 98, 100, 102, 104, 110, 115, 117, 133, 139, 155, 159, 170, 174
　──第23条　158, 159, 168, 170
精神外科　128, 129
精神障害者家族会　11, 151
精神薄弱　148
精神病院法　24, 28, 45-51, 89, 93, 97, 98, 134, 172, 174

精神病者監護法　18, 21-25, 29, 33, 39, 42, 43, 45, 46, 48, 49, 51, 52, 66, 70, 87, 92, 97, 172, 174
精神保健福祉法　34, 98, 180
世帯支出　68, 69, 79
世帯分離　152, 154, 155
全国精神障害者家族連合会（全家連）　150, 151
措置入院　9, 12, 24, 25, 34, 49-52, 98-100, 102-104, 110, 115, 122, 130, 133, 135, 138-142, 145, 146, 152, 155, 159, 172, 175
措置予算　135, 140

た 行

代用精神病院　46, 47, 55, 89
地域精神医療　2, 114, 171
長期入院　6, 7, 57, 60, 109, 114, 117, 131, 180, 181
勅令（明治33年第282号「精神病者監護法第六条及第八条第三項ニ依レル監護ニ関スル件」）　23, 26, 27, 33, 50, 52
治療型　6-8, 19, 53, 54, 63, 85, 97, 146, 174-176, 182
治療率　124, 126
通院医療費公費負担　2, 115, 116
電気痙攣療法　122, 123, 126-128
天皇制イデオロギー　37
同意入院　14, 15, 70, 84, 98, 100-102, 105, 118, 147, 155, 164, 170, 174, 178, 181
特殊治療　122, 123, 126-128

な 行

内務省　18, 37, 89, 93
日本精神病院協会　136
入院形態　55, 60, 85, 97-101, 108, 155, 170
脳梅毒（進行麻痺）　59, 128, 164

は 行

ハンセン病（癩）　　60, 62, 87n, 91, 180n
病院監置　　42, 43, 45
病床急増期　　108, 131, 152, 174, 178
病床削減　　3, 9, 108
貧困　　19, 42, 45, 62, 71, 72, 79, 91, 139, 140, 147, 149, 150, 152, 170
貧困精神病者　　16, 67, 71
扶養義務者　　46, 67, 88, 99
武蔵療養所　　19, 118-124, 126, 128-130
福祉見直し　　177
保護義務者　　98, 99, 140, 155, 156, 159, 162, 168, 179
保護申請綴　　156-158, 164, 167
補足性の原理　　136, 139

ま 行

松沢病院　　46, 58, 92
マラリア療法　　59, 173
明治33年勅令第282号（「精神病者監護法第六条及第八条第三項ニ依レル監護ニ関スル件」）　　23, 26, 27, 33, 50, 52

や 行

要収容治療　　148
養育院　　4, 15, 66

ら 行

癩（ハンセン病）　　60, 62, 87n, 91, 180n
癩予防法　　87n, 90
乱暴　　36, 167
倫理審査　　20, 120, 128

著者略歴
1979 年生まれ
2015 年　一橋大学大学院社会学研究科博士課程修了
　　　　国立精神・神経医療研究センター精神保健研究所流動研究員
　　　　（2013-16 年）を経て
現　在　立命館大学大学院先端総合学術研究科講師

主要業績
猪飼周平編『羅針盤としての政策史——歴史研究からヘルスケア・福祉政策の展望を拓く』（分担執筆、勁草書房、2019 年）
岡田靖雄・小峯和茂・橋本明編『精神障害者問題資料集成戦前編』第 12 巻（解説、六花出版、2016 年）
シドニー・ブロック（竹島正監訳）『こころの苦しみへの理解——トータルメンタルヘルスガイドブック』（分担翻訳、中央法規出版、2018 年）

日本の精神科入院の歴史構造
社会防衛・治療・社会福祉

2019 年 1 月 17 日　初　版
2021 年 4 月 8 日　第 2 刷

［検印廃止］

著　者　後藤　基行

発行所　一般財団法人　東京大学出版会

　　　　代表者　吉見　俊哉
　　　　153-0041　東京都目黒区駒場 4-5-29
　　　　http://www.utp.or.jp/
　　　　電話 03-6407-1069　Fax 03-6407-1991
　　　　振替 00160-6-59964

組　版　有限会社プログレス
印刷所　株式会社ヒライ
製本所　誠製本株式会社

©2019 Motoyuki Goto
ISBN 978-4-13-056401-4　Printed in Japan

JCOPY〈出版者著作権管理機構　委託出版物〉
本書の無断複写は著作権法上での例外を除き禁じられています。複写される場合は、そのつど事前に、出版者著作権管理機構（電話 03-5244-5088, FAX 03-5244-5089, e-mail: info@jcopy.or.jp）の許諾を得てください。

日本の医療 A5 4800円
制度と政策
　　島崎謙治 著

日本の社会保障システム 四六 2500円
理念とデザイン
　　木下武徳・吉田健三・加藤美穂子 編

生活保護制度の社会史 増補版 A5 5500円
　　副田義也 著

健康政策の経済分析 A5 4500円
レセプトデータによる評価と提言
　　岩本康志・鈴木亘・両角良子・湯田道生 著

医療経済学講義 補訂版 A5 3200円
　　橋本英樹・泉田信行 編

精神障害を哲学する 四六 3200円
分類から対話へ
　　石原孝二 著

シリーズ精神医学の哲学 全3巻 A5 各4800円
1　精神医学の科学と哲学
　　　石原孝二・信原幸弘・糸川昌成 編
2　精神医学の歴史と人類学
　　　鈴木晃仁・北中淳子 編
3　精神医学と当事者
　　　石原孝二・河野哲也・向谷地生良 編

ここに表示された価格は本体価格です．ご購入の
際には消費税が加算されますのでご了承ください．